Deutsches und polnisches Arbeitsrecht unter europarechtlichem Einfluss

Europäische Hochschulschriften Recht

European University Studies in Law

Publications Universitaires Européennes de Droit

Band/Volume 6118

Sonia Cloppenburg

Deutsches und polnisches Arbeitsrecht unter europarechtlichem Einfluss

Eine rechtsvergleichende Betrachtung des ersten polnischen Gesetzes vom 10.06.2016 über die Entsendung von Arbeitnehmern im Rahmen der Erbringung von Dienstleistungen

PETER LANG

Bibliografische Information der Deutschen Nationalbibliothek
Die Deutsche Nationalbibliothek verzeichnet diese Publikation in der Deutschen Nationalbibliografie; detaillierte bibliografische Daten sind im Internet über http://dnb.d-nb.de abrufbar.

Zugl.: Erlangen-Nürnberg, Univ., Diss., 2019

D 29 (n 2)
ISSN 0531-7312
ISBN 978-3-631-79181-3 (Print)
E-ISBN 978-3-631-80242-7 (E-PDF)
E-ISBN 978-3-631-80243-4 (EPUB)
E-ISBN 978-3-631-80244-1 (MOBI)
DOI 10.3726/b16153

Peter Lang – Berlin · Bern · Bruxelles · New York · Oxford · Warszawa · Wien

Diese Publikation wurde begutachtet.

www.peterlang.com

Bibliografische Information der Deutschen Nationalbibliothek
Die Deutsche Nationalbibliothek verzeichnet diese Publikation in der Deutschen Nationalbibliografie; detaillierte bibliografische Daten sind im Internet über http://dnb.d-nb.de abrufbar.

Zugl.: Erlangen-Nürnberg, Univ., Diss., 2019

D 29 (n 2)
ISSN 0531-7312
ISBN 978-3-631-79181-3 (Print)
E-ISBN 978-3-631-80242-7 (E-PDF)
E-ISBN 978-3-631-80243-4 (EPUB)
E-ISBN 978-3-631-80244-1 (MOBI)
DOI 10.3726/b16153

Peter Lang – Berlin · Bern · Bruxelles · New York · Oxford · Warszawa · Wien

Diese Publikation wurde begutachtet.

www.peterlang.com

Sonia Cloppenburg

Deutsches und polnisches Arbeitsrecht unter europarechtlichem Einfluss

Eine rechtsvergleichende Betrachtung des ersten polnischen Gesetzes vom 10.06.2016 über die Entsendung von Arbeitnehmern im Rahmen der Erbringung von Dienstleistungen

PETER LANG

Für Iwona, Erik, Corinna und Paula

Mit bestem Dank an Herrn Prof. Dr. Steffen Klumpp für die angenehme und lehrreiche Zeit am Lehrstuhl, für die Betreuung meiner Arbeit und die Erstellung des Erstgutachtens; an Herrn Prof. Dr. Georg Caspers für die Erstellung des Zweitgutachtens; und an Daniel, Fredi und Alex für die Motivationsspritzen.

Inhaltsverzeichnis

Teil 1: Einleitung

A. Ziel der Arbeit und Gang der Darstellung

Die Republik Polen ist zwar seit nunmehr über zehn Jahren Mitglied der Europäischen Union. In den letzten 20 bis 30 Jahren hat das Land eine tiefgreifende Entwicklung durchschritten, die noch nicht abgeschlossen ist. Im Zuge der zunehmenden Globalisierung kann man beobachten, dass die Staaten immer mehr zusammenrücken und ein reger Austausch stattfindet. Die vollständige Freizügigkeit hinsichtlich der grenzüberschreitenden Erbringung von Dienstleistungen in den Ländern Deutschland und Österreich erlangte Polen aber erst im Jahr 2011, weshalb das Thema der Arbeitnehmerentsendung mit allen damit verbundenen tatsächlichen und rechtlichen Problemen noch sehr aktuell ist.

Die Öffnung der europäischen Grenzen haben zahlreiche polnische Unternehmer zum Anlass genommen, ihre eher schwache wirtschaftliche Position in Polen, bedingt durch die noch schwache wirtschaftliche Struktur des Landes, durch Ausweitung ihrer Tätigkeit im Ausland zu stärken, und hierfür ihre Arbeitnehmer für eine begrenzte Zeit ins EU-Ausland zu entsenden. Polen hat sich so in den letzten Jahren zu einem der stärksten Länder in Hinblick auf die grenzüberschreitende Entsendung von Arbeitnehmern im Rahmen der Erbringung von Dienstleistungen entwickelt, mit besonderem Fokus auf die Entsendung in den Nachbarstaat Deutschland.

Ein neues polnisches Gesetz aus dem Jahr 2016 betreffend die grenzüberschreitende Arbeitnehmerentsendung soll nun zum Anlass genommen werden, die Entsendesituationen in den Ländern Polen und Deutschland sowohl in tatsächlicher, als auch in rechtlicher Hinsicht genauer unter die Lupe zu nehmen und die Gemeinsamkeiten und Unterschiede der jeweiligen gesetzlichen Regelungen, die auf einer europarechtlichen Grundlage, der Richtlinie 96/71/EG beruhen, näher zu beleuchten.

Mit der vorliegenden Arbeit wird auch gezeigt werden, wie schwierig es ist, einheitliche Regelungen für verschiedene EU-Mitgliedsstaaten zu schaffen, die jedem Land gerecht werden. Polen als klassisches Entsendeland im Rahmen der grenzüberschreitenden Erbringung von Dienstleistungen, und Deutschland als klassisches Empfangsland dienen hierbei als gutes Beispiel, da beide Staaten hinsichtlich ihrer Entwicklung noch stark auseinander driften, und noch von ihren unterschiedlichen Ausgangspositionen geprägt sind. Insofern sollen auch die unterschiedlichen Rechtsstrukturen des immer noch sozialistisch geprägten Polens herausgearbeitet und den Rechtsstrukturen unseres deutschen Rechtssystems gegenübergestellt werden.

Die Arbeit soll ferner einen Überblick verschaffen über unser Nachbarland Polen. Neben der Darstellung der praktischen und rechtlichen Probleme im Rahmen der grenzüberschreitenden Arbeitnehmerentsendung soll es vor allem darum gehen, die Hintergründe genauer zu beleuchten und anschließend Lösungsmöglichkeiten herauszuarbeiten, darzustellen und zu analysieren. Dabei soll ebenfalls ein Einblick in das Rechtssystem Polens geboten, sowie die europarechtlichen Regelungen genauer betrachtet werden.

Arbeitsgrundlage sind die beiden nationalen Arbeitnehmerentsendegesetze, das deutsche AEntG[1], das bereits im Jahr 1996 in Kraft getreten ist, sowie das polnische DelPracU[2], das am 18. Juni 2016 in Kraft getreten ist. Beide Gesetze dienen der Umsetzung zweier EU-Richtlinien, der RL 96/71/EG[3] über die grenzüberschreitende Entsendung von Arbeitnehmern im Rahmen der Erbringung von Dienstleistungen, sowie der RL 2014/67/EU[4] zur Durchsetzung der Richtlinie über die grenzüberschreitende Entsendung von Arbeitnehmern im Rahmen der Erbringung von Dienstleistungen.

Die beiden nationalen Gesetze sollen im Folgenden miteinander verglichen und deren Unterschiede herausgearbeitet, sowie die damit verbundenen Probleme und Hintergründe näher beleuchtet werden.

---

1 Gesetz über zwingende Arbeitsbedingungen für grenzüberschreitend entsandte und für regelmäßig im Inland beschäftigte Arbeitnehmer und Arbeitnehmerinnen (Arbeitnehmer-Entsendegesetz-AEntG) vom 20. April 2009, BGBl. 2009 I Nr. 20, 799.

2 Ustawa z dnia 10 czerwca 2016 r. o delegowaniu pracowników w ramach świadczenia usług, Dz. U. z dnia 17 czerwca 2016 r., Poz. 368 (Gesetz vom 10. Juni 2016 über die Entsendung von Arbeitnehmern im Rahmen der Erbringung von Dienstleistungen, BGBl. vom 17. Juni 2016, Position 368).

3 Richtlinie 96/71/EG des Europäischen Parlaments und des Rates vom 16. Dezember 1996 über die Entsendung von Arbeitnehmern im Rahmen der Erbringung von Dienstleistungen, ABl. Nr. L 018 vom 21.01.1997, S. 0001 – 0006.

4 Richtlinie 2014/67/EU des Europäischen Parlaments und des Rates vom 15. Mai 2014 zur Durchsetzung der Richtlinie 96/71/EG über die Entsendung von Arbeitnehmern im Rahmen der Erbringung von Dienstleistungen und zur Änderung der Verordnung (EU) Nr. 1024/2012 über die Verwaltungszusammenarbeit mit Hilfe des Binnenmarkt-Informationssystems („IMI-Verordnung"), ABl. Nr. L 159/11 vom 28.05.2014.

B. Begriff der Arbeitnehmerentsendung

Nach Art. 2 Abs. 1 RL 96/71/EG gilt als entsandter Arbeitnehmer jeder Arbeitnehmer, der während eines begrenzten Zeitraums seine Arbeitsleistung im Hoheitsgebiet eines anderen Mitgliedsstaats als demjenigen erbringt, in dessen Hoheitsgebiet er normalerweise arbeitet. Erfasst werden mithin nur Arbeitnehmer und keine selbständig tätigen Personen, wobei der Begriff des Arbeitnehmers gemäß Art. 2 Abs. 2 RL 96/71/EG nach dem Recht des Empfangsstaats bestimmt wird. Die Richtlinie unterscheidet drei Fälle der Entsendung: Gemäß Art. 1 Abs. 3 RL 96/71/EG findet sie Anwendung, wenn Unternehmer einen Arbeitnehmer in ihrem Namen und unter ihrer Leitung in das Hoheitsgebiet eines Mitgliedsstaats im Rahmen eines Vertrags entsenden, der zwischen dem Entsendeunternehmen und dem im Empfangsstaat tätigen Dienstleistungsempfänger geschlossen wurde, sofern für die Dauer der Entsendung ein Arbeitsverhältnis zwischen dem Entsendeunternehmen und dem Arbeitnehmer besteht; ferner in dem Fall, dass Unternehmen einen Arbeitnehmer in eine Niederlassung oder ein der Unternehmensgruppe angehörendes Unternehmen im Hoheitsgebiet eines Mitgliedsstaats entsenden, sofern auch hier für die Dauer der Entsendung ein Arbeitsverhältnis zwischen dem Entsendeunternehmen und dem Arbeitnehmer besteht; schließlich auch, wenn Unternehmer als Leiharbeitsunternehmen einen Arbeitnehmer in ein verwendendes Unternehmen entsenden, das seinen Sitz im Hoheitsgebiet eines Mitgliedsstaats hat oder dort seine Tätigkeit ausübt, sofern auch hier für die Dauer der Entsendung ein Arbeitsverhältnis zwischen dem Leiharbeitsunternehmen und dem Arbeitnehmer besteht.[5]

Abzugrenzen ist die nur kurzfristige Arbeitnehmerentsendung von der dauerhaften Niederlassung eines Arbeitnehmers in einem EU-Mitgliedsstaat. Spricht man ganz allgemein von grenzüberschreitender Arbeitnehmermobilität, so kommen grundsätzlich zwei Konstellationen in Frage: ein Arbeitnehmer kann zum einen seinen Herkunftsstaat verlassen und in einem anderen Staat dauerhaft eine Beschäftigung aufnehmen. Hierbei erfolgt eine vollständige Integration in das dortige Arbeitsrechtssystem. Bei diesem Fall handelt es sich um einen klassischen Anwendungsfall der Arbeitnehmerfreizügigkeit gem. Art. 45 AEUV, die jedem Arbeitnehmer innerhalb der EU die Möglichkeit der Aufnahme einer Beschäftigung garantiert und eine Diskriminierung aus Gründen der Staatsangehörigkeit verbietet.

---

5 Siehe auch unten Teil 2 B.I.1.b) bb).

Zum anderen ist es möglich und denkbar, dass ein Unternehmen für einen ausländischen Auftrag seine eigenen Arbeitnehmer schickt oder ein Zeitarbeitsunternehmen Arbeitnehmer an ausländische Unternehmen verleiht. In diesen Fällen spricht man von Arbeitnehmerentsendung.[6] Möglich wäre in diesem Fall zwar auch, dass ein Arbeitgeber für die Ausführung seines Arbeitsauftrages Arbeitnehmer des Empfangslandes einstellt, dies wäre aber mit einem erhöhten Zeit-, Arbeits- und Kostenaufwand für den Arbeitgeber verbunden, da er hierzu vor Ort geeignetes Personal suchen müsste.

Die nur kurzfristige Entsendung von Arbeitnehmern in einen anderen Staat im Rahmen der Erbringung von Dienstleistungen, die Gegenstand der hier vorliegenden Arbeit sein soll, ist mithin zu unterscheiden von der dauerhaften Niederlassung eines Arbeitnehmers in einem anderen Staat mit dem Ziel, dort zu arbeiten. Denn bei einer grenzüberschreitenden Arbeitnehmerentsendung bleibt der entsandte Arbeitnehmer in einem Arbeitsverhältnis zum Arbeitgeber des Entsendestaates, wie sich explizit aus der Richtlinie 96/71/EG ergibt, wohingegen bei einer dauerhaften Tätigkeit im Ausland ein Arbeitsvertrag mit einem Arbeitgeber im Empfangsstaat geschlossen wird.[7] Dieser Fall wird von der Richtlinie 96/71/EG nicht erfasst.

Die Freiheit eines Unternehmers, seine Arbeitnehmer zur Ausführung eines Projektes über die Landesgrenzen hinweg zu entsenden, ist ebenfalls durch die europarechtlichen Grundfreiheiten des AEUV geschützt und darf grundsätzlich nicht eingeschränkt werden. Die Arbeitnehmerentsendung unterfällt jedoch nicht dem Anwendungsbereich der Arbeitnehmerfreizügigkeit, sondern der Dienstleistungsfreiheit gemäß Art. 56 AEUV, die Beschränkungen des freien Dienstleistungsverkehrs innerhalb der Europäischen Union verbietet, da die entsandten Arbeitnehmer sich nicht dauerhaft im Empfangsstaat niederlassen.[8] Aus diesem Grund ist auch die europäische Niederlassungsfreiheit nach Art. 49 AEUV nicht betroffen.[9] Wie der EuGH bereits in den Neunziger Jahren entschieden hat, gehört zur Dienstleistungsfreiheit eines Unternehmers eben auch die Freiheit, zur Ausführung der Dienstleistung eigene Arbeitnehmer in den Aufnahmestaat zu entsenden. Bei einer solchen Entsendung wird aber der

6 Thüsing, AEntG, vor § 1 Rn. 1.

7 Däubler, TVG, § 5 Anhang 2 Rn. 12.

8 Thüsing, Europäisches Arbeitsrecht, § 9 Rn. 1; Däubler, TVG, § 5 TVG Anhang 2 Rn. 51; Deinert, Internat. ArbR, § 10 Rn. 92; Wichmann, Dienstleistungsfreiheit, S. 97 ff.; Theelen, Das AEntG, S. 14 ff.; Däubler., DB 1995, 727; ders., EuZW 1997, 613, 614; Kort, NZA 2002, 1248, 1250.

9 Däubler, TVG, § 5 TVG Anhang 2 Rn. 51; Kort, NZA 2002, 1248, 1250 f.

Arbeitnehmer gerade nicht dauerhaft in den fremden Arbeitsmarkt des Empfangsstaates integriert, weshalb kein Fall der Arbeitnehmerfreizügigkeit gegeben ist. Die Entsendung an sich darf daher grundsätzlich nicht durch Auflagen oder Genehmigungserfordernisse eingeschränkt werden, da dies eine Einschränkung der europäischen Dienstleistungsfreiheit nach Art. 56 AEUV darstellen würde.[10] Indem die Richtlinien 96/71/EG sowie 2014/67/EU aber gerade den Entsendeunternehmen Vorgaben machen, wird deren Dienstleistungsfreiheit tangiert. Diese Problematik wird ebenfalls Gegenstand der vorliegenden Arbeit sein.[11]

C. Zahlen und Fakten zur Arbeitnehmerentsendung

I. Allgemeines

Die hier aufgeführten maßgeblichen Zahlen zur Arbeitnehmerentsendung entstammen dem jährlichen Bericht der EU-Kommission über die Verteilung der so genannten A1-Dokumente, der gegenwärtig die einzige öffentliche Informationsquelle hierzu auf europäischer Ebene darstellt.[12]

Mit dem A1-Dokument wird das für entsandte Arbeitnehmer sozialrechtlich relevante Recht festgestellt. Für entsandte Arbeitnehmer bleibt nämlich gemäß Artt. 12, 13 VO 883/2004[13] auch während der Entsendung für gewöhnlich das Sozialversicherungsrecht des Entsendestaates bestehen, sie fallen also nicht unter das Sozialversicherungsrecht des Aufnahmestaates, solange eine Entsendedauer von 24 Monaten nicht überschritten wird.[14] Die A1-Bescheinigungen, die dies dokumentieren, werden von den jeweiligen nationalen Sozialversicherungsträgern ausgestellt.[15]

Anzumerken ist jedoch, dass der hier vorgestellte EU-Bericht über die ausgestellten A1-Dokumente nicht 1:1 die tatsächliche Entsendesituation widerspiegeln kann. Unter anderem ist hervorzuheben, dass durch den Bericht

---

10 EuGH, Urteil vom 27.03.1990 – C-113/89, Slg. 1990, I-1417-Rush Portuguesa; EuGH, Urteil vom 09.08.1994 – C-43/93, Slg. 1994, I-3803 – Vander Elst; EuGH, Urteil vom 25.10.2001 – C 49/98, C-50/98, C-52/98 bis 54/98 und C-68/98 bis C-71/98, NZA 1001, 1377 (Finalarte).

11 Siehe unten Teil 2 B. II. 1. b).

12 Pacolet/Wispelaere, A1-Report 2015, S. 11.

13 Verordnung (EG) Nr. 883/2004 des Europäischen Parlaments und des Rates vom 29. April 2004 zur Koordinierung der Systeme der sozialen Sicherheit, ABl. Nr. L 166 vom 30.04.2004.

14 Näher hierzu siehe auch unten unter Teil 3 B. II. 2. b).

15 Fuchs/*Steinmeyer*, Eur. SozialR, Teil 2, Art. 12 Rn. 17.

Arbeitnehmer bei mehrmaliger Entsendung während eines Jahres auch mehrfach erfasst werden, weshalb mehr entsandte Arbeitnehmer erfasst werden können, als tatsächlich entsandt wurden.[16] Zum anderen erfasst die VO 883/2004, die die Rechtsgrundlage für Herausgabe der A1-Bescheinigungen bildet, auch selbständige Personen, die im Ausland tätig werden. Wie aber bereits ausgeführt wurde[17], werden von der RL 96/71/EG nur unselbständige Personen, also Arbeitnehmer, erfasst.[18] Schließlich werden naturgemäß auch diejenigen Entsendungen vom A1-Report nicht erfasst, die nicht ordnungsgemäß von den Entsendeunternehmen angemeldet wurden.[19]

Betrachtet man zunächst die Zahl der Arbeitnehmerentsendungen EU-weit, so wurden im Jahr 2015 2,05 Millionen A1-Dokumente herausgegeben. Im Vergleich zum Vorjahr bedeutet dies eine Steigerung um 7%.[20]

Die drei Hauptentsendestaaten waren die Republik Polen (463.174 A1-Dokumente), die Bundesrepublik Deutschland (240.862 A1-Dokumente) und die Französische Republik (130.040 A1-Dokumente). Polen führt damit 23% aller Entsendungen innerhalb der EU aus, also fast ¼ aller Entsendungen EU-weit.[21] Im Jahr 2015 hat es fast doppelt so viele Entsendungen von Polen aus gegeben, wie aus Deutschland.

Die drei Hauptempfangsstaaten waren Deutschland (418.908 Entsendungen), Frankreich (177.674 Entsendungen) und Belgien (156.556 Entsendungen). Damit empfängt Deutschland fast 30% aller Entsendungen EU-weit.[22] Bei Polen waren es lediglich 17.897.[23]

Insofern lässt sich vorab feststellen, dass Polen derzeit der stärkste Entsendestaat innerhalb der EU ist, Deutschland der stärkste Empfangsstaat.

Insgesamt wurden ca. 85% aller Entsendungen in die EU-15-Staaten durchgeführt, zu denen alle Mitgliedsstaaten der EU vor der so genannten Osterweiterung zählen.[24] Mehr als 90% aller Entsendungen aus Polen wurden in die EU-15-Staaten durchgeführt.[25]

---

16 Pacolet/Wispelaere, A1-Report 2015, S. 36.
17 S.o. Teil 1 B.
18 Pacolet/Wispelaere, A1-Report 2015, S. 12, 26.
19 Pacolet/Wispelaere, A1-Report 2015, S. 11.
20 Pacolet/Wispelaere, A1-Report 2015, S. 12.
21 Pacolet/Wispelaere, A1-Report 2015, S. 13.
22 Pacolet/Wispelaere, A1-Report 2015, S. 9, 18.
23 Pacolet/Wispelaere, A1-Report 2015, S. 18.
24 Pacolet/Wispelaere, A1-Report 2015, S. 19.
25 Pacolet/Wispelaere, A1-Report 2015, S. 20.

41,5% aller A1-Dokumente wurden im Bau-Sektor erlassen, 32,7% im Dienstleistungs-Sektor, und 25,45% im Industrie-Sektor. Die aus Polen entsandten Arbeitnehmer entstammen hauptsächlich dem Bau-Sektor.[26]

II. Deutschland

Deutschland hat im Jahr 2015 insgesamt 240.862 Arbeitnehmer ins Ausland entsandt, was 0,6% der beschäftigten Arbeitnehmer in Deutschland entspricht.[27] Im Vergleich zu den Vorjahren ist die Zahl relativ konstant, im Jahr 2014 waren es 255.724 A1-Bescheinigungen[28], im Jahr 2013 227.008 A1-Bescheinigungen, und im Jahr 2012 221.650 A1-Bescheinigungen.[29]

Deutschland hat im Jahr 418.908 A1-Dokumente erhalten, was 28% aller A1-Dokumente entspricht, demnach fast 1/3 aller Entsendungen.[30] Im Jahr 2014 wurden ähnlich viele Entsendungen nach Deutschland registriert, laut Bericht der EU-Kommission waren es 414.220.[31] In den Jahren davor hingegen war die Zahl der Entsendungen kleiner, im Jahr 2013 waren es 373.666, im Jahr 2012 335.862.[32]

Die Hauptströme erfolgten aus Polen (130.893 A1-Dokumente, entspricht 31,2%), Slowenien (60.976, entspricht 14,6%) und der Slowakei (35.522, entspricht 8,5%).[33] 44,5% aller Entsendungen nach Deutschland entstammen dem Bausektor.[34]

III. Polen

1. Vor dem EU-Beitritt

Bereits ab dem Jahr 1989 schloss Deutschland mit den mittel- und osteuropäischen Staaten (MOE-Staaten), unter anderem auch mit Polen, so genannte Werkvertragsabkommen in Form von bilateralen völkerrechtlichen Verträgen ab.[35] In diesen Abkommen wurden jährlich vertraglich bestimmte Kontingente festgelegt,

26 Pacolet/Wispelaere, A1-Report 2015, S. 24f.
27 Pacolet/Wispelaere, A1-Report 2015, S. 16.
28 Pacolet/Wispelaere, A1-Report 2014, S. 11.
29 Pacolet/Wispelaere, A1-Report 2012 and 2013, S. 11 f.
30 Pacolet/Wispelaere, A1-Report 2015, S. 17, 18.
31 Pacolet/Wispelaere, A1-Report 2014, S. 16.
32 Pacolet/Wispelaere, A1-Report 2012 and 2013, S. 9 f.
33 Pacolet/Wispelaere, A1-Report 2015, S. 18.
34 Pacolet/Wispelaere, A1-Report 2015, S. 26.
35 BGBl. 1990 II, S. 602; Maiß, Entsendung, S. 84 f.; Reim, Europa, S. 26; Reim/Sandbrink, Werkvertragsabkommen, S. 13.

und so die Anzahl der zur Erwerbstätigkeit zugelassenen Arbeitnehmer aus dem Ausland verbindlich festgesetzt. Voraussetzung war, dass ein wirksamer Werkvertrag zwischen einem Unternehmer aus den MOE-Staaten und einem Unternehmer aus Deutschland vorlag.[36] Für die Vergabe der Kontingente waren die Arbeitsministerien der jeweiligen MOE-Staaten zuständig.[37] Zur näheren Ausgestaltung dieser Verbindungen war eine Reihe an aufenthalts-, arbeits- und sozialrechtlichen Sondervorschriften nötig.[38] Die Tätigkeit in Deutschland erforderte eine Arbeitserlaubnis, die wiederum Grundlage für eine Aufenthaltserlaubnis war. Die Genehmigungen wurden in der Regel für die Zeit des Werkvertrages erteilt.[39]

Ziel dieser Abkommen war damals vor allem die wirtschaftliche Unterstützung der osteuropäischen Staaten bei ihrer Restrukturierung, aber auch die Beschaffung neuer Arbeitskräfte für den deutschen Arbeitsmarkt. Denn aufgrund der vereinigungsbedingt wachsenden deutschen Wirtschaft war Anfang der 90er Jahre besonders in der Baubranche ein erhöhter Arbeitskräftebedarf entstanden.[40] Im Fall von Polen lagen die Kontingente bis zum Jahr 1992 bei durchschnittlich ca. 35.000 Arbeitnehmern pro Jahr, wovon über die Hälfte im Baugewerbe beschäftigt waren. Ab dem Jahr 1995 wurden sie auf etwa 20.000 Arbeitnehmer pro Jahr verringert, im Jahr 2004 waren es nur noch ca. 13.000.[41]

2. *Nach dem EU-Beitritt*

a) *Übergangsvorschriften*

Auch wenn die Republik Polen am 1. Mai 2004 zusammen mit neun weiteren Staaten Mitglied der Europäischen Union wurde, war die Dienstleistungsfreiheit polnischer Unternehmer in Bezug auf Deutschland und Österreich zunächst noch nicht in vollem Umfang gegeben.

Aus Angst vor einer Überschwemmung der westlichen Arbeitsmärkte mit Arbeitskräften aus dem Osten, wurden im Beitrittsvertrag für die MOE-Staaten spezielle Übergangsregelungen geschaffen, die die Arbeitnehmerfreizügigkeit der polnischen Unternehmer ab dem Beitritt Polens zur EU am 01.05.2004 für einen

---

36 Reim/Sandbrink, Werkvertragsabkommen, S. 14; Kaligin, NZA 1992, 1111, 1112.

37 Meyer, BB 1993, 1428.

38 Reim, Europa, S. 27.

39 Reim, Europa, S. 49.

40 Reim, Europa, S. 26; Reim/Sandbrink, Werkvertragsabkommen, S. 23, 32; Mayer, BB 1993, 1428, 1429; Klöpper, AiB 11/1993, 682.

41 Maiß, Entsendung, S. 112; Reim/Sandbrink, Werkvertragsabkommen, S. 36; Kaligin, NZA 1992, 1111, 1112 f; Klöpper, AiB 11/1993, 682, 684.

Übergangszeitraum von bis zu sieben Jahren einschränkten. Solche Übergangsregelungen in Form eines so genannten 2+3+2-Modells wurden in Deutschland und Österreich neben dem Bereich der Arbeitnehmerfreizügigkeit zusätzlich im Bereich der Dienstleistungsfreiheit für das Baugewerbe und Teilbereiche des Handwerks beschlossen, weil diese Länder direkt an die neuen Beitrittsländer angrenzten und man glaubte, eine besondere Anziehungskraft auszulösen. In den übrigen Bereichen galt die Dienstleistungsfreiheit unbeschränkt.[42] Nach dem 2+3+2-Modell galten die nationalen und bilateralen Regelungen des Arbeitsmarktzugangs fort, so dass die Mitgliedsstaaten selbst entscheiden konnten, inwieweit sie ihren Arbeitsmarkt für die Beitrittsländer öffneten.[43]

b) Vollständige Dienstleistungsfreiheit erst ab dem 01.05.2011

Erst seit dem 01.05.2011 findet die europäische Dienstleistungsfreiheit uneingeschränkt Anwendung auch auf die polnische Republik in Bezug auf Arbeitnehmerentsendungen nach Deutschland und Österreich.

Im Jahr 2015 wurden an Polen 463.174 A1-Dokumente ausgestellt. Diese Zahl entspricht 2,9% aller beschäftigten Arbeitnehmer in Polen.[44] Im Vergleich zu Deutschland wurden damit fast doppelt so viele A1-Dokumente ausgestellt,[45] und führt die Republik Polen fast 25% aller Entsendungen innerhalb der EU aus.[46] Im Jahr 2014 waren es 428.405 Bescheinigungen.[47] Betrachtet man hingegen die Jahre zuvor, so ist ein deutlicher Anstieg in den letzten Jahren zu verzeichnen, wohl hervorgerufen durch die Erlangung der vollständigen Dienstleistungsfreiheit im Jahr 2011. Im Jahr 2013 wurden laut Bericht der Kommission 262.714 Bescheinigungen an polnische Unternehmer ausgegeben, im Jahr 2012 waren es 246.214 Bescheinigungen.[48]

Polen hat im Jahr 2015 nur 17.897 A1-Dokumente erhalten, das entspricht nicht einmal 1% aller Entsendungen im Jahr 2015.[49] Davon aus Deutschland

---

42 Nr. 13 Anhang XII zur Beitrittsakte 2003, ABl. L 236 vom 23.09.2003, S. 875; Maiß, Entsendung, S. 56; Mitrus, Swoboda, S. 332 f.; Nowak, EuZW 2003, 101; Pechstein/Kubicki, EuZW 2004, 167 f; Maiß, WiRO 2005, 353, 354; Temming, RdA 2005, 186, 187; Schneider-Sievers, RdA 2012, 277.

43 Maiß, Entsendung, S. 56.

44 Pacolet/Wispelaere, A1-Report 2015, S. 16.

45 S.o. unter Teil 1 C. II

46 S.o. unter Teil 1 C. I.

47 Pacolet/Wispelaere, A1-Report 2014, S. 11.

48 Pacolet/Wispelaere, A1-Report 2012 and 2013, S. 11 f.

49 Pacolet/Wispelaere, A1-Report 2015, S. 18.

(5.892, entspricht 32,9%), Frankreich (2.899, 16,2%) und Spanien (2.325, 13%). 47,6% aller Entsendungen nach Polen erfolgten in der Industrie-Branche (außer Bau).[50] Im Vergleich zu den vergangenen Jahren ist ein leichter Anstieg zu vermerken. Im Jahr 2014 wurden 14.521 Bescheinigungen ausgestellt,[51] im Jahr 2013 14.387, 2012 waren es 16.033.[52]

Angaben zu der Zahl der Entsendungen nach Polen liefert auch die polnische staatliche Arbeitsinspektion (Państwowa Inspekcja Pracy), die in Polen die zuständige Stelle für die Anmeldung einer Arbeitnehmerentsendung nach Polen ist. Danach wurden im Jahr 2016 seit Inkrafttreten des DelPracU am 18.06.2016 bis zum 31.12.2016, also in einem Zeitraum von etwa einem halben Jahr, insgesamt 4.148 Arbeitnehmer nach Polen entsandt. An erster Stelle steht auch hier Deutschland.[53] Angesichts der beachtlichen Differenz zu den Zahlen der A1-Bescheinigungen (17.897, s.o.) liegt die Vermutung nahe, dass ein Großteil der Unternehmer sich noch nicht mit den neuen Anmeldepflichten des DelPracU vertraut gemacht hat.[54]

IV. Zusammenfassung

Die Zahl der Entsendungen EU-weit ist auf ca. 2 Millionen jährlich gestiegen. Polen führt mit fast 500.000 annähernd ein Viertel aller Entsendungen in der EU aus, und fast doppelt so viele wie Deutschland (ca. 250.000).

Dagegen ist die Zahl der nach Deutschland entsandten Arbeitnehmer hoch. Sie betrug im Jahr 2015 über 400.000, wobei der Großteil aus Polen und im Bereich der Baubranche erfolgte. Polen selbst hat im Jahr 2015 nicht einmal 20.000 A1-Bescheinigungen erhalten, vornehmlich aus Deutschland und im Bereich der Industrie-Branche.

Die Zahlen machen bereits deutlich, dass wir es hier mit einem klassischen Entsendeland auf der einen Seite – Polen -, und einem klassischen Empfangsland auf der anderen Seite – Deutschland -, zu tun haben. Dies wirkt sich auch unmittelbar auf die Gesetzgebung und Rechtspraxis in beiden Ländern aus, und wirft in beiden Ländern unterschiedliche Probleme auf, wie sich noch zeigen wird. Festzuhalten ist zunächst, dass die grenzüberschreitende Entsendung von

50 Pacolet/Wispelaere, A1- Report 2015, S. 26.

51 Pacolet/Wispelaere, A1-Report 2014, S. 16.

52 Pacolet/Wispelaere, A1-Report 2012 and 2013, S. 9 f.

53 Offizielle Mitteilung der PIP (Państwowa Inspekcja Pracy – Staatliche Arbeitsinspektion in Polen) an die Autorin vom 24.05.2017; Schiffter, MoPr 2017 Nr. 5, 241, 245.

54 So auch Schiffter, MoPr 2017 Nr. 5, 241, 245.

Arbeitnehmern aus dem Ausland nach Polen eine weitaus geringere Bedeutung hat, als dies bei Entsendungen nach Deutschland der Fall ist. Bedeutung wird auch haben, dass die nach Deutschland entsandten Arbeitnehmer vermehrt aus Niedriglohnländern stammen, der Großteil der nach Polen entsandten Arbeitnehmer hingegen aus den so genannten Hochlohnländern stammt.

D. Rechtliche Grundlagen der grenzüberschreitenden Arbeitnehmerentsendung

Grundsätzlich richtet sich bei Sachverhalten mit grenzüberschreitendem Bezug, wie dies auch bei der Arbeitnehmer-Entsendung der Fall ist, die Rechtslage nach Internationalem Privatrecht. Maßgeblich sind insoweit die Bestimmungen der Rom-I-VO.[55] Danach besteht grundsätzlich freie Rechtswahl bei der Wahl des auf Arbeitsverhältnisse anwendbaren Rechts, Artt. 8 Abs. 1, 3 Abs. 1 Rom-I-VO (subjektive Anknüpfung). Sofern keine Rechtswahl der Vertragsparteien stattgefunden hat, findet nach Art. 8 Abs. 2 Rom-I-VO eine objektive Anknüpfung statt, d.h. das Arbeitsverhältnis unterliegt dann dem Recht des Staates, in dem der Arbeitnehmer für gewöhnlich seine Arbeit verrichtet, selbst wenn er vorübergehend in einen anderen Staat entsandt ist. Hilfsweise unterliegt der Arbeitnehmer dem Recht des Staates der Einstellungsniederlassung, sofern nicht eine engere Verbindung zu einem anderen Staat besteht, Art. 8 Abs. 3 Rom-I-VO. Nach diesen Vorschriften würde also wegen der Anknüpfung an das Recht des gewöhnlichen Arbeitsorts in der Regel das Recht des Entsendestaates Anwendung finden, wenn ein Arbeitnehmer für eine bestimmte Zeit ins Ausland entsendet würde.[56]

Problematisch bei einer solchen Rechtslage ist jedoch, dass Arbeitgeber aus Niedriglohnländern so ihre Arbeitnehmer zu günstigeren Löhnen und damit meist günstigeren Konditionen ins Ausland entsenden können und somit den inländischen Unternehmern Konkurrenz machen.[57] Mit der Öffnung der EU-Grenzen auch für die niedriger entwickelten neuen Beitrittsländer befürchtete man, dass der Zustrom von Arbeitnehmern, die zu günstigeren Bedingungen

55 Verordnung (EG) Nr. 593/2008 des Europäischen Parlaments und des Rates vom 17. Juni 2008 über das auf vertragliche Schuldverhältnisse anzuwendende Recht (Rom I), ABl. vom 04.07.2008, Nr. L 177/6.

56 Däubler, TVG, § 5 TVG Anhang 2 Rn. 30; ErfK/*Schlachter*, AEntG, § 1 Rn. 4; Thüsing, MiLoG AEntG, Vor § 1 AEntG Rn. 2; Deinert, Internat. ArbR, § 9 Rn. 99 ff.; ders., RdA 1996, 339, 341; Schlachter, NZA 2000, 57; Wank/Börgmann, NZA 2001, 177.

57 Thüsing, MiLoG AEntG, Vor § 1 AEntG Rn. 3; ders., Eur. ArbR, § 9 Rn. 12.

arbeiten konnten als inländische Arbeitnehmer, mittel- und langfristig dazu führen konnte, dass das Lohnniveau und der Sozialstandard in den betroffenen Branchen in Hochlohnländern absinken oder inländische Unternehmen vom Markt verdrängt würden. Dies konnte wiederum zu erhöhter Arbeitslosigkeit im Inland führen. Zudem sah man die Gefahr sozialer Spannungen aufgrund der „Spaltung des Arbeitsmarktes", wenn entsandte Arbeitnehmer zu schlechteren Bedingungen arbeiteten als ihre inländischen Kollegen. Dieses Vorgehen wurde als so genanntes Lohn- oder Sozialdumping bezeichnet.[58]

Angesichts dieser Nachteile haben sowohl der europäische als auch einige nationale Gesetzgeber, darunter der deutsche Gesetzgeber, Handlungsbedarf gesehen und sich entschlossen, spezialgesetzlich tätig zu werden. Der deutsche Gesetzgeber hat bereits im Jahr 1996 das Arbeitnehmerentsendegesetz (AEntG) erlassen, noch bevor der europäische Gesetzgeber tätig wurde.[59] Auf europäischer Seite wurde aber beinahe zeitgleich mit dem AEntG die Richtlinie 96/71/EG geschaffen.[60] Im Jahre 2014 schließlich erließ die Kommission die Durchsetzungsrichtlinie zur Entsenderichtlinie, die Richtlinie 2014/67/EU.[61] Sowohl die europäischen, als auch die deutschen Rechtsvorschriften, normieren bestimmte Kernarbeitsbedingungen, die für die am Arbeitsort tätigen Beschäftigten nicht unterschritten werden dürfen, unabhängig davon, welches Arbeitsrecht anwendbar ist. Die entsprechenden Rechtsnormen werden damit zu so genannten Eingriffsnormen im Sinne des Art. 9 Rom-I-VO, die unabhängig vom anwendbaren Recht zwingend anzuwenden sind.[62]

Mit dem Eintritt Polens in die EU im Jahr 2004 fand auch eine Transformation des polnischen Rechts statt, weshalb auch Polen verpflichtet war, die Normen der Entsenderichtlinie umzusetzen. Dies geschah zunächst durch einen neuen Abschnitt IIa im polnischen Arbeitsgesetzbuch (Kodeks Pracy[63], im Folgenden

---

58 Thüsing, MiLoG AEntG, Vor § 1 AEntG Rn. 4; Koberski, AEntG, Einl. AEntG Rn. 2; Thüsing, Europäisches Arbeitsrecht, § 9 Rn. 13; näher hierzu s. u. unter Teil 3 A. II. 2.b).

59 Näher hierzu s.u. Teil 2 B. II.1.

60 Näher hierzu siehe unten Teil 2 B. I. 1.

61 Näher hierzu siehe unten Teil 2 B. I. 2.

62 BAG, Urteil vom 21.11.2007 – 10 AZR 712/06, NZA-RR 2008, 253; BAG, Urteil vom 14.08.2007 – 9 AZR 167/07, NZA 2008, 236; Däubler, TVG, § 5 TVG Anhang 2 Rn. 33; ErfK/*Schlachter*, AEntG, § 1 Rn. 5; Thüsing, MiLoG AEntG, Vor § 1 AEntG Rn. 12; Preis/Temming, ULAK, S. 167 ff.; Schlachter, NZA 2002, 1242, 1244.

63 Ustawa z dnia 26 czerwca 1974r., Kodeks pracy (Gesetz vom 26. Juni 1974, Arbeitsgesetzbuch), Dz. U. 1998 Nr. 21, Pos. 94.

KP), der mit dem Eintritt Polens in die EU in Kraft trat[64], und schließlich mit Erlass eines gänzlich neuen Gesetzes im Jahr 2016, dem DelPracU.[65]

Die vorliegende Arbeit soll sich dem Vergleich der beiden nationalen Entsendegesetze widmen.

64 Wąż, Delegowanie, S. 63.
65 Näher hierzu siehe unten Teil 2 B. II. 2.

Teil 2: Grundlagen

A. Länderbericht Polen

Bevor sich der Blick auf die Regelungen der beiden Entsendegesetze im Einzelnen richtet, soll vorab ein Überblick über die aktuelle Wirtschaftslage und das Rechtssystem unseres Nachbarlandes Polen verschafft werden.

I. Wirtschaft

Die mittelosteuropäischen Länder waren im Jahr 1990 durch das sozialistische System in der wirtschaftlichen Entwicklung zurückgeblieben. Seit der Umwandlung ab dem Jahr 1990 hat Polens Wirtschaft jedoch eine eindrucksvolle Entwicklung durchlaufen. Nach Überwindung einer noch aus der zentralen Planwirtschaft stammenden Rezession im Jahr 1992 folgten Jahre mit starkem Wirtschaftswachstum.[66]

1. Aktuelle Situation

Vor allem der EU-Beitritt Polens im Jahr 2004 hat sich stark positiv auf die Wirtschaft ausgewirkt, was nicht zuletzt an der starken finanziellen Unterstützung Polens durch die EU lag. Polen ist damit der größte Nutznießer des ESI Fonds mit einer Zuweisung von 86,1 Billionen Euro bis zum Jahr 2020.[67]

Das Land notiert mittlerweile unter allen OECD Ländern seit dem Jahr 2007 das höchste Wirtschaftswachstum, und ist in der Entwicklung auch relativ stabil.[68] In den Jahren seit dem Beitritt Polens zur EU wuchs die polnische Wirtschaft um 49%.[69] Der Grund für das starke Wachstum liegt in der Steigerung des Exports, die wiederum zu einer Steigerung der Produktion, sowie der

66 Kommission, Country Report, S. 1; Sieg, NZA 2003, 198, 199; Brezinski, in: Der Donauraum, S. 15; http://www.auswaertiges-amt.de/sid_3F30FF5727550CE30737F82D3762AC5F/DE/Aussenpolitik/Laender/Laenderinfos/Polen/Wirtschaft_node.html, zuletzt abgerufen am 12.09.2017.

67 Kommission, Country Report S. 15; Barczyk, Der Donauraum 1/2013, 57, 61.

68 http://www.auswaertiges-amt.de/sid_3F30FF5727550CE30737F82D3762AC5F/DE/Aussenpolitik/Laender/Laenderinfos/Polen/Wirtschaft_node.html; zuletzt abgerufen am 12.09.2017.

69 Altmann/Busek, Der Donauraum 1/2013, 7, 10.

Beschäftigungsrate führte. Zwischen 2005 und 2015 stieg der Exportanteil auf fast 40%, was eine der schnellsten Entwicklungen in der EU darstellte.[70]

Die durchschnittliche jährliche Wachstumsrate des Bruttoinlandsprodukts lag in den letzten Jahren bei circa 3%, und wird auch für die Jahre 2017 und 2018 so vorausgesagt. Damit liegt sie über dem EU-Durchschnitt.[71] Der Haupt-Wachstumstreiber ist seit 2014 der Privatkonsum.[72] In Deutschland lag das BIP-Wachstum in den vergangenen Jahren zwischen 1,6% und 1,9%.[73]

Die Bruttowertschöpfung erfolgt inzwischen zu annähernd 60 Prozent im Dienstleistungssektor, zu ca. 30 Prozent in der Industrie (ohne Baugewerbe) und zu ungefähr 10 Prozent in der Landwirtschaft.[74]

Wichtige polnische Wirtschaftszweige mit langer Tradition sind die Lebensmittelindustrie, der Energiesektor, der Bergbau und die Hüttenindustrie, gefolgt von Maschinenbau, Elektrotechnik/ Elektronik, Fahrzeugbau sowie der Textil- und Bekleidungsindustrie.[75]

2. *Arbeitsmarkt*

Ebenso wie die Wirtschaftslage musste sich auch der Arbeitsmarkt in Polen in den letzten 20 – 30 Jahren erst entwickeln, da es zu Zeiten des Sozialismus keinen richtigen Arbeitsmarkt, und auch keine Arbeitslosigkeit im engeren Sinne, gab. Jedem polnischen Bürger garantierte die polnische Verfassung ein Recht auf Arbeit, das durch das sozialistische Wirtschaftssystem, die planmäßige Entwicklung der Produktionskräfte, die ständige Einführung wissenschaftlich-technischen Fortschritts, das Bildungs- und Qualifikationssystem und das sozialistische Arbeitsrecht gesichert wurde.[76] Allerdings führte die Privatisierung von Staatsunternehmen zunächst

70 Kommission, Country Report S. 8.

71 Breidenbach, WiRO, Bd. II, Kap.A Rn. 29f.; Kommission, Country Report, S. 1; https://www.mpips.gov.pl/analizy-i-raporty/raporty-sprawozdania/rynek-pracy/sytuacja-na-rynku-pracy/rynek-pracy-w-polsce-w-2016-r/; zuletzt abgerufen am 16.09.2017; https://www.eurofound.europa.eu/observatories/eurwork/comparative-information/national-contributions/poland/poland-working-life-country-profile, zuletzt abgerufen am 13.09.2017.

72 Kommission, Country Report, S. 1, 4.

73 Kommission, Länderbericht, S. 5

74 Hajn/Mitrus, Labour Law, S. 25.

75 http://www.auswaertiges-amt.de/sid_3F30FF5727550CE30737F82D3762AC5F/DE/Aussenpolitik/Laender/Laenderinfos/Polen/Wirtschaft_node.html, zuletzt abgerufen am 12.09.2017.

76 Góral/Wlodarczyk, in: Polskie prawo pracy w transformacji, 143, 149.

zu einem hohen Anstieg der Arbeitslosigkeit. Im Zuge der Privatisierung waren viele staatliche Unternehmen gezwungen, ihre Betriebe zu verkleinern oder ganz einzustellen, was zahlreiche Entlassungen zur Folge hatte. Zudem wurden viele unrentable Betriebe entweder eingestellt oder umfassend modernisiert. So kam es nach der Transformation zunächst zu einer hohen Arbeitslosenquote in Polen, die sich aber in den letzten Jahren, bedingt durch das bereits oben erwähnte stetig steigende Wirtschaftswachstum, eindrucksvoll entwickelt und verringert hat.[77]

Der polnische Arbeitsmarkt insgesamt hat sich nach Aussage der EU-Kommission in den vergangenen Jahren sehr positiv entwickelt, auch wenn die Erwerbsquote (= Anteil der Erwerbspersonen, Erwerbstätige plus Erwerbslose) für einige einzelne Berufsgruppen immer noch niedrig ist.[78] Die Herabsetzung des Rentenalters, die Erhöhung des Schuleintrittsalters, die Abschaffung der Vorschulpflicht für Fünfjährige und ein deutlicher Anstieg des Mindestlohns werden die Erwerbsquote in den nächsten Jahren vermutlich weiter begrenzen.[79]

Seit dem EU-Beitritt im Mai 2004 hat sich die Beschäftigungsrate (= Anteil der sozialversicherungspflichtig Beschäftigten) in Polen in den letzten Jahren stetig erhöht, insgesamt um etwa 1,5 Millionen Personen, wobei sie im Jahr 2016 laut Bericht der EU-Kommission aufgrund der niedrigen Erwerbsquote immer noch leicht unter dem EU-Durchschnitt lag, der etwa 71,5% beträgt. Laut Berichten der Kommission und des polnischen Bundesamtes für Statistik (Główny Urząd Statystyczny – GUS) lag im Jahr 2016 eine Beschäftigungsquote von ca. 69% vor.[80] Zum Vergleich, Deutschland verzeichnete in den Jahren 2015 und 2016 eine Beschäftigungsquote von etwa 78%.[81]

Die Arbeitslosenquote ist in den vergangenen Jahren stetig gesunken. Lag sie im Jahr 2013 bei ca. 10%, sank sie in den Jahren 2014 auf ca. 9%, 2015 bereits auf 7%.[82] Im Jahr 2016 lag sie laut Berichten der Kommission und des GUS bei ca.

---

77 Góral/Wlodarczyk, in: Polskie prawo pracy w transformacji, 143, 150; Hajn/Mitrus, Labour Law, S. 35, 208.

78 Kommission, Country Report S. 22.

79 Kommission, Country Report S. 6.

80 Kommission, Country Report, S. 6, 22, 42; Hajn/Mitrus, Labour Law, S. 25; http://stat.gov.pl/obszary-tematyczne/inne-opracowania/inne-opracowania-zbiorcze/polska-w-unii-europejskiej-2017,16,10.html, zuletzt abgerufen am 12.09.2017.

81 Kommission, Länderbericht, S. [illegible]

82 Breidenbach, WiRO Bd. 2, Kap. A Rn. 38; Hajn/Mitrus, Labour Law, S. 25; Kommission, Country Report, S. 42; https://www.eurofound.europa.eu/observatories / eurwork/comparative-information/national-contributions/poland/poland-working-life-country-profile, zuletzt abgerufen am 13.09.2017.

6%, und war damit die seit 25 Jahren niedrigste Quote in Polen.[83] In Deutschland lag die Arbeitslosenquote im Jahr 2015 bei 4,6% und ging im Jahr 2016 auf 3,9% zurück.[84]

Diese Entwicklung wurde begleitet von einem stetigen Lohnwachstum in den letzten Jahren.[85] Der Mindestlohn stieg von 800 PLN (etwa 200 EUR) im Jahr 2003 auf 2.000 PLN (etwa 500 EUR) im Jahr 2017.[86] Damit liegt er derzeit bei 47–48% des Durchschnittseinkommens in Polen.[87] Der Durchschnittslohn aller Branchen lag im Jahr 2015 bei ca. 4.000 PLN (ca. 1.000 EUR).[88] Ungefähr 10–15% der Bevölkerung erhalten den Mindestlohn.[89]

3. *Migration*

Migration spielt eine entscheidende Rolle auf dem polnischen Arbeitsmarkt, da Polen seit jeher ein starkes Auswanderungsland ist. Besonders nach der Transformation im Jahr 1990, in deren Zuge es, wie bereits oben erwähnt, zu einer hohen Arbeitslosigkeit in Polen kam, zog es viele Polen auf der Suche nach Arbeit ins Ausland. Aber auch schon in den Jahren nach dem ersten Weltkrieg bis zum Jahr 1989 verließen insgesamt mehrere Millionen polnischer Staatsbürger das Land in der Hoffnung, im Ausland gesellschaftliche und wirtschaftliche Verbesserungen vorzufinden.[90]

---

83 Kommission, Country Report, S. 6, 42; so auch das Auswärtige Amt, http://www.auswaertiges-amt.de/sid_3F30FF5727550CE30737F82D3762AC5F/DE/Aussenpolitik/Laender/Laenderinfos/Polen/Wirtschaft_node.html, zuletzt abgerufen am 12.09.2017; http://stat.gov.pl/obszary-tematyczne/inne-opracowania/inne-opracowania-zbiorcze/polska-w-unii-europejskiej-2017,16,10.html, zuletzt abgerufen am 12.09.2017.

84 Kommission, Länderbericht, S. 34, 71.

85 Kommission, Country Report, S. 6; Hajn/Mitrus, Labour Law, S. 25.

86 Rozporządzenie Rady Ministrów z dnia 9 września 2016 r. w sprawie wysokości minimalnego wynagrodzenia za pracę w 2017 r., Dz. U. Z dnia 13 września 2016 r., poz. 1456 (Verordnung des Ministerrates vom 9. September 2016 über die Höhe des Mindestlohns im Jahr 2017, BGBl. vom 13. September 2016, Pos. 1456).

87 Kommission, Country Report, S. 23.

88 https://www.mpips.gov.pl/analizy-i-raporty/raporty-sprawozdania/rynek-pracy/sytuacja na rynku pracy/rynek pracy w polsce w 2016 r/; http://www.auswaertiges-amt.de/sid_3F30FF5727550CE30737F82D3762AC5F/DE/Aussenpolitik/Laender/Laenderinfos/Polen/Wirtschaft_node.html, zuletzt abgerufen am 12.09.2017

89 Kommission, Country Report, S. 23.

90 Szaban, Rynek Pracy, 159; Góral/Lewandowski, in: Polskie prawo pracy w transformacji, 173, 175.

Speziell nach dem EU-Beitritt im Jahr 2004 sah Polen noch einmal einer großen Emigrationswelle entgegen, die bis heute anhält. Die Zahl der Polen im Ausland wurde zum Ende des Jahres 2015 auf 2,4 Millionen geschätzt.[91]

Problematisch dabei ist, dass die polnischen Emigranten durchschnittlich höher gebildet sind als der Rest der polnischen Bevölkerung. Gleichzeitig arbeiten viele Immigranten unterhalb ihrer Qualifikationen, was sich auf die Entwicklung des Landes negativ auswirken kann.[92]

Seit dem Ende des Sozialismus ist Polen auch immer mehr zu einem Einwanderungsland geworden, vornehmlich durch Immigranten aus dem Osten, hauptsächlich aus der Ukraine, aus Weißrussland und anderen Ländern, aber auch aus den schwächer entwickelten südeuropäischen Ländern.[93] Ebenso wie die westlichen höher entwickelten Länder für Polen, ist Polen für diese ein begehrenswertes Land, da die Einwanderer aus dem Osten in Polen immer noch mehr verdienen als in ihren Heimatländern, selbst wenn sie schlechter entlohnt würden als ihre polnischen Kollegen. Polen sah sich in den letzten Jahren auch vor eine relativ hohe Zahl Schwarzarbeiter gestellt.[94] Die Mehrheit der Immigranten arbeitet auf der Basis so genannter vereinfachter Genehmigungsverfahren, was bedeutet, dass sie nach sechs Monaten verpflichtet sind, in ihr Heimatland zurückzukehren. Im Jahr 2015 wurden 925.000 Genehmigungen dieser Art ausgeteilt, im Jahr 2016 sollen es noch mehr sein.[95] Vergleicht man diese Zahlen mit den Entsendungszahlen, wird vorab bereits klar, dass der Fokus von ausländischen Arbeitnehmern nicht auf der Entsendung, sondern auf der Aufnahme einer abhängigen, wenn auch kurzfristigen, Tätigkeit mit einem polnischen Arbeitgeber liegt.[96] Die hier besprochenen Entsendungsregelungen sind in diesen Fällen nicht tangiert.

---

91 Kommission, Country Report, S. 22; Barczyk, Der Donauraum 1/2013, 57, 63; https://www.mpips.gov.pl/analizy-i-raporty/raporty-sprawozdania/rynek-pracy/sytuacja-na-rynku-pracy/rynek-pracy-w-polsce-w-2016-r/; zuletzt abgerufen am 16.09.2017.

92 Kommission, Country Report S. 24 f; Hajn/Mitrus, Labour Law, S. 219.

93 Szaban, Rynek Pracy, 163f.; Hajn/Mitrus, Labour Law, S. 218; Kommission, Country Report, S. 22.

94 Góral/Lewandowski, in: Polskie prawo pracy w transformacji, 173, 176.

95 Kommission, Country Report, S. 22.

96 S.a.Kommission, Country Report S. 23.

II. Rechtssystem

1. Allgemein

Polen verfügt heute über ein mit anderen EU-Ländern vergleichbares Rechtssystem. Die wesentlichen Einflüsse auf das polnische Rechtssystem ergeben sich aus dem deutschen und dem französischen Recht.[97] Die polnische Rechtspraxis ist aktuell als positiv zu bewerten. Aufgrund der großen Veränderungen durch die Wende im Jahr 1989 und darauf folgend durch den EU-Beitritt im Jahr 2004 verfügt Polen heutzutage im Allgemeinen über ein modernes, gut funktionierendes und effizientes Rechtssystem.[98]

Die polnische Verfassung (Konstytucja Rzeczypospolitej Polskiej[99], im Folgenden KRP) stammt aus dem Jahr 1997, und ist damit noch relativ jung.

2. Das polnische Arbeitsrecht

Im Folgenden soll ein kurzer Überblick über die Entwicklung des polnischen Arbeitsrechts von damals bis heute verschafft werden.

a) Einleitung

Gerade das Arbeitsrecht wird generell stark geprägt von der geltenden Wirtschafts- und Staatsordnung.[100] In Polen hat sich daher mit der Wende im Jahr 1989 auch im Arbeitsrecht ein starker Umwandlungsprozess vollzogen, weshalb im Folgenden sowohl das Arbeitsrecht im sozialistischen Polen, als auch die Umwandlung des Arbeitsrechts nach dem Jahr 1989 in aller Kürze dargestellt werden sollen. Eine weitere starke Transformation des polnischen Arbeitsrechts erfolgte schließlich im Zuge der Anpassung an das EU-Recht, die ebenfalls kurz skizziert werden soll. Denn Polen war zwar seit dem im Jahr 1994 in Kraft getretenen Europaabkommen[101] mit der EU und den Mitgliedsstaaten assoziiert und wurde mit Aufnahme der formellen Beitrittsverhandlungen[102] im Jahr 1998 verpflichtet, die EU-rechtlichen Regelungen zu übernehmen und das nationale Recht an das EU-Recht anzugleichen. Dennoch

---

97 Breidenbach, WiRO Bd. 2, Kap. A Rn. 63; Szurgacz, ZIAS 1995, 183, 184.

98 Breidenbach, WiRO Bd. 2, Kap. A Rn. 107.

99 Konstytucja Rzeczypospolitej Polskiej z dnia 2 kwietnia 1997 r., Dz. U. 1997, Nr. 78, Poz. 483 (Verfassung der Republik Polen vom 2. April 1997, BGBl. 1997 Nr. 78 Pos. 483).

100 Schaub, Handbuch, § 2 Rn. 1; Chwalisz, Transformation S. 4.

101 ABl. EG 1993 Nr. L 348, S. 1; Dynia, Integracja, S. 209; Mitrus, Swoboda, S. 282; ders., Wpływ, regulacji, S. 112; Niedobitek, DÖV 2003, 67, 68.

102 Dynia, Integracja, S. 227; Mitrus, Wpływ regulacji, S. 112; Chwalisz, Transformation, S. 203; Brezinski, in: Der Donauraum, S. 15.

konnte dies verständlicherweise nicht in einem einzigen Schritt geschehen. Der Prozess den Polen hier durchlief, dauerte vielmehr bis zum Beitritt im Jahre 2004 und teilweise sogar noch darüber hinaus.[103]

Auch wenn das polnische Rechtssystem heute weitgehend den europäischen Standards entspricht, leidet das polnische Arbeitsrecht an verschiedenen Mängeln. Ein großes Problem ist das Vorliegen einer sehr großen Zahl befristeter Arbeitsverträge, da Befristungen in polnischen Arbeitsverträgen grundsätzlich zulässig und an keine besonderen gesetzlichen Voraussetzungen gebunden sind.[104] Zudem werden Arbeitsverträge häufig als zivilrechtliche Verträge geschlossen, um die arbeitsrechtlichen Vorschriften zu umgehen.[105] Darüber hinaus hat das aktuelle polnische Arbeitsrecht keine besonders strenge Gesetzgebung hinsichtlich des Arbeitnehmerschutzes.[106] Hinzu kommt schließlich, dass lange Verfahrensdauern eine effektive Rechtsdurchsetzung in Polen häufig erschweren.[107]

b) *Sozialistisches Arbeitsrecht*

Nach dem zweiten Weltkrieg wurde im Jahr 1952 in Polen die Planwirtschaft eingeführt.[108] Eigentum, Vertrag sowie staatliche Planung spielten im deutschen und im sozialistischen Rechtskreis ganz unterschiedliche Rollen. Diese unterschiedlichen Staatsverfassungen führten auch zu einer unterschiedlichen gesellschaftlichen und rechtlichen Wirklichkeit. Die äußere Form des Rechts und seine Durchsetzung (Kodifikation des Rechts, der Justizaufbau) zeigten dagegen deutliche Ähnlichkeiten mit den Rechtsordnungen der westeuropäischen Staaten.[109]

In der Arbeitsrechtslehre galt die so genannte „Theorie der Konfliktlosigkeit" zwischen den staatlichen Betrieben und ihren Werktätigen. Die Überlegung dahinter war, dass die Werktätigen im übertragenen Sinne gleichzeitig Arbeitgeber waren, da die Betriebe im Eigentum des Staates und damit im Eigentum jedes Einzelnen standen. Demnach sollten die Interessen der Werktätigen und die der Betriebe identisch sein.[110]

---

103 Chwalisz, Transformation, S. 3.

104 Hajn/Mitrus, Labour Law, S. 39; Kommission, Country Report, S. 23; Liebscher/Zoll, Einführung, S. 354.

105 Hajn/Mitrus, Labour Law, S. 39; Kommission, Country Report, S. 23.

106 Kommission, Country Report S. 23.

107 Kommission, Country Report S. 35.

108 Szurgacz, ZIAS 1995, 183, 184 ff.

109 Koch/Magnus/Mohrenfels, IPR und Rechtsvergleichung, § 14 Rn. 2f.

110 Chwalisz, Transformation, S. 18; Hajn/Mitrus, Labour Law, S. 32; Florek, Prawo Pracy, Rn. 17, 437.

Das Arbeitsverhältnis nahm eine zentrale Rolle im sozialistischen Gesellschaftsverständnis ein. Jedem polnischen Bürger garantierte die polnische Verfassung ein Recht auf Arbeit, das durch das sozialistische Wirtschaftssystem, die planmäßige Entwicklung der Produktionskräfte, die ständige Einführung wissenschaftlich-technischen Fortschritts, das Bildungs- und Qualifikationssystem und das sozialistische Arbeitsrecht gesichert wurde. Daher gab es auch keine Arbeitslosigkeit im sozialistischen Polen, da der Staat die Arbeitskräfte verteilte.[111] Spiegelbildlich dazu bestand aber auch eine Pflicht der Bürger zur Arbeit. Gerade in der Sorge nicht nur um das persönliche Wohl eines jeden Bürgers, sondern um die Interessen der ganzen Gesellschaft sollte sich das sozialistische Verhältnis zur Arbeit zeigen. Arbeit sollte dazu dienen, die Macht des polnischen Staates zu vergrößern, den Wohlstand des Volkes zu sichern und die vollständige Umsetzung des sozialistischen Systems zu verwirklichen.[112]

Arbeitgeber konnte im sozialistischen Arbeitsrecht nur eine Organisationseinheit, der Betrieb, jedoch keine natürliche Person sein. Im Sozialismus standen die Betriebe fast ausnahmslos in staatlichem Eigentum. Der Staat war also Arbeitgeber, disponierte faktisch über das Arbeitspotenzial und bestimmte Entgelt und Arbeitsbedingungen.[113] Dementsprechend dienten die arbeitsrechtlichen Vorschriften primär der Regelung von Arbeitsverhältnissen zwischen Staat und Werktätigen, und nicht von Privaten untereinander. Sie waren auf eine einheitliche Unternehmensstruktur ausgerichtet. Die Privatautonomie und die Gestaltungsmöglichkeit kollektivrechtlicher Regelungen waren hingegen eingeschränkt.[114]

Im Unterschied zum deutschen Arbeitsrecht war der Staat als Arbeitgeber nicht in den Schutzbereich des Arbeitsrechts eingezogen. Andererseits ging der sachliche Regelungsbereich durch die Einbeziehung gesellschaftlicher, sozialer und kultureller Bedürfnisse über den des deutschen Arbeitsrechts hinaus.[115]

Faktisch gab es bis in die Neunziger Jahre kein kollektives Arbeitsrecht in Polen, da der Staat das Rechtssetzungsmonopol besaß. Es gab zwar Tarifverträge, deren Regelungsbereich war allerdings sehr beschränkt, und daher in Wirklichkeit lediglich eine Fassade. Die Rolle der Gewerkschaften unterschied sich stark von ihrer heutigen Rolle. Sie waren lediglich Bindungsglieder zwischen

111 Szurgacz, ZIAS 1995, 183, 186.
112 Chwalisz, Transformation, S. 11; Kosc, Recht und Sittlichkeit, S. 181.
113 Chwalisz, Transformation, S. 11f.; Matey/*Zieliński*, Nowy ląd, S. 11.
114 Chwalisz, Transformation, S. 45; Matey/*Zieliński*, Nowy ląd, S. 24 f.
115 Chwalisz, Transformation, S. 13.

der regierenden Partei und der Arbeiterklasse. Es gab keine echten Sozialpartner oder gar einen Sozialen Dialog zwischen ihnen. Aufgrund der propagierten Theorie der Konfliktlosigkeit gab es auch kein Streikrecht.[116]

Und auch ein Günstigkeitsprinzip kannte das damalige polnische Arbeitsrecht nicht. Die sozialistische Planwirtschaft erforderte, dass die Arbeits- und Vergütungsbedingungen durch zentral festgelegte Vorgaben bestimmt wurden, so dass Vereinbarungen in Tarifverträgen lediglich eine konkretisierende Aufgabe zukam. Abweichende Regelungen waren mit dem Wirtschaftsplan nicht zu vereinbaren und daher unzulässig.[117]

Im Jahr 1974 wurde schließlich zum ersten Mal ein Arbeitsgesetzbuch kodifiziert, der Kodeks Pracy (KP). Er trat am 01. Januar 1975 in Kraft. Auch wenn zwischenzeitlich über 100 Mal geändert, bleibt dieses Gesetz bis heute bestehen.[118]

Erst im Jahr 1988, also über 30 Jahre später, wurde die Wirtschaftsfreiheit proklamiert und im polnischen Grundgesetz als eine Säule des polnischen Wirtschaftssystems verankert.[119] Nach Art. 20 KRP ist die auf der Freiheit der wirtschaftlichen Tätigkeit, dem Privateigentum sowie auf der Solidarität, dem Dialog und der Zusammenarbeit der sozialen Partner gründende soziale Marktwirtschaft Basis des Wirtschaftssystems der Republik Polen. Eine Einschränkung dieser Freiheit ist nach Art. 22 KP ausschließlich durch ein Gesetz und wegen eines wichtigen öffentlichen Interesses erlaubt.

c) *Umwandlung*

Die Änderung des politischen Systems in Polen ab dem Jahr 1989 brachte auch Änderungen im polnischen Rechtssystem mit sich, da die bis dahin bestehenden Regelungen des Arbeitsrechts nicht zu dem neuen System passten. Dennoch blieb der Kodeks Pracy aus dem Jahr 1974 bestehen. Er wurde allerdings zahlreiche Male geändert. Im Jahr 1996 wurde das polnische Arbeitsgesetzbuch zwar grundlegend geändert, das polnische Arbeitsrecht blieb jedoch trotzdem dem sowjetischen Grundmuster bis heute verhaftet.[120]

---

116 Chwalisz, Transformation, S. 28 f.; Hajn/Mitrus, Labour Law, S. 32, 35; näher hierzu s. u. unter Teil 3, C. II.2.b).

117 Chwalisz, Transformation, S. 28 f., 108.

118 Hajn/Mitrus, Labour Law, S. 33 f.

119 Chwalisz, Transformation, S. 61 f.

120 Kohl/Platzer, Mittelosteuropa, S. 52; Chwalisz, Transformation, S. 197; Hajn/Mitrus, Labour Law, S. 36; Liebscher/Zoll, Einführung, § 11 Rn. 1.

Der polnische Arbeitsmarkt vollzog ebenfalls eine Umwandlung. Der Staat war nicht länger globaler Arbeitgeber, sondern wurde immer mehr zur dritten Partei und zum Mittler zwischen den Sozialpartnern.[121] Zum 31.12.1990 gab es noch über 8.000 Staatsunternehmen in Polen, Ende des Jahres 2012 waren es nur noch 70 Staatsunternehmen. Die Privatisierung in großem Umfang zog jedoch auch Massenentlassungen und Insolvenzen mit sich, zum ersten Mal gab es eine große Zahl an Arbeitslosen.[122]

Auch das kollektive Arbeitsrecht vollzog eine grundlegende Änderung. Da es vormals weder echte Sozialpartner, noch einen Sozialen Dialog gab, kannte das polnische Rechtssystem auch keine dementsprechenden Regelungen. Daher wurden im Jahr 1991 drei grundlegende Gesetze geschaffen: das Gesetz über die Gewerkschaften[123], das Gesetz über die Arbeitgeberorganisationen[124], sowie das Gesetz über Kollektivstreitigkeiten[125]. Im Jahr 1994 schließlich wurde im Arbeitsgesetzbuch ein Abschnitt über Tarifverträge eingeführt.[126] Trotz der bedeutenden Rolle der Gewerkschaften bei der Beendigung des Sozialismus in Polen und der Begründung eines freien, demokratischen Rechtsstaats, ist es den Gewerkschaften jedoch nicht gelungen, in der Zeit seit der Wende ihre Position als politische Macht zu verfestigen und ihr Ansehen zu erhalten. Trotz der damaligen Bemühungen und Änderungen konnten Kollektivregelungen sich nicht als bedeutende Rechtsquelle in Polen verfestigen. Das polnische Arbeitsrecht ist bis heute ein Gesetzesrecht, und Kollektivregelungen haben lediglich ergänzenden Charakter.[127] Hauptgrund dafür ist der geringe Organisationsgrad der polnischen Arbeitnehmer, sowie die mangelnde Einigungsfähigkeit der Gewerkschaften.[128]

---

121 Skapski, Ochronna funkcja, 19 ff.; Kohl/Platzer, Mittelosteuropa, S. 53.

122 Hajn/Mitrus, Labour Law, S. 35.

123 Ustawa z dnia 23 maja 1991 r. o związkach zawodowych, Dz. U. 1991 Nr. 55 Poz. 234 (Gesetz vom 23. Mai 1991 über die Gewerkschaften, BGBl. 1991 Nr. 55 Pos. 234).

124 Ustawa z dnia 23 maja 1991 r. o organizacjach pracodawców, Dz. U. 1991 Nr. 55 Poz. 235 (Gesetz vom 23. Mai 1991 über die Arbeitgeberorganisationen, BGBl. 1991 Nr. 55 Pos. 235).

125 Ustawa z dnia 23 maja 1991 r. o rozwiązywaniu sporów zbiorowych, Dz. U. 1991 Nr. 55 Poz. 236 (Gesetz vom 23. Mai 1991 über Kollektivstreitigkeiten, BGBl. 1991 Nr. 55 Pos. 236).

126 Stegemann, Gewerkschaften, S. 345; Chwalisz, Transformation, S. 85.

127 Hajn/Mitrus, Labour Law, S. 35 f.

128 Chwalisz, Transformation, S. 180 f.; näher hierzu siehe unten unter Teil 3 C. II. 2.b) bb).

d) Anpassung an EU-Recht

Die nächste größere Änderung, die das polnische Arbeitsrecht erfuhr, vollzog sich im Zusammenhang mit dem Beitritt Polens in die EU im Jahr 2004. Die Vorbereitungen hierfür gingen aber bereits weit vorher von statten. Bereits im Jahr 1989 begannen die Vorbereitungen für ein zukünftiges Zusammenwachsen zwischen Polen und der EG. Im Jahr 1989 unterzeichneten die EG und Polen ein Handels- und Kooperationsabkommen, das den Handel in beide Richtungen ausweiten und diversifizieren sollte.[129] Am 25.05.1990 stellte Polen schließlich einen offiziellen Antrag auf Aufnahme von Beitrittsverhandlungen.[130] Bereits am 16.12.1991 folgte das Europa-Abkommen, das zur schrittweisen Integration Polens in die Union beitragen sollte.[131] Am 05.04.1994 stellte Polen einen Antrag auf Beitritt zur Europäischen Gemeinschaft,[132] und am 31.03.1998 wurden formelle Beitrittsverhandlungen aufgenommen. Diese gründeten in die Unterzeichnung des Beitrittsvertrags am 16.04.2003,[133] so dass Polen schließlich zum 01.05.2004 der EU beitrat.[134]

Die Anpassung des polnischen Rechtes an das EU-Recht schließlich erfolgte auf zweierlei Weise: zum einen durch die Schaffung neuer, vormals noch nicht im nationalen Recht vorhandener Bestimmungen – die einfachere Variante – und zum anderen durch Modifizierung bereits bestehender Vorschriften, was die kompliziertere Art darstellte.[135] Zur Vorbereitung auf den Beitritt Polens in die Europäische Union wurde im Jahr 1998 ein Komitee geschaffen, das ein spezielles Programm für die Rechtsanpassung vorbereitet hatte („Narodowy Program Przygotowania do Członkostwa – Dostosowanie Prawa Polskiego do Wspólnotowego Prawa Pracy" – Nationales Vorbereitungsprogramm zum EU-Beitritt – Anpassung des polnischen Rechts an das EU-Arbeitsrecht).[136]

---

129 ABl. EG 1989, Nr. L 339, S. 1; Niedobitek, DÖV 2003, 67, 68

130 Dynia, Integracja, S. 209; Mitrus, Wpływ regulacji, S. 110; Szczeponek, Umsetzung, S. 276; Włudyka, Marktwirtschaft, S. 285.

131 ABl. EG 1993 Nr. L 348, S. 1; Dynia, Integracja, S. 209; Mitrus, Swoboda, S. 282; ders., Wpływ, regulacji, S. 112; Niedobitek, DÖV 2003, 67, 68.

132 Niedobitek, DÖV 2003, 67.

133 Dynia, Integracja, S. 227; Mitrus, Wpływ regulacji, S. 112; Chwalisz, Transformation, S. 203; Brezinski, in: Der Donauraum, S. 15.

134 Dynia, Integracja, 228; Szczeponek, Umsetzung, S. 293.

135 Mitrus, Wpływ regulacji, S. 133.

136 Dynia, Integracja, 216.

Im Zuge der Vorbereitung auf den EU-Beitritt wurden nochmals staatliche Unternehmen in großem Umfang privatisiert und kommerzialisiert. Ein neues Handelsgesetzbuch wurde geschaffen, um die polnische Wirtschaft zu europäisieren.[137] Die Angleichung an das europäische Recht war Hauptvoraussetzung für den Beitritt; sie erfolgte stufenweise und begann bereits vor dem Beitritt mittels zahlreicher Gesetzesnovellen und durch Erlass völlig neuer Gesetze.[138] Der Sejm erließ bis zum Jahr 2000 ca. 100 neue Gesetze, die unmittelbar oder mittelbar mit der Harmonisierung des polnischen Rechts mit dem Gemeinschaftsrecht zusammenhingen.[139]

Das bereits bestehende polnische Arbeitsrecht an die EU-rechtlichen Vorgaben anzupassen, stellte eine besondere Schwierigkeit dar, wie sich im Folgenden noch zeigen wird. Hauptgrund hierfür war die allgemein gültige Vorgabe, dass die Beziehungen zwischen den Parteien eines Arbeitsverhältnisses vornehmlich durch die Kollektivpartner zu regeln sind, und lediglich durch den Staat flankiert werden. Dies stellte Polen vor ein großes Hindernis, das nach der Umwandlung schlicht über keine Kollektivpartner verfügte.[140] Die Anpassung des polnischen Arbeitsrechts an das EU-Recht musste aus diesen Gründen zwingend durch Gesetze erfolgen, und nicht etwa durch den Abschluss von Tarifverträgen. Aus diesem Grund bleibt Hauptinstrument der Umsetzung der Gesetzeserlass.[141]

Neue Regelungen fanden sich im polnischen Arbeitsrecht ebenfalls ein. So wurde beispielsweise mit dem Gesetz über Leiharbeitnehmer[142] vom 09.07.2003 ein Novum im polnischen Recht eingeführt.[143]

Wie die vorliegende Arbeit zeigen wird, stellte die Anpassung des polnischen Rechtes an das EU-Recht für Polen insgesamt mehr Schwierigkeiten dar, als dies für Deutschland der Fall war. Hauptgrund dafür war die Tatsache, dass das Europarecht durch die Gründungsländer geschaffen und speziell deren Bedürfnissen angepasst worden war. Dadurch hatten die neuen Beitrittsländer, deren Wirtschafts- und Rechtsordnungen sich zum Teil maßgeblich von den

137 Szczeponek, Umsetzung, S. 282.

138 Mitrus, Swoboda, S. 281; ders., Wpływ regulacji, 103, 105; Szczeponek, Umsetzung, S. 286; Włudyka, Marktwirtschaft, S. 285.

139 Włudyka, Marktwirtschaft, S. 290.

140 Florek, in: Polskie prawo pracy w transformacji, 235, 237

141 Mitrus, Wpływ regulacji, 145; Szczeponek, Umsetzung, S. 321 f.

142 Ustawa z dnia 9 lipca 2003 r. o zatrudnianiu pracowników tymczasowych, Dz.U. 2003 nr 166 poz. 1608 (Gesetz vom 9. Juli 2003 über Leiharbeitnehmer, BGBl. 2003 Nr. 166 Pos. 1608).

143 Liebscher/Zoll, Einführung, § 11 Rn. 13.

Wirtschafts- und Rechtsordnungen der alten Beitrittsländer unterschieden, Schwierigkeiten mit der Anpassung. Die EU-Regelungen waren vornehmlich an die Märkte und die nationalen Arbeitsrechte der alten Gründungsstaaten angepasst. Hinzu kam, dass die neu beigetretenen Mitgliedsländer keine Mitsprache- und Gestaltungsrechte bei der Schaffung des EU-Rechts hatten. Sie wurden vielmehr vor vollendete Tatsachen gestellt.[144]

e) Quellen des polnischen Arbeitsrechts

Anders als im deutschen Arbeitsrecht, das bis dato keine allgemeine Kodifizierung des deutschen Arbeitsrechtes in einem einheitlichen Gesetzbuch kennt, hat der polnische Gesetzgeber bereits zur Zeit des Sozialismus im Jahr 1974 ein polnisches Arbeitsgesetzbuch herausgegeben, den Kodeks Pracy (KP), und damit zum ersten Mal in der Geschichte Polens das Arbeitsrecht kodifiziert. Der KP ist am 01.01.1975 in Kraft getreten und stellt bis heute die wichtigste Rechtsquelle des polnischen Arbeitsrechts dar.

Gemäß Art. 9 § 1 KP sind die Quellen des polnischen Arbeitsrechts der KP sowie andere Gesetze und Ausführungsakte, welche die Rechte und Pflichten von Arbeitgeber und Arbeitnehmer bestimmen, außerdem Tarifverträge, Gruppenvereinbarungen, Ordnungen und Satzungen. Neben dem Arbeitsgesetzbuch gibt es, ähnlich wie im deutschen Recht, etwa 50 Nebengesetze, die das polnische Arbeitsrecht beeinflussen.[145]

B. Die rechtlichen Grundlagen der Entsendung

Bevor vertieft zum Vergleich und der Analyse beider Entsendegesetze übergegangen wird, soll zunächst ein Überblick über die rechtlichen Grundlagen der Arbeitnehmerentsendung in Deutschland und in Polen verschafft werden.

I. Die europäischen Entsende-Richtlinien

Die nationalen gesetzlichen Regelungen zur Arbeitnehmer-Entsendung in Polen und Deutschland sind das Resultat der Umsetzung zweier europäischer Richtlinien: Der Richtlinie 96/71/EG über die Entsendung von Arbeitnehmern im Rahmen der Erbringung von Dienstleistungen aus dem Jahre 1996 sowie der Richtlinie 2014/67/EU zur Durchsetzung der Richtlinie 96/71/EG über die Entsendung von Arbeitnehmern im Rahmen der Erbringung von Dienstleistungen

144 Florek, in: Polskie prawo pracy w transformacji, 235, 236 f.

145 Liebscher/Zoll, Einführung, § 11 Rn. 5; näher hierzu siehe unten unter Teil 3 C. II. 1.

aus dem Jahre 2014. Gemäß Art. 288 AEUV sind Richtlinien für jeden Mitgliedsstaat, an den sie gerichtet sind, hinsichtlich des zu erreichenden Ziels verbindlich, die Mitgliedsstaaten können jedoch Form und Mittel der Umsetzung selbst wählen. Die beiden relevanten Richtlinien sollen im Folgenden kurz dargestellt werden. Im Anschluss daran erfolgt eine Darstellung der jeweiligen nationalen Umsetzungsgesetze, bevor schließlich eine genauere Analyse der einschlägigen Gesetze durchgeführt wird.

1. Die Richtlinie 96/71/EG

a) Entstehungsgeschichte und Ziele

Die EU-Grundfreiheiten waren zwar bereits Gegenstand des EWG-Vertrages aus dem Jahr 1957, stellen aber nach der Rechtsprechung des EuGH erst nach Ablauf einer Übergangszeit seit dem Jahr 1970 unmittelbares Recht dar. Doch selbst im Jahr 1970 konnte man noch nicht von einer Verwirklichung der Grundfreiheiten sprechen, da die Grundfreiheiten noch durch zahlreiche Hemmnisse eingeschränkt wurden. Erst mit der Verwirklichung des Europäischen Binnenmarktes Anfang der 90er Jahre wurden sie realisiert.[146]

Gemäß Art. 57 AEUV kann ein Unternehmer zwecks Erbringung seiner Leistungen seine Tätigkeit vorübergehend in dem Mitgliedsstaat ausüben, in dem die Leistung erbracht wird, und zwar unter den Voraussetzungen, welche dieser Mitgliedsstaat für seine eigenen Angehörigen vorschreibt. Die wesentliche Aussage dieser Regelung besteht also in einem Beschränkungs- und Diskriminierungsverbot. Für ausländische Unternehmer gelten dieselben Bedingungen wie für inländische Unternehmer. Der Unternehmer soll also nicht gezwungen sein, für die Erbringung seiner Leistung im anderen Mitgliedsstaat neue Arbeitnehmer einstellen zu müssen.[147]

Eine andere Frage ist hingegen, welche arbeitsrechtlichen Vorschriften auf diese Entsendungs-Sachverhalte Anwendung finden. Wie oben bereits erwähnt, richtet sich die Einordnung nach Internationalem Privatrecht, genauer nach der

146 Riesenhuber, Eur. ArbR, § 3 Rn. 1; Eichhorst, ZAF 2,3/2005, 197, 200.

147 EuGH, Urteil vom 27.03.1990 – C-113/89, Slg. 1990, I-1417 – Rush Portuguesa; EuGH, Urteil vom 09.08.1994 – C-43/93, Slg. 1994, I-3803 – Vander Elst; EuGH, Urteil vom 18.12.2007 – C-341/05, Slg. 2007, I-11767 – Laval un Partneri; ErfK/*Schlachter*, AEntG, § 1 Rn. 3; Fuchs/Marhold, Europ. ArbR, S. 437; Thüsing, Europ. ArbR, § 9 Rn. 2 f.; Gronert, Entsendung, S. 33 ff.; Zipperling, Arbeitnehmerentsendung, S. 5.; Görres, Arbeitnehmerentsendung, S. 58 ff.; Maiß, Entsendung, S. 67 ff.; Eichhorst, ZAF 2,3/2005, 197, 200.

Rom-I-Verordnung.[148] Nach internationalem Privatrecht würden eigentlich in der Regel die Normen des Herkunftsstaats Anwendung finden.[149] Dies ist zwar günstiger für Unternehmer aus Niedriglohnländern, da sie im Falle eines Lohngefälles zum Aufnahmestaat ihre Arbeiten erheblich günstiger anbieten können als inländische Unternehmer. Für Unternehmer aus Hochlohnländern könnte dies allerdings zu einer Wettbewerbsverzerrung führen, die als so genanntes Lohn-, oder Sozialdumping bezeichnet wird. Diesen Wettbewerbsvorteil ausländischer Unternehmer sollte die RL 96/71/EG einebnen.[150] Sie trat am 21.1.1997 in Kraft. Gemäß Art. 7 RL 96/71/EG hatten die Mitgliedsstaaten bis 16.12.1999 Zeit, sie in nationales Recht umzusetzen.

b) Inhalt

Die Richtlinie 96/71/EG umfasst nicht mehr als neun Vorschriften.

aa) Persönlicher Anwendungsbereich

Gemäß Art. 1 Abs. 1 RL 96/71/EG gilt die Richtlinie für alle Unternehmen mit Sitz in einem Mitgliedsstaat, die im Rahmen der länderübergreifenden Erbringung von Dienstleistungen Arbeitnehmer in das Hoheitsgebiet eines anderen Mitgliedsstaates entsenden. Der Anwendungsbereich der Richtlinie ist damit sehr weit gezogen. Es wird kein Unterschied gemacht hinsichtlich Art oder Größe der Unternehmen. Vom Anwendungsbereich ausgenommen sind gemäß Art. 1 Abs. 2 RL 96/71/EG Schiffsbesatzungen von Unternehmen der Handelsmarine.

Gemäß Art. 2 Abs. 1 RL 96/71/EG gilt als entsandter Arbeitnehmer jeder Arbeitnehmer, der während eines begrenzten Zeitraums seine Arbeitsleistung im Hoheitsgebiet eines anderen Mitgliedsstaates als demjenigen erbringt, in dessen Hoheitsgebiet er normalerweise arbeitet. Nach Art. 2 Abs. 2 RL 96/71/EG gilt dabei jeweils der Arbeitnehmerbegriff des Aufnahmestaates. Das heißt, Arbeitnehmer im Sinne der Richtlinie ist derjenige, der nach dem Recht des Aufnahmestaates als Arbeitnehmer gilt. Da die Richtlinie den Schutz der Arbeitnehmer bezweckt, soll so diesem Ziel am ehesten entsprochen werden können. Denn

---

148 S.o. unter Teil 1 D.

149 Däubler, TVG, § 5 TVG Anhang 2 Rn. 30; ErfK/*Schlachter*, AEntG, § 1 Rn. 4; Thüsing, MiLoG AEntG, Vor § 1 AEntG Rn. 2; Deinert, Internat. ArbR, § 9 Rn. 99 ff.; ders., RdA 1996, 339, 341; Schlachter, NZA 2000, 57; dies., NZA 2002, 1242, 1243; Wank/Börgmann, NZA 2001, 177.

150 Thüsing, MiLoG AEntG, Vor § 1 AEntG Rn. 3; ders., Eur. ArbR, § 9 Rn. 12; Riesenhuber, Eur. ArbR, § 6 Rn. 2; s.o. unter Teil 1 D; näher hierzu s.u. unter Teil 3 A.II.2.b).

durch diese Regelung werden die Schutznormen des Mitgliedsstaates, in dem die Leistung tatsächlich erbracht wird, gewahrt.[151]

Eine zeitliche Begrenzung der Entsendung wird in der Richtlinie nicht geregelt, was in Literatur und Praxis häufig Kritik ausgesetzt ist.[152]

bb) Sachlicher Anwendungsbereich

Gemäß Art. 1 Abs. 3 RL 96/71/EG findet die Richtlinie in drei Konstellationen Anwendung, bei denen Unternehmen länderübergreifende Maßnahmen treffen: Nach Art. 1 Abs. 3 a) RL 96/71/EG findet sie Anwendung, soweit Unternehmer einen Arbeitnehmer in ihrem Namen und unter ihrer Leitung in das Hoheitsgebiet eines Mitgliedsstaates im Rahmen eines Vertrages entsenden, der zwischen dem entsendenden Unternehmen und dem in diesem Mitgliedsstaat tätigen Dienstleistungsempfänger geschlossen wurde, sofern für die Dauer der Entsendung ein Arbeitsverhältnis zwischen dem entsendenden Unternehmen und dem Arbeitnehmer besteht. Ferner gemäß Art. 1 Abs. 3 b) RL 96/71/EG, soweit ein Arbeitnehmer in eine Niederlassung oder ein der Unternehmensgruppe angehörendes Unternehmen im Hoheitsgebiet eines Mitgliedsstaates entsendet wird, sofern für die Dauer der Entsendung ein Arbeitsverhältnis zwischen dem entsendenden Unternehmen und dem Arbeitnehmer besteht. Und schließlich gemäß Art. 1 Abs. 3 c) RL 96/71/EG, soweit Unternehmen als Leiharbeitsunternehmen oder als einen Arbeitnehmer zur Verfügung stellendes Unternehmen einen Arbeitnehmer in ein verwendendes Unternehmen entsenden, das seinen Sitz im Hoheitsgebiet eines Mitgliedsstaates hat oder dort seine Tätigkeit ausübt, sofern auch hier für die Dauer der Entsendung ein Arbeitsverhältnis zwischen dem Leiharbeitsunternehmen oder dem einen Arbeitnehmer zur Verfügung stellenden Unternehmen und dem Arbeitnehmer besteht.

Voraussetzung für alle Fälle ist demnach, dass zwischen dem entsendenden Unternehmen und dem Arbeitnehmer ein Arbeitsverhältnis bestehen bleibt und kein neuer Arbeitsvertrag mit dem im anderen Mitgliedsstaat ansässigen Unternehmer geschlossen wird. Denn dies wäre ein Anwendungsfall der Arbeitnehmerfreizügigkeit gemäß Art. 45 AEUV, nicht der Dienstleistungsfreiheit.[153]

---

151 Fuchs/Marhold, Eur. ArbR, S. 440; Görres, Arbeitnehmerentsendung, S. 113; Däubler, EuZW 1997, 613, 618; näher hierzu s.u. unter Teil 3 B.II.2.c).

152 Houwerzijl, in: Freedom of Services, S. 179, 187; näher hierzu s.u. c).

153 Fuchs/Marhold, Eur. ArbR, S. 441; Görres, Arbeitnehmerentsendung, S. 107 ff.; s.o. unter B.

cc) „Harter Kern“ an Arbeitsbedingungen

Der wesentliche Regelungsgehalt der Entsenderichtlinie ergibt sich aus Art. 3 RL 96/71/EG. Danach werden die Mitgliedsstaaten verpflichtet, Regelungen zu treffen, um bestimmte inländische Arbeitsbedingungen auch für aus dem Ausland entsandte Arbeitnehmer verbindlich zu machen. Die Richtlinie wirkt insofern als Ergänzung des internationalen Vertragsrechts, als sie zwingende Eingriffsnormen im Sinne des Art. 9 Rom-I-VO statuiert, die unabhängig vom auf das Arbeitsverhältnis anwendbaren Recht zu beachten sind.[154] Nach Art. 3 Abs. 1 RL 96/71/EG haben die Mitgliedsstaaten die Pflicht dafür zu sorgen, dass die Entsendeunternehmen den entsandten Arbeitnehmern bezüglich Arbeitszeiten, Urlaub, Mindestlohn, Überstundenzuschlag, Leiharbeit, Sicherheit, Gesundheitsschutz und Hygiene, Schwangeren, Kindern und Jugendlichen, sowie der Gleichbehandlung von Männern und Frauen die Arbeits- und Beschäftigungsbedingungen garantieren, die im Aufnahmestaat entweder durch Rechts- oder Verwaltungsvorschriften oder durch für allgemein verbindlich erklärte Tarifverträge oder Schiedssprüche im Sinne des Art. 3 Abs. 8 RL 96/71/EG festgelegt sind.

Nach Erwägungsgrund (14) RL 96/71/EG ist dieser so genannte „harte Kern“ klar definierter Schutzbestimmungen als Minimum jedem entsandten Arbeitnehmer zu gewähren. Gemäß Art. 3 Abs. 7 RL 96/71/EG gilt allerdings ein Günstigkeitsprinzip, d.h. für den Arbeitnehmer günstigere Beschäftigungs- und Arbeitsbedingungen haben Vorrang. Ferner bestehen fakultative Ausnahmen für den Sonderfall der Erstmontage, Art. 3 Abs. 2 RL 96/71/EG, für die kurzfristige Entsendung, Art. 3 Abs. 3 und 4 RL 96/71/EG, und für geringfügige Arbeiten, Art. 3 Abs. 5 RL 96/71/EG.

Der Kern des Arbeitnehmerschutzes enthält keine Regelungen zum Kündigungsschutz, zur Lohnfortzahlung und zur Arbeitnehmervertretung und -mitbestimmung. Grund hierfür ist die temporäre Natur der Entsendung.[155]

2. *Die Richtlinie 2014/67/EU*

Fast 20 Jahre nach Erlass der Entsenderichtlinie erließ die Kommission eine ergänzende Richtlinie 2014/67/EU, die der besseren Durchsetzung der Entsenderichtlinie dienen sollte. Grund hierfür waren vor allem Schwierigkeiten beim Informationsaustausch im Rahmen der grenzüberschreitenden Arbeitnehmerentsendung und das vermehrte Auftreten so genannter Briefkastenfirmen. Als

154 Riesenhuber, Eur. ArbR, § 6 Rn. 3; s.o. unter D.

155 Riesenhuber, Eur. ArbR, § 6 Rn. 15.

solche werden nach dem Recht des Entsendestaates formal als Gesellschaft durch Eintragung in ein Firmenregister errichtete Unternehmen bezeichnet, die zwar rechtlich existieren, jedoch tatsächlich keinen Geschäftsbetrieb unterhalten.[156]

a) *Entstehungsgeschichte und Ziele*

Die Richtlinie 2014/67/EU trat am 17.06.2014 in Kraft und war gemäß Art. 23 Abs. 1 RL 2014/67/EU bis zum 18.06.2016 in nationales Recht umzusetzen. Gemäß Erwägungsgrund 50 und Art. 1 Abs. 1 ist Ziel der Richtlinie, einen allgemeinen gemeinsamen Rahmen einer Reihe angemessener Bestimmungen, Maßnahmen und Kontrollmechanismen festzulegen, die für eine bessere und einheitlichere Durchführung, Anwendung und Durchsetzung der Richtlinie 96/71/EG in der Praxis notwendig sind, einschließlich Maßnahmen zur Verhinderung und Sanktionierung von Missbrauch und Umgehung. Zweck der Richtlinie ist gemäß Art. 1 Abs. 2 RL 2014/67/EU die Gewährleistung eines angemessenen Schutzniveaus hinsichtlich der Rechte entsandter Arbeitnehmer im Rahmen der grenzüberschreitenden Erbringung von Dienstleistungen, bei gleichzeitiger Erleichterung der Ausübung der Dienstleistungsfreiheit für die Dienstleistungserbringer und Förderung des fairen Wettbewerbs zwischen ihnen, und somit Förderung der Funktionsfähigkeit des Binnenmarktes.

b) *Inhalt*

Die Richtlinie 2014/67/EU enthält Maßnahmen zur Bekämpfung von Missbrauch und Umgehung der nationalen Entsenderegelungen. Sie umfasst 26 Vorschriften.

aa) Verhinderung von Umgehung im Rahmen der Arbeitnehmer-Entsendung

Zur Unterstützung der Bekämpfung von Missbrauch und Umgehung der Rechtsvorschriften der Richtlinie 96/71/EG, enthält Art. 4 RL 2014/67/EU eine Liste mit tatsächlichen Umständen, die zur Beurteilung herangezogen werden, ob in einer bestimmten Situation eine tatsächliche Entsendung vorliegt. Um zu beurteilen, ob ein Unternehmen tatsächlich wesentliche Tätigkeiten ausübt und nicht lediglich eine Briefkastenfirma errichtet wurde, sollen die zuständigen Behörden insbesondere Sitz des Unternehmens, angewandtes Recht, den Ort der wesentlichen Geschäftstätigkeit sowie die Umsatzhöhe im Niederlassungsstaat berücksichtigen.

156 Franzen, EuArbR/*Windisch-Graetz*, RL 96/71/EG, Art. 1 Rn. 43 f.; Preis/Sagan/*Heuschmid/Schierle*, Eur. ArbR, § 5 Rn. 82 ff.

bb) Information

Die Richtlinie umfasst ferner gemäß Art. 5 RL 2014/67/EU die Vorgabe, dass die Mitgliedsstaaten für einen besseren Zugang zu Informationen über die jeweils geltenden nationalen Arbeits- und Beschäftigungsbedingungen sorgen sollen. So sind die EU-Länder verpflichtet, Angaben zu den für die entsandten Arbeitnehmer geltenden Arbeits- und Beschäftigungsbedingungen und Tarifverträgen kostenlos auf einer offiziellen nationalen Website zur Verfügung zu stellen.

cc) Überwachung der Entsendungen

Die Kommission zählt in Art. 9 Abs. 1 RL 2014/67/EU Maßnahmen auf, die die Mitgliedsstaaten vorsehen können, um eine wirksame Überwachung der Richtlinienbestimmungen zu gewährleisten. Dazu zählen Erklärungs-, Dokumentations- und Übersetzungspflichten, sowie die Pflicht zur Benennung eines Vertreters. Gemäß Art. 9 Abs. 2 RL 2014/67/EU können die Mitgliedsstaaten weitere Verwaltungsanforderungen und Kontrollmaßnahmen vorschreiben. Gemäß Art. 10 Abs. 1 RL 2014/67/EU sollen die Mitgliedsstaaten sicherstellen, dass gemäß nationalem Recht und nationalen Gepflogenheiten geeignete und wirksame Kontroll- und Überwachungsmechanismen eingesetzt werden und die nach nationalem Recht benannten Behörden in ihrem Hoheitsgebiet wirksame und angemessene Prüfungen durchführen, um die Einhaltung der Bestimmungen der Richtlinie 96/71/EG zu kontrollieren und zu überwachen. Dabei sollen sie sicherstellen, dass die Kontrollen nicht diskriminierend und/oder unverhältnismäßig sind.

Wie die Prüfungen und Kontrollen konkret ausgestaltet werden sollen, überlässt die Richtlinie den einzelnen Mitgliedsstaaten. Dadurch vergrößert sich indes die Gefahr, dass die Mitgliedsländer ihre Kontrollmaßnahmen recht unterschiedlich ausgestalten. Der EuGH hatte bereits in einigen Fällen über die Verhältnismäßigkeit einzelner Maßnahmen zu entscheiden.[157] Unverhältnismäßige Kontrollen können eine Abschreckungswirkung auf entsendende Unternehmer haben.[158]

dd) Durchsetzung der Entsende-Vorschriften

Für einen verbesserten Schutz der Arbeitnehmerrechte in Unterauftragsketten müssen die EU-Mitgliedstaaten gemäß Art. 12 RL 2014/67/EU sicherstellen,

157 EuGH, Urteil vom 23.11.1999 – C-369/96, C-376/96, Arblade; vom 25.10.2001 – C-49/98, 50/98, 52/98, 54/98, 68/98, 71/98, Finalarte; vom 18.07.2007 – C-490/04, Kommission gegen Deutschland; Wąź, Projekt dyrektywy, S. 5.

158 Wąź, Delegowanie S. 59 f.

dass entsandte Arbeitnehmer in der Baubranche den Auftragnehmer, dessen direkter Unterauftragnehmer der Arbeitgeber ist, in Bezug auf ausstehende Nettoentgelte, die den Mindestnettolöhnen entsprechen, neben dem oder anstelle des Arbeitgebers haftbar machen können.

Zudem enthält die Richtlinie klarere Vorschriften zur Verbesserung der Verwaltungszusammenarbeit zwischen den für die Überwachung der Einhaltung zuständigen nationalen Behörden, einschließlich Fristen für die Bereitstellung von Informationen. Die Richtlinie stellt außerdem sicher, dass Verwaltungssanktionen und Geldbußen, die Dienstleistungserbringern wegen des Verstoßes gegen die anzuwendenden Rechtsvorschriften in einem Mitgliedstaat auferlegt werden, in einem anderen Mitgliedstaat durchgesetzt und beigetrieben werden können.

3. *Geplante Reform der Richtlinie 96/71/EG*

Sowohl die Regelungen der Entsenderichtlinien als auch die darauf beruhenden Regelungen der jeweiligen nationalen Umsetzungsgesetze waren in Rechtsliteratur und Praxis häufig Kritik ausgesetzt.

Die Europäische Kommission hat daher am 08.03.2016 eine Überarbeitung der Richtlinie 96/71/EG angekündigt und einen Vorschlag zur Änderung der Entsenderichtlinie[159] vorgelegt.[160] Weiterer Grund hierfür war eine Steigerung der EU-weiten Entsendungen um fast 45% in den letzten sechs Jahren. Mit der Überarbeitung soll der Grundsatz der gleichen Entlohnung für gleiche Arbeit am gleichen Ort gefördert werden.[161] Für die Dauer der Entsendung von Arbeitnehmern sollen Bedingungen geschaffen werden, die an die Lebenshaltungskosten und –standards des Aufnahmemitgliedstaats angepasst sind. Laut Aussage der Kommission sei diese Beschränkung der Dienstleistungsfreiheit entsendender Unternehmer durch Arbeitnehmerschutzaspekte gerechtfertigt.[162]

---

159 Vorschlag für eine Richtlinie des Europäischen Parlaments und des Rates zur Änderung der Richtlinie 96/71/EG des Europäischen Parlaments und des Rates vom 16. Dezember 1996 über die Entsendung von Arbeitnehmern im Rahmen der Erbringung von Dienstleistungen, COM (2016) 128 final 2016/0070.

160 Pressemitteilung vom 08.03.2016, http://europa.eu/rapid/press-release_IP 16 166_de.htm, zuletzt abgerufen am 19.09.2017.

161 Vorschlag für eine Richtlinie zur Änderung der Richtlinie 96/71/EG, COM (2016) 128 final 2016/0070, S. 2.

162 Vorschlag für eine Richtlinie zur Änderung der Richtlinie 96/71/EG, COM (2016) 128 final 2016/0070, S. 5.

Der Änderungsvorschlag der Kommission sieht zum einen vor, dass bei einer Überschreitung der Entsendedauer von 24 Monaten der Aufnahmestaat als der Staat im Sinne der Rom-I-Verordnung angesehen wird, in dem die Arbeit gewöhnlich verrichtet wird, mit der Folge, dass dann für den Arbeitsvertrag des entsandten Arbeitnehmers das Recht des Aufnahmestaates gilt.[163] Die fehlende zeitliche Begrenzung in den entsenderelevanten Vorschriften war in der Vergangenheit bereits häufig kritisiert worden; sie führe zu Rechtsunsicherheit.[164]

Ferner sollen allgemein verbindliche Tarifverträge auf entsandte Arbeitnehmer sämtlicher Wirtschaftszweige anwendbar sein. Bisher beschränkte sich die Richtlinie 96/71/EG hier auf Tarifverträge der Baubranche.

Eine der wichtigsten beabsichtigten Änderungen betrifft mithin die Vorschriften über die Entlohnung entsandter Arbeitnehmer. Bisher beschränkte sich die Zahlungspflicht der Unternehmer auf die jeweiligen nationalen Mindestlohnsätze. Künftig sollen sämtliche Entlohnungsvorschriften auf entsandte Arbeitnehmer angewandt werden.[165]

Schließlich beabsichtigt die Kommission Änderungen bezüglich der Vorschriften zur Unterauftragsvergabe und zur Leiharbeit. So soll sichergestellt werden, dass auf entsandte Leiharbeitnehmer die im Aufnahmeland geltenden nationalen Leiharbeitsvorschriften angewandt werden.[166]

Ob die beabsichtigten Änderungen seitens der Kommission umgesetzt werden, ist nach dem derzeitigen Stand noch unklar.

II. Umsetzung der Richtlinien in Deutschland und Polen

Die bis dato bestehenden europäischen Entsenderegelungen, die in den beiden Richtlinien 96/71/EG und 2014/67/EU niedergelegt sind, finden sich in Deutschland und in Polen in zwei nationalen Gesetzen wieder: dem deutschen Arbeitnehmerentsendegesetz (AEntG), sowie dem polnischen Arbeitnehmerentsendegesetz (DelPracU), deren Vergleich und Analyse die vorliegende Arbeit gewidmet ist.

---

163 Vorschlag für eine Richtlinie zur Änderung der Richtlinie 96/71/EG, COM (2016) 128 final 2016/0070, S. 8.

164 Houwerzijl, in: Freedom of services, 179, 187.

165 Vorschlag für eine Richtlinie zur Änderung der Richtlinie 96/71/EG, COM (2016) 128 final 2016/0070, S. 8.

166 Vorschlag für eine Richtlinie zur Änderung der Richtlinie 96/71/EG, COM (2016) 128 final 2016/0070, S. 9.

1. Das deutsche Arbeitnehmerentsendegesetz

a) Entstehungsgeschichte und Entwicklung

Die Richtlinie 96/71/EG wurde in Deutschland durch das Arbeitnehmerentsendegesetz[167] umgesetzt. Das AEntG ist jedoch bereits vor Erlass der Richtlinie am 01.03.1996 in Kraft getreten, da der deutsche Gesetzgeber ein Tätigwerden für nötig hielt und nicht mehr bis zum Richtlinienerlass abwarten wollte. Dadurch wurden einige Regelungen der Richtlinie 96/71/EG schon vorweggenommen. Aufgrund des Wettbewerbsvorteils, den ausländische Unternehmer gegenüber deutschen Unternehmern hatten, wenn sie ihre Arbeitnehmer zu den Bedingungen des Entsendestaates und damit häufig zu günstigeren Beschäftigungsbedingungen arbeiten lassen konnten, entstand ein starker Zustrom aus den Billiglohnländern nach Deutschland.[168] Im Jahr 1994 belief sich die Zahl der Niedriglohnarbeiter aus anderen Mitgliedsstaaten der EU auf über 100.000.[169] Im Jahr 1996 ging die Bundesregierung von 150.000 entsandten Arbeitnehmern in der deutschen Baubranche aus, denen 122.000 deutsche Arbeitslose der Branche entgegenstanden. In Deutschland waren damit europaweit die meisten entsandten Arbeitnehmer tätig.[170]

Ziel des Gesetzes war es nach der Gesetzesbegründung[171], die Arbeitsbedingungen in wesentlichen Bereichen zwischen einheimischen und grenzüberschreitend nach Deutschland entsandten Arbeitnehmern anzugleichen. Dadurch sollte ein so genanntes „Sozialdumping" vermieden werden, also eine Spaltung der Arbeitsmärkte durch Unterschiede vor allem im Bereich der Arbeitslöhne.[172] Den Wettbewerbsvorteilen der Unternehmen aus den Niedriglohnländern stehen Wettbewerbsnachteile der Unternehmen aus den Hochlohnländern gegenüber, die der Gesetzgeber ausgleichen wollte. Ohne ein Gegensteuern sah er auf

---

167 „Gesetz über zwingende Arbeitsbedingungen bei grenzüberschreitenden Dienstleistungen (Arbeitnehmer-Entsendegesetz - AEntG) vom 26. Februar 1996", BGBl. I 1996, S. 227.

168 Koberski, AEntG, Einl. Rn. 2; Thüsing, MiLoG AEntG, Vor § 1 AEntG Rn. 5; Boecken, Ges. ArbR, § 1 AEntG Rn. 3; Deinert, in: Europ. ArbR, § 10 Rn. 40; Thüsing, Eur. ArbR, § 9 Rn. 18 ff.; Riesenhuber, Eur. ArbR, § 6 Rn. 32; Görres, Arbeitnehmerentsendung, S. 243; Theelen, Arbeitnehmerentsendegesetz, S. 38 f.; Deinert, RdA 1996, 339, 347; Däubler, DB 1995, 726.

169 Däubler, DB 1996, 726.

170 Hejma, Lohngerechtigkeit, S. 133; Junker/Wichmann, NZA 1996, 505.

171 BT-Drs. 13/2414 vom 25.09.1994.

172 Görres, Arbeitnehmerentsendung, S. 245; Steinmeyer, DVBl. 1995, 962; Junker/Wichmann, NZA 1996, 505; Näheres zum Sozialdumping unten unter Teil 3 A.II.2.

lange Sicht die Gefahr einer Absenkung des Lohnniveaus und der Sozialstandards oder der Verdrängung deutscher Unternehmen mit der Folge steigender Arbeitslosigkeit. Gefährdet war insbesondere die Baubranche, da sie sehr lohnintensiv ist. So lagen die Lohnkosten der ausländischen Anbieter teils unter der Hälfte der Lohnkosten deutscher Unternehmer. Da die Lohnkosten etwa 50% der Baukosten insgesamt ausmachen, waren ausländische Unternehmer so in der Lage, die deutschen Preise um mehr als ein Viertel zu unterbieten.[173]

Hinzu kam die Gefahr sozialer Spannungen zwischen den Arbeitnehmern. Wenn entsandte Arbeitnehmer zu schlechteren Bedingungen arbeiteten als ihre inländischen Kollegen, solle dies zu einem gespaltenen Arbeitsmarkt führen können.[174]

Das AEntG trat am 01.03.1996 in Kraft und galt zunächst nur für das Baugewerbe und Teile der Seeschifffahrt. Nach § 1 Abs. 1, 3 AEntG a.F. wurden lediglich die Rechtsnormen von allgemeinverbindlichen Tarifnormen des Baugewerbes betreffend Mindestlöhne und Sozialkassen auf entsandte Arbeitnehmer erstreckt. Ferner war es zeitlich auf dreieinhalb Jahre begrenzt bis zum 01.09.1999.[175] Nach Erlass der Richtlinie 96/71/EG wurde das AEntG dann mit Wirkung zum 01.01.1999 geändert und an die Vorgaben der Richtlinie angepasst. Unter anderem wurden Leiharbeiter miteinbezogen und die verschuldensunabhängige Haftung des Generalunternehmers eingeführt. Ferner wurde das AEntG auch auf inländische Arbeitsverhältnisse erstreckt.[176] Weitaus bedeutender war aber die Einführung einer weiteren Erstreckungsmöglichkeit nationaler arbeitsrechtlicher Normen auf aus dem Ausland entsandte Arbeitnehmer neben der bereits bestehenden Allgemeinverbindlicherklärung, die Erstreckung durch Rechtsverordnung. Mit den Änderungen sollten auch Umgehungen der Regelungen des AEntG durch ausländische Unternehmer besser verhindert werden.[177]

Insgesamt hat das AEntG über 15 Änderungen seit seiner Einführung im Jahr 1996 erfahren. Eine der bedeutendsten Änderungen erfuhr das AEntG im Jahr 2009.[178] Das AEntG wurde im Jahr 2009 umfassend reformiert und war nun mit

173 Thüsing, in: MiLoG/AEntG vor § 1 AEntG Rn. 4; Däubler, DB 1995, 726; ders., EuZW 1997, 613; Steinmeyer, DVBl. 1995, 962; Rieble/Lessner, ZfA 2002, 29, 31; Schwab, NZA-RR 2004, 1; Junker, JZ 2005, 481.

174 Däubler, DB 1996, 729.

175 Nettekoven, Erstreckung, S. 32; Hejma, Lohngerechtigkeit, S. 132.

176 Hejma, Lohngerechtigkeit, S. 130; Schwab, NZA-RR 2010, 225, 227.

177 Hejma, Lohngerechtigkeit, S. 137; Rieble/Lessner, ZfA 2002, 29, 32; Däubler, DB 1995, 726, 728; Hold, AuA 1996, 113, 117; Junker, JZ 2005, 481, 487.

178 Hejma, Lohngerechtigkeit, S. 131; Schwab, NZA-RR 2010, 225; alleine in den Jahren 1996 bis 2004 waren es acht Änderungen, vgl. Ausführungen bei Schwab, NZA-RR 2004, 1, 2.

25 Paragraphen doppelt so umfassend wie vorher. Es trat am 24.04.2009 in Kraft. Überdies wurde es um mehrere Branchen erweitert.[179]

b) *Eingriff in Dienstleistungsfreiheit?*

Zentrale Frage bereits vor Inkrafttreten des AEntG war, ob eine nationale Regelung mit höherrangigem nationalem und internationalem Recht, insbesondere mit der Dienstleistungsfreiheit des Art. 56 AEUV vereinbar war. Hiergegen wurden in der Literatur vermehrt Bedenken erhoben.[180] Allerdings hatte der EuGH bereits vor Erlass der Richtlinie 96/71/EG klargestellt, dass es den Mitgliedsstaaten nicht verwehrt sei, ihre Rechtsvorschriften oder Tarifverträge über Mindestlöhne unabhängig davon, in welchem Land der Arbeitgeber ansässig ist, auf alle Personen auszudehnen, die in ihrem Hoheitsgebiet, sei es auch nur vorübergehend, eine unselbständige Erwerbstätigkeit ausüben, und dass die durch das EU-Recht garantierte Dienstleistungsfreiheit den Regelungen des AEntG nicht entgegenstehe.[181]

Da das AEntG eine Beschränkung des freien Dienstleistungsverkehrs enthält, ist der Schutzbereich der Dienstleistungsfreiheit durch das Gesetz betroffen.[182] Nach der Rechtsprechung des EuGH ist eine Beschränkung der Dienstleistungsfreiheit jedoch dann hinzunehmen, wenn sie zwingenden Erfordernissen des Allgemeinwohls Rechnung trägt. Als ein solches zwingendes Interesse des Allgemeinwohls wird gemeinhin der Schutz der entsandten Arbeitnehmer angesehen.[183] Nach Ansicht des EuGH ist die Erstreckung der Arbeitsbedingungen auf entsandte Arbeitnehmer auch verhältnismäßig, da gerade nicht alle für inländische Unternehmen geltenden tariflichen Arbeitsbedingungen erstreckt

---

179 Hejma, Lohngerechtigkeit, S. 142, 144; Schwab, NZA-RR 2010, 225, 226; Schneider-Sievers, RdA 2012, 277, 279.

180 Löwisch/Rieble, TVG, § 5 Rn. 160 ff.; Gronert, Entsendung, S. 173 ff.; Borgmann, Entsendung, S. 155 ff.; Theelen, Arbeitnehmerentsendegesetz, S. 113 ff.; Gerken/Löwisch/Rieble, BB 1995, 2370 ff.; Rieble/Lessner, ZfA 2002, 29 ff.; Koenigs, DB 1997, 225 ff.; Junker/Wichmann, NZA 1996, 505, 507 ff.; Kort, NZA 2002, 1248 ff.

181 EuGH, Urteil vom 25.10.2001 – C-49/98, C-50/98, C-52/98 bis 54/98 und C-68/98 bis C-71/98, NZA 2001, 1377 (Finalarte); EuGH, Urteil vom 09.08.1994 – C-43/93, Slg. 1994 I-03803 (Vander Elst); EuGH, Urteil vom 15.03.2001 – C-165/98 (Mazzoleni), NZA 2001, 554; EuGH, Urteil vom 23.11.1999 – C 369/96 (Arblade), NZA 2000, 85; Däubler, EuZW 1997, 613, 615.

182 S. o. Teil 1 B.; Sittard, Tarifnormerstreckung, S. 67 ff., 318.

183 EuGH, Urteil vom 15.03.2001 – C-165/98 (Mazzoleni), NZA 2001, 554; EuGH, Urteil vom 23.11.1999 – C 369/96 (Arblade), NZA 2000, 85; Junker/Wichmann, NZA 1996, 505, 507; Hickl, NZA 1997, 513, 514; Däubler, EuZW 1997, 613, 615.

würden, wenn es – so wie in den ursprünglichen Regelungen – nur um Mindestlohn und Mindesturlaub geht. Demnach ging man damals davon aus, dass nicht totale Gleichheit erstrebt werde, sondern lediglich die Sicherung eines Minimums, das dem ausländischen Anbieter immer noch einen beträchtlichen Vorsprung lässt. Aus diesem Grund bejaht man auch in der deutschen Rechtsprechung und Literatur überwiegend die Vereinbarkeit des AEntG mit höherrangigem Recht.[184] Im Rahmen der aktuellen Reformen hingegen sprechen sowohl der europäische, als auch der deutsche Gesetzgeber von der Prämisse „Gleicher Lohn für gleiche Arbeit am gleichen Ort“[185], weshalb sich hier wiederum die Frage der Verhältnismäßigkeit neu stellen könnte.

c) *Inhalt*

Das AEntG umfasst 25 Vorschriften in sieben Abschnitten. Im Folgenden soll ein kurzer Überblick über die wichtigsten Regelungen verschafft werden.

aa) Abschnitt 1, Zielsetzung

Im ersten Abschnitt des AEntG werden dessen Ziele dargestellt.[186] Erstes Ziel des Gesetzgebers ist die Schaffung und Durchsetzung angemessener Mindestarbeitsbedingungen für grenzüberschreitend entsandte und für regelmäßig im Inland[187] beschäftigte Arbeitnehmer und Arbeitnehmerinnen. Weiteres Ziel ist die Gewährleistung fairer Wettbewerbsbedingungen, sowie der Erhalt sozialversicherungspflichtiger Beschäftigung und die Wahrung der Ordnungs- und Befriedungsfunktion der Tarifautonomie.

bb) Abschnitt 2, Allgemeine Arbeitsbedingungen

Der zweite Abschnitt gleicht beinahe wortgetreu dem Inhalt von Art. 3 RL 96/71/EG.

Die deutschen Regelungen über die Mindestentgeltsätze[188], den bezahlten Mindestjahresurlaub[189], die Höchstarbeitszeiten und Mindestruhezeiten, die Bedingungen für die Überlassung von Arbeitskräften, die Sicherheit, den

---

184 BAG, Urteil vom 20.07.2004 – 9 AZR 343/03, NZA 2005, 114; Däubler/*Lakies,* TVG, § 5 TVG Anhang 2 Rn. 47 ff.; Preis/Temming, ULAK, S. 83 ff.; Deinert, Internat. ArbR, § 10 Rn. 90 ff.; Hanau, NJW 1996, 1369; Däubler, EuZW 1997, 613, 615; Deinert, RdA 1996, 339; Hickl, NZA 1997, 513, 515; Junker, JZ 2005, 481 ff.; Junker/Wichmann, NZA 1996, 505, 512.

185 Näher hierzu siehe unten Teil 4 F.

186 Zum Vergleich der Ziele siehe unten Teil 3 A.

187 Siehe unten Teil 3 B.

188 Siehe unten Teil 3 D. II.

189 Siehe unten Teil 3 D III.

Gesundheitsschutz und die Hygiene am Arbeitsplatz, die Schutzmaßnahmen im Zusammenhang mit den Arbeits- und Beschäftigungsbedingungen von Schwangeren und Wöchnerinnen, Kindern und Jugendlichen, und die Gleichbehandlung von Männern und Frauen sowie andere Nichtdiskriminierungsbestimmungen finden danach auch auf Arbeitsverhältnisse zwischen einem im Ausland ansässigen Arbeitgeber und seinen im Inland beschäftigten Arbeitnehmern zwingend Anwendung. Ebenso wie in der Entsenderichtlinie auch, finden sich im AEntG keine Regelungen hinsichtlich einzelner Arbeitsbedingungen. Vielmehr wird die Regelung im Einzelnen dem Gesetzgeber, den Tarifvertragsparteien sowie dem Bundesminister für Arbeit und Soziales überlassen.[190]

cc) Abschnitt 3, Tarifvertragliche Arbeitsbedingungen

Der dritte Abschnitt ist der wohl bedeutendste Abschnitt im deutschen AEntG, und bildet zusammen mit den Regelungen des sechsten Abschnitts, die Vorschriften zur Kontrolle und zur Durchsetzung enthalten, den Schwerpunkt des Gesetzes. So wie es auch in Art. 3 Abs. 1 RL 96/71/EG vorgesehen ist, finden neben den geltenden Rechts- und Verwaltungsvorschriften auch bestimmte für allgemein verbindlich erklärte Tarifverträge oder Schiedssprüche auf entsandte Arbeitnehmer Anwendung. Es bestehen neben der legislativen Festsetzung somit zwei weitere Möglichkeiten staatlicher Festsetzung von Arbeitsbedingungen.[191] Gemäß § 3 AEntG finden die Rechtsnormen eines bundesweiten Tarifvertrages unter den Voraussetzungen der §§ 4 bis 6 AEntG auch auf Arbeitsverhältnisse zwischen einem Arbeitgeber mit Sitz im Ausland und seinen im räumlichen Geltungsbereich dieses Tarifvertrages beschäftigten Arbeitnehmern zwingend Anwendung, wenn der Tarifvertrag als Tarifvertrag nach § 4 Abs. 1 Nr. 1 AEntG für allgemeinverbindlich erklärt ist oder eine Rechtsverordnung nach § 7 oder § 7a AEntG vorliegt. Nach § 7 AEntG kann das Bundesministerium für Arbeit und Soziales auf gemeinsamen Antrag der Tarifvertragsparteien durch Rechtsverordnung ohne Zustimmung des Bundesrates bestimmen, dass die Rechtsnormen dieses Tarifvertrages auf alle unter seinen Geltungsbereich fallenden und nicht an ihn gebundenen Arbeitgeber und Arbeitnehmer Anwendung finden, wenn dies im öffentlichen Interesse geboten erscheint, um die Gesetzesziele zu erreichen.

Dies bedeutet demnach, dass in diesen Fällen nicht die Legislative, sondern das Bundesministerium als Teil der Exekutive für die Entscheidung zuständig ist. In beiden Fällen ist zudem ein Antrag der Tarifvertragsparteien erforderlich. Ferner muss in beiden Fällen ein öffentliches Interesse gegeben sein.[192]

190 Nettekoven, Erstreckung, S. 74.

191 Näher hierzu siehe unten Teil 3 C.

192 Hippmann, Allgemeinverbindlicherklärung, S. 176 ff.

dd) Abschnitt 4, Arbeitsbedingungen in der Pflegebranche

Der deutsche Gesetzgeber hat im vierten Abschnitt des AEntG als Besonderheit einen eigenen Abschnitt geschaffen, der die Entsendung in der Pflegebranche regelt und den Besonderheiten dieser Branche Rechnung tragen soll. Der Abschnitt wurde auf Antrag der Tarifpartner aus dem Bereich der Pflegebranche im Jahr 2009 neu eingeführt.[193] Da diese Branche, ebenso wie die Baubranche, durch einen hohen Personalkostenanteil gekennzeichnet und zum großen Teil von kirchlichen Trägern dominiert wird die nicht dem Tarifrecht unterstellt sind, sah es der Gesetzgeber als notwendig an, hier gesonderte Regelungen für entsandte Arbeitnehmer zu treffen.[194] Hinzu kommt, dass gerade in der Pflegebranche, neben der Baubranche, verstärkt Arbeitnehmer aus den osteuropäischen Staaten, insbesondere Polen, eingesetzt werden, weshalb das Risiko von Lohndumping hier höher ist als in anderen Branchen. Die Regelungen zielen darauf ab, Dumpinglöhne in der Pflegebranche zu verhindern. Das gilt vor allem in Bereichen der ambulanten Pflege, in denen keine Tarifbindung gegeben ist oder keine kirchlichen Arbeitsvertragsrichtlinien zur Anwendung kommen.[195]

Im polnischen AEntG findet die Pflegebranche keine Berücksichtigung. Grund hierfür ist auch schlicht das mangelnde Regelungsbedürfnis. Die Pflegebranche ist in Polen nicht ebenso stark ausgeprägt wie dies in Deutschland beispielsweise der Fall ist.[196]

ee) Abschnitt 5, Zivilrechtliche Durchsetzung

In fünften Abschnitt des AEntG finden sich zwei Vorschriften betreffend die Durchsetzung der Regelungen des AEntG durch die entsandten Arbeitnehmer. Gemäß Art. 14 AEntG haftet ein Unternehmer, der einen anderen Unternehmer beauftragt, für alle Subunternehmer wie ein Bürge, der auf die Vorausklage verzichtet hat. Nach § 15 AEntG können aus dem Ausland nach Deutschland entsandte Arbeitnehmer auch vor einem deutschen Arbeitsgericht klagen.[197]

ff) Abschnitt 6, Kontrolle und Durchsetzung durch staatliche Behörden

Abschnitt sechs des AEntG regelt schließlich verschiedene Melde- und Dokumentationspflichten von Arbeitgebern, die ihre Arbeitnehmer nach Deutschland

---

193 Thüsing, MiLoG AEntG, Vor § 10 AEntG Rn. 1.

194 Thüsing, MiLoG AEntG, Vor § 10 AEntG Rn. 3; Koberski, AEntG, § 10 Rn. 2; ErfK/*Schlachter*, AEntG, § 10 Rn. 1.

195 Koberski, AEntG, § 10 Rn. 1 f.

196 Baar/Schanz, RDG 2011, 282, 283.

197 Siehe unten Teil 3 E.

entsenden, sowie Befugnisse der Kontrollbehörden, Regelungen hinsichtlich der Zusammenarbeit der in- und ausländischen Behörden und schließlich die Sanktionen, die Arbeitgebern drohen, wenn sie gegen die Regelungen des AEntG verstoßen.[198]

2. *Das polnische Arbeitnehmerentsendegesetz*

Das polnische Arbeitnehmerentsendegesetz (DelPracU) entwickelte sich in zwei Stufen. Erste Regelungen hinsichtlich der grenzüberschreitenden Entsendung von Arbeitnehmern erfuhr das polnische Arbeitsrecht mit dem Beitritt Polens zur EU im Jahr 2004. Im Zuge der Umwandlung der nationalen Gesetze und der Anpassung an das EU-Recht anlässlich des EU-Beitritts im Jahre 2004 hat der polnische Gesetzgeber den Vorgaben der Richtlinie 96/71/EG aus dem Jahre 1996 zunächst dadurch Rechnung getragen, dass er in das polnische Arbeitsgesetzbuch einen neuen Abschnitt IIa eingeführt hat, der lediglich vier rudimentäre Vorschriften zur Entsendung von Arbeitnehmern aus den EU-Mitgliedsstaaten nach Polen enthielt.

Erst die Umsetzungsverpflichtung aus der Richtlinie 2014/67/EU bis zum 18.06.2016 hat der Gesetzgeber zum Anlass genommen, ein völlig neues Gesetz zu erlassen, das die Entsendung von Arbeitnehmern im Rahmen der Erbringung von Dienstleistungen aus dem Ausland nach Polen umfassender regelt.

Die erste Umsetzung erfolgte in zwei Schritten, durch Änderungsgesetze vom 24.08.2001[199] und vom 14.11.2003[200]. Da die erste Umsetzung lediglich die zwingenden Vorgaben der Richtlinie 96/71/EG wiedergab, zeigte sich in der Praxis schnell deren Unzulänglichkeit in Bezug auf einen ausreichenden Schutz für nach Polen entsandte Arbeitnehmer, weshalb Ergänzungen nötig wurden.[201] Erst mit Erlass der Richtlinie 2014/67/EU wurde in Polen schließlich ein Arbeitnehmerentsendegesetz entworfen, das mit Ablauf der durch die Europäische Kommission vorgegebenen Umsetzungsfrist am 18.06.2016 in Kraft trat. Im Gegensatz zu zahlreichen anderen EU-Mitgliedsstaaten hat Polen die europäischen Vorgaben in großen Teilen sorgfältig und korrekt umgesetzt.

---

198 Siehe unten Teil 3 E.

199 Dz. U. z 2001 r. Nr. 128, Poz. 1405 (BGBl. 2001, Nr. 128, Pos. 1405).

200 Dz. U. z 2003 r. Nr. 213, Poz. 2081 (BGBl. 2003, Nr. 213, Pos. 2081).

201 Wąż, Delegowanie, S. 65 f.; ders., MoPr Nr. 10/2006, 511, 513.

a) *Schwierigkeiten bei der Umsetzung*

Aus verschiedenen Gründen hatte Polen es bereits vorab schwerer mit der Umsetzung europäischen Rechtes in das polnische Rechtssystem, als dies beispielsweise bei Deutschland der Fall war. Dies soll im Folgenden näher beleuchtet werden.

aa) Politisch

Die Umsetzung der europäischen Regelungen in Polen wurde und wird zunächst einmal generell bis heute begleitet von den politischen, wirtschaftlichen und gesellschaftlichen Änderungen im Land in den letzten Jahren. Als Folge des Übergangs vom Kommunismus zur liberalen Demokratie war Polen in den letzten Jahren damit beschäftigt, die politische Verfassung zu demokratisieren und die Marktwirtschaft aufzubauen. Aus diesem Grund bezeichnen Stimmen in der Literatur die Anpassung und Umsetzung des europäischen Rechtes oft als künstlich, weil sie eben nicht natürliche Folge der gesellschaftlichen Entwicklung waren.[202]

bb) Zeitlich

Zu den politischen und gesellschaftlichen Hemmnissen kommt, dass Polen anders als zum Beispiel Deutschland, das bereits bei der Gründung der Europäischen Gemeinschaft und der Schaffung der europäischen Normen beteiligt war, gezwungen war, relativ viele europäische Regelungen in relativ kurzer Zeit in nationales Recht umzusetzen. Polen war insofern in einer schlechteren Ausgangslage als Deutschland, da es als Nicht-Mitglied der Europäischen Union am europäischen Rechtssetzungsprozess zunächst nicht beteiligt war. Als Polen im Jahre 2004 der EU beitrat, hatte es keinen Einfluss mehr auf die bereits ergangenen europarechtlichen Regelungen hinsichtlich der grenzüberschreitenden Arbeitnehmer-Entsendung. Erschwerend kam hinzu, dass Polen die Entsenderichtlinie innerhalb einer relativ kurzen Umsetzungsfrist umsetzen musste. Schließlich war Polen in den Neunziger Jahren stark mit dem wirtschaftlichen Umschwung beschäftigt, was dazu führte, dass der Umsetzung der Entsende-Richtlinie nicht die Aufmerksamkeit und Sorgfalt zukam, der es bedurft hätte.[203] Dadurch war das Risiko, Fehler bei der Umsetzung und Anpassung zu begehen, höher als in anderen Ländern.[204]

---

202 Wąż, MoPr Nr. 9/2013, 453, 454.

203 Mitrus, Wpływ, S. 109.

204 Pisarczyk, EuZA 2009, 178, 179.

cc) Wirtschaftlich

Bei der Betrachtung der Entwicklung der Anpassung der polnischen Gesetze an das europäische Recht darf schließlich die ökonomische Entwicklung des Landes nicht außer Acht gelassen werden. Trotz der schnellen Verbesserung der wirtschaftlichen Lage Polens in den letzten Jahren bleibt dennoch ein Unterschied im Vergleich der polnischen Wirtschaft zum durchschnittlichen Entwicklungsniveau der ganzen Europäischen Union. Um dieses Niveau zu erreichen, ist Polen gezwungen, seine Wirtschaft extrem voranzutreiben sowie sein Rechtssystem teilweise zu flexibilisieren.[205]

b) Erste Umsetzung der Richtlinie 96/71/EG

Die erste Umsetzung der Richtlinie 96/71/EG erfolgte im Zuge der Vorbereitung des Beitritts Polens zur EU im Jahr 2004 durch Einführung eines neuen Abschnitts IIa mit dem Titel „Beschäftigungsbedingungen von aus dem EU-Ausland nach Polen entsandten Arbeitnehmern“ in das polnische Arbeitsgesetzbuch. Das neue Regelungswerk umfasste jedoch lediglich vier Vorschriften, §§ 67^1 - 67^4 KP.[206]

aa) Inhalt

Die einzelnen Vorschriften stellten eine fast wortgleiche Wiedergabe der zwingenden Vorschriften der Entsende-Richtlinie dar.[207] die Inhalte von Art. 67^1 und Art. 67^2 KP traten mit Eintritt Polens in die EU am 01.05.2004 in Kraft.[208] Sie übernahmen lediglich den Inhalt von Art. 1 Abs. 1 und 3 RL 96/71/EG, sowie Art. 3 Abs. 1 und 2 RL 96/71/EG, die den Anwendungsbereich sowie die Beschäftigungsbedingungen regeln.[209] Mit der Novelle vom 23. Juni 2006 wurde Art. 67^2 KP teilweise geändert sowie Art. 67^3 und 67^4 KP hinzugefügt, die Art. 1 Abs. 4 und 4 RL 96/71/EG entsprechen.[210] Darin wurde die Bereichsausnahme für die Handelsmarine aus der Richtlinie übernommen

205 Pisarczyk, EuZA 2009, 178, 181.

206 Vgl. KP in der Fassung bis zum 10.06.16, BGBl. 2014, Pos. 1502; aufgehoben durch Art. 33 Abs. 2 DelPracU.

207 Wąź, Delegowanie, S. 64.

208 Iwulski/*Sanetra*, KP, Art. 67^4 Rn. 1; Wąź, Delegowanie, S. 63.

209 Wratny, KP, Art. 67^4 Rn. 1.

210 Iwulski/*Sanetra*, KP, Art. 67^1, Rn. 5; Muszalski, KP, Art. 67^1 Rn. 1; Romer, PP, Art. 67^1, S. 498.

und klargestellt, dass auch Arbeitgeber aus Drittstaaten unter die entsenderechtlichen Vorschriften fallen. Eine Beschränkung auf bestimmte Branchen fand von vorneherein nicht statt, ebenso wenig wie die Einbeziehung von Tarifverträgen.

Vorschriften zur Zusammenarbeit, Information, Durchführung sowie zu Maßnahmen bei Nichteinhaltung der Regelungen fehlten in der ersten Fassung völlig.

bb) Unzulänglichkeiten der Umsetzung

Eine ordnungsgemäße Umsetzung der Richtlinie 96/71/EG konnte in der ersten Fassung daher nicht gesehen werden. Da die einzelnen Vorgaben der Entsende-Richtlinie nur unzureichend und lückenhaft umgesetzt worden waren, war eine ordnungsgemäße Durchführung von grenzüberschreitenden Entsendungen sowie insbesondere ein ausreichender Schutz der Arbeitnehmer, die aus dem EU-Ausland nach Polen entsendet wurden, nicht gewährleistet.

Insbesondere führte das völlige Fehlen von Kontrollvorschriften dazu, dass eine wirksame Kontrolle der Einhaltung der Mindestbedingungen durch die für die Durchführung der Vorschriften zuständige Stelle, die PIP[211], nahezu unmöglich war. Die nach Polen entsandten Arbeitnehmer standen dadurch praktisch schutzlos da.[212] Insbesondere fehlten Vorschriften zur ordnungsgemäßen Anzeige der Entsendung, zur Bereitstellung einer Vertretungsperson vor Ort, sowie zur Pflicht der Erstellung und Aufbewahrung von polnisch-sprachigen Arbeitspapieren in Polen. Die PIP konnte daher keine ordnungsgemäße Kontrolle des Entsendungsvorganges durchführen.[213] Art. 6 RL 96/71/EG, der die zusätzliche gerichtliche Zuständigkeit der Gerichte des Empfangsstaats regelt, wurde in Polen erst im Jahre 2008 umgesetzt, und eine entsprechende Vorschrift in der polnischen Zivilprozessordnung geschaffen.

Es bestand hier daher dringender legislativer Handlungsbedarf.

c) Zweite Umsetzung

Angesichts der nur unzureichenden ersten Umsetzung der Richtlinie 96/71/EG war es dringend nötig, die bis dahin bestehenden polnischen Entsenderegelungen zu modifizieren und zu ergänzen. Dies geschah hingegen erst über zehn

---

211 Państwowa Inspekcja Pracy (Staatliche Arbeitsinspektion in Polen), die in Polen gemäß Art. 4 RL 96/71/EG zuständige Stelle.

212 Wąź, Delegowanie, S. 65; ders., MoPr Nr. 9/2013, 453, 460; ders., MoPr Nr. 10/2006, 511, 513; Muszalski/*Wąź*, KP 2009, 77, 80.

213 Wąź, Delegowanie, S. 65 f.; ders., MoPr Nr. 10/2016, 511, 513 f.

Jahre später im Zuge der Umsetzung der Durchsetzungsrichtlinie 2014/67/EU im Jahr 2016 durch Schaffung eines völlig neuen Gesetzes, des ersten polnischen Arbeitnehmerentsendegesetzes, „Ustawa o delegowaniu pracowników w ramach świadczenia usług“ (DelPracU).[214]

Nach In-Kraft-Treten der Durchsetzungsrichtlinie 2014/67/EU am 17.06.2014 hatten die EU-Mitgliedsstaaten bis zum 18.06.2016 Zeit, deren Regelungen in nationales Recht umzusetzen. Polen nutzte diese Gelegenheit um zum ersten Mal ein umfassendes Gesetz zu verabschieden, das sich mit der Arbeitnehmer-Entsendung auseinandersetzte.

Das DelPracU trat mit Ablauf der Umsetzungsfrist der Richtlinie 2014/67/EU am 18.6.2016 in Kraft. Es umfasst 42 Vorschriften in neun Abschnitten und ist damit fast doppelt so umfangreich wie das deutsche AEntG. Im Folgenden wird der Inhalt des DelPracU überblicksartig dargestellt, um im dritten Teil der vorliegenden Arbeit schließlich die entsprechenden deutschen Vorschriften gegenüber zu stellen und zu analysieren.

aa) Abschnitt 1, Allgemeine Vorschriften

Im ersten Abschnitt werden einige allgemeine Vorschriften erläutert. So wird in Art. 1 DelPracU ganz allgemein der „Gegenstand“ des Gesetzes erläutert.[215] Das DelPracU nennt hier fünf Aspekte: zum einen die Entsendung von Arbeitnehmern nach Polen im Rahmen der Erbringung von Dienstleistungen, ferner die Kontrolle der Vorschriften im Zusammenhang mit der Entsendung von Arbeitnehmern und der Informationspflichten im Zusammenhang mit der Arbeitnehmerentsendung, als dritten Punkt die Zusammenarbeit mit den Behörden der anderen Mitgliedsländer im Zusammenhang mit der Entsendung von Arbeitnehmern nach Polen sowie aus Polen in andere EU-Mitgliedsländer, an vierter Stelle den Schutz der Arbeitnehmer, die nach Polen sowie aus Polen in andere EU-Mitgliedsländer entsandt werden, und schließlich das Verfahren im Zusammenhang mit der Durchführung von Anträgen auf Benachrichtigung der Arbeitgeber, die ihre Arbeitnehmer aus Polen in ein anderes EU-Mitgliedsland entsendet haben sowie auf Vollstreckung von Sanktionen.

Art. 2 DelPracU enthält eine Bereichsausnahme für Schiffsbesatzungen der Handelsmarine und den grenzüberschreitenden Transport mit Ausnahme des Kabotagetransports[216]. Schließlich werden in Art. 3 DelPracU einige einschlägige

---

214 Kurowski, Stosunki pracy, V., S. 6.

215 Zu den Zielen der beiden Gesetze siehe unten unter Teil 3 A.

216 Siehe unten Anwendungsbereich, Teil 3 B.

Begriffe definiert, wie etwa der des Mitgliedsstaats, des entsendenden Arbeitgebers, des entsandten Arbeitnehmers sowie des zuständigen Organs.

bb) Abschnitt 2, Arbeitsbedingungen der nach Polen entsandten Arbeitnehmer

Im zweiten Abschnitt des DelPracU werden die Mindestbedingungen genannt, die auf nach Polen entsandte Arbeitnehmer Anwendung finden sollen. Diese entsprechen den Vorgaben der Richtlinie 96/71/EG.

Gemäß Art. 4 Abs. 1 DelPracU muss ein Arbeitgeber, der einen Arbeitnehmer nach Polen entsendet, diesem solche Arbeitsbedingungen gewährleisten, die nicht weniger vorteilhaft sind als die des KP sowie anderer Vorschriften, die die Rechte und Pflichten der Arbeitnehmer regeln, und zwar gemäß Absatz 2 bezüglich Arbeits- und Ruhezeiten, Urlaub[217], Mindestlohn[218], Überstundensätzen, Sicherheit und Hygiene, Schwangerschaft und Mutterschutz, Kinder- und Jugendarbeit, Gleichbehandlung und zum Diskriminierungsverbot einschließlich der Vorschriften zu Leiharbeitnehmern.

Zu beachten sind die Regelungen des polnischen Arbeitsgesetzbuches sowie andere Vorschriften, die die Rechte und Pflichten des Arbeitnehmers regeln, und zwar unabhängig von der Branche, in der der Arbeitnehmer beschäftigt ist. Polnische kollektivrechtliche Regelungen finden keine Erwähnung im DelPracU.[219] Art. 5 DelPracU enthält eine Bereichsausnahme für Erstmontagearbeiten, die eine Dauer von acht Tagen nicht übersteigen, und entspricht Art. 3 Abs. 2 RL 96/71/EG. Art. 6 DelPracU schreibt, entsprechend Art. 11 Abs. 5 RL 2014/67/EU vor, dass die Ausnutzung der Rechte durch den Arbeitnehmer nicht zu einer Benachteiligung durch seinen Arbeitgeber führen darf.

cc) Abschnitt 3, Solidarische Haftung des Auftraggebers

Im dritten Abschnitt des DelPracU wurde die gemäß Art. 12 RL 2014/67/EU vorgegebene Haftung des Unterauftragnehmers geregelt, die im DelPracU als Gesamtschuldnerhaftung ausgestaltet ist. Im Gegensatz zu den Vorschriften des AEntG beschränkt sich die Haftung auf die Baubranche, und sieht entsprechend Art. 12 Abs. 5 RL 2014/67/EU eine Exkulpationsmöglichkeit für den Unternehmer vor, wenn er den ausländischen Unternehmer schriftlich über die zu

217 Siehe unten Teil 3 D. III.
218 Siehe unten Teil 3 D. II.
219 Näher hierzu siehe unten Teil 3 C.

erfüllenden Beschäftigungsbedingungen informiert und von diesem eine Bestätigung für die Einhaltung der zu beachtenden Vorschriften erhält.[220]

dd) Abschnitt 4, Aufgaben und Befugnisse der polnischen Arbeitsinspektion

Der vierte Abschnitt des DelPracU bildet mit 15 Vorschriften den Schwerpunkt des polnischen Arbeitnehmerentsendegesetzes, und regelt auf ausführliche Weise weitreichende Aufgaben und Befugnisse der PIP zur ordnungsgemäßen Durchsetzung der entsenderelevanten Vorschriften. Insoweit hat der polnische Gesetzgeber sich an die Vorgaben der Richtlinie 2014/67/EU gehalten, wohingegen der deutsche Gesetzgeber hier noch Nachholbedarf hat.[221]

Die PIP ist in Polen zuständige Stelle im Sinne des Art. 4 RL 96/71/EG, um Aufgaben gemäß der Entsenderichtlinien wahrzunehmen. Zu den Aufgaben der PIP gehören die Information der Allgemeinheit, von Arbeitgebern und Arbeitnehmern, sowie die Kommunikation und Zusammenarbeit mit polnischen sowie ausländischen Behörden, außerdem die umfassende Kontrolle von Auslandsentsendungen und die Verhängung von Sanktionen in Fällen von Gesetzesverstößen, und schließlich die Vollstreckung von Geldbußen.

ee) Abschnitt 5, Pflichten der entsendenden Arbeitgeber

Im fünften Abschnitt des DelPracU befinden sich Vorschriften zu den Pflichten ausländischer Arbeitgeber, die ihre Arbeitnehmer nach Polen entsenden. Dazu gehören die in Art. 9 RL 2014/67/EU normierten Melde- und Dokumentationspflichten, die ebenfalls im AEntG ihren Niederschlag gefunden haben.

ff) Abschnitt 6, Anwendbarkeit der Vorschriften auf Arbeitgeber aus Drittstaaten

Entsprechend den europarechtlichen Vorgaben finden die Vorschriften des DelPracU aus Gleichstellungsgesichtspunkten auch auf Arbeitgeber Anwendung, die aus einem Nicht-EU-Land ihre Arbeitnehmer nach Polen entsenden, Art. 26 DelPracU.

---

220 Näher hierzu siehe unten Teil 3 E.

221 Näher hierzu siehe unten Teil 3 E.

gg) Abschnitt 7, Strafvorschriften

Im siebten Abschnitt des DelPracU befinden sich Bußgeldvorschriften, die Verstöße ausländischer Arbeitgeber gegen das Gesetz mit Geldstrafen bis zu 30.000 PLN (etwa 7.500 EUR) sanktionieren.[222]

hh) Abschnitt 8, Änderung in den geltenden Vorschriften

Im Zuge der Umsetzung der europäischen Richtlinien hat der polnische Gesetzgeber zahlreiche Änderungen in bestehenden Gesetzen vorgenommen, die in Abschnitt acht des DelPracU aufgezählt werden.

ii) Abschnitt 9, Übergangs- und Schlussvorschriften

Der neunte Abschnitt des DelPracU schließlich regelt einige Übergangsvorschriften für Entsendungen, die während des Inkrafttretens des DelPracU bereits andauern.

Bereits auf den ersten Blick ist ersichtlich, dass sich beide Arbeitnehmerentsendegesetze nicht nur hinsichtlich des Umfangs, sondern teilweise auch hinsichtlich des Inhalts unterscheiden. Der Herausarbeitung und Analyse genau dieser Unterschiede und Gemeinsamkeiten soll sich der dritte Teil der vorliegenden Arbeit widmen.

222 Näheres zu den Sanktionen siehe unten Teil 3 E.

Teil 3: Vergleich und Analyse der beiden Entsende-Gesetze

Im vorliegenden Teil dieser Arbeit erfolgt eine eingehende Betrachtung der Gemeinsamkeiten und Unterschiede beider Arbeitnehmerentsendegesetze vor dem Hintergrund der beiden europarechtlichen Entsenderichtlinien. Auch wenn beiden Gesetzen die EU-Richtlinien als Grundlage der Umsetzung dienten, so kann man doch Unterschiede in der jeweiligen Umsetzung erkennen. Gerade diese Unterschiede sollen im Folgenden herausgearbeitet und analysiert werden.

Auch wenn sowohl das deutsche als auch das polnische Arbeitnehmerentsendegesetz im Kern mehrere identische Regelungen beinhalten, was sich durch die zwingenden Vorgaben der Richtlinie 96/71/EG erklären lässt, sind insbesondere fünf Bereiche hervorzuheben, die nicht völlig deckungsgleich sind, und einer näheren Betrachtung bedürfen: Dabei geht es zum einen um die jeweiligen Gesetzesziele, ferner den Anwendungsbereich der beiden Gesetze, und sodann um die jeweiligen Instrumente, mit denen die nationalen Gesetzgeber die von der Richtlinie zwingend vorgegebenen Kernarbeitsbedingungen auf Arbeitnehmer übertragen. Anschließend soll ein Blick auf einzelne wichtige Normen dieses „harten Kerns" geworfen, und abschließend die in den Gesetzen statuierten Maßnahmen der Rechtsdurchsetzung näher betrachtet werden.

Da das polnische Arbeitnehmer-Entsendegesetz noch nicht lange in Kraft ist, mangelt es derzeit an einschlägiger Literatur und Rechtsprechung hierzu. Zurückgegriffen wird daher auf die bereits bestehenden Ausführungen zu den aller ersten Umsetzungsregelungen, die im polnischen Arbeitsgesetzbuch enthalten waren und durch das neu entstandene DelPracU aufgehoben wurden,[223] sowie auf die allgemeinen Quellen des polnischen Arbeitsrechts.

A. Ziele der Gesetze

Erster Schwerpunkt der rechtsvergleichenden Analyse soll auf der Betrachtung der Gesetzesziele des AEntG und des DelPracU liegen.

Um einzelne gesetzliche Regelungen besser verstehen zu können, ist es unumgänglich, die Intention des Gesetzgebers hinter den Regelungen nachvollziehen zu können. Manche Gesetze enthalten bereits vorab eine Umschreibung ihres Zieles, wie etwa das AEntG, bei anderen fehlt eine ausdrückliche Nennung,

223 Siehe oben Teil 2 II. 2. b).

wie dies etwa beim DelPracU der Fall ist, und es bleibt nur ein Rückgriff auf die jeweilige Gesetzesbegründung. Wie sich zeigen wird, bleiben trotz expliziter Nennung der Gesetzesziele dennoch nicht selten noch Fragen offen.

I. Europarechtliche Vorgaben

Vorab soll ein Blick auf die europarechtlichen Ziele bei Erlass der Entsenderichtlinien geworfen werden, die schließlich die Grundlage für die beiden nationalen Gesetze bilden.

1. Richtlinie 96/71/EU

Bereits in der Richtlinie 96/71/EG aus dem Jahr 1996 hat sich die Kommission in ihren Erwägungsgründen zum Zweck der Richtlinie ausgelassen.

Im ersten Erwägungsgrund hebt die Kommission hervor, dass die Beseitigung der Hindernisse für den freien Personen- und Dienstleistungsverkehr zwischen den Mitgliedsstaaten zu den allgemeinen Zielen der Gemeinschaft gehört. In Erwägungsgrund fünf führt sie weiter aus, dass ein fairer Wettbewerb, sowie Maßnahmen zur Wahrung der Arbeitnehmerrechte Voraussetzung für eine solche Förderung des länderübergreifenden Dienstleistungsverkehrs sind.

Schließlich heißt es in Erwägungsgrund 13, dass die Gesetze der Mitgliedsstaaten koordiniert werden müssen, um einen Kern zwingender Bestimmungen über ein Mindestmaß an Schutz festzulegen, das im Gastland von Arbeitgebern zu gewährleisten ist, die Arbeitnehmer für eine zeitlich begrenzte Arbeitsleistung in das Hoheitsgebiet eines Mitgliedsstaates entsenden, in dem eine Dienstleistung zu erbringen ist.

(Haupt-)Ziel der Richtlinie 96/71/EG ist mithin die Festlegung eines Mindestmaßes an Schutz für aus dem Ausland entsandte Arbeitnehmer.

2. Richtlinie 2014/67/EU

Mit der Richtlinie 2014/67/EU sollte ein gemeinsamer Rahmen einer Reihe angemessener Bestimmungen, Maßnahmen und Kontrollmechanismen festgelegt werden, die für eine bessere und einheitlichere Durchführung, Anwendung und Durchsetzung der Richtlinie 96/71/EG in der Praxis notwendig sind, einschließlich Maßnahmen zur Verhinderung und Sanktionierung jeglichen Missbrauchs und jeglicher Umgehung der anzuwendenden Rechtsvorschriften. Zweck der Richtlinie ist die Gewährleistung eines angemessenen Schutzniveaus hinsichtlich der Rechte entsandter Arbeitnehmer im Rahmen der grenzüberschreitenden Erbringung von Dienstleistungen, insbesondere der Durchsetzung der Arbeits- und Beschäftigungsbedingungen, die in dem Mitgliedsstaat gelten, in dem die Dienstleistung erbracht wird, bei gleichzeitiger Erleichterung der Ausübung der Dienstleistungsfreiheit für die Dienstleistungserbringer und Förderung des fairen Wettbewerbs zwischen ihnen und somit Förderung der Funktionsfähigkeit des Binnenmarkts, Art. 1 Abs. 1 RL 2014/67/EU.

Die Ziele der Union lassen sich also wie folgt zusammenfassen: Schutz der Rechte entsandter Arbeitnehmer, Erleichterung der Ausübung der Dienstleistungsfreiheit für entsendende Unternehmer und ein fairer Wettbewerb zwischen in- und ausländischen Unternehmern.

II. Deutschland

Der deutsche Gesetzgeber fasst in § 1 AEntG gleich mehrere Gesetzesziele zusammen. Die Nennung der Gesetzesziele am Anfang eines Gesetzes entspricht dem Gesetzgebungsstil französischer und anglo-amerikanischer Gesetze.[224] Die Aufnahme der Ziele erfolgte erst mit der Neufassung des AEntG im Jahr 2009.[225]

Gemäß § 1 AEntG sind Ziele des Gesetzes die Schaffung und Durchsetzung angemessener Mindestarbeitsbedingungen für grenzüberschreitend entsandte und für regelmäßig im Inland beschäftigte Arbeitnehmer und Arbeitnehmerinnen, die Gewährleistung fairer und funktionierender Wettbewerbsbedingungen durch die Erstreckung der Rechtsnormen von Branchentarifverträgen, der Erhalt sozialversicherungspflichtiger Beschäftigung und die Wahrung der Ordnungs- und Befriedungsfunktion der Tarifautonomie. Die verschiedenen Ziele erscheinen auf den ersten Blick unvereinbar.

1. Arbeitnehmerschutz

Gemäß § 1 AEntG dient das AEntG der Schaffung und Durchsetzung angemessener Mindestarbeitsbedingungen für grenzüberschreitend entsandte und für regelmäßig im Inland beschäftigte Arbeitnehmer.

Die Formulierung des Gesetzgebers in § 1 AEntG impliziert zugleich die Annahme, dass nach Deutschland entsandte Arbeitnehmer unangemessenen Arbeitsbedingungen ausgesetzt seien, wenn ihre „mitgebrachten" Arbeitsbedingungen ungünstiger sind als die deutschen Bestimmungen. Dies ist bereits fraglich, da man in der Regel davon ausgehen kann, dass sich heimische Arbeitsbedingungen an den Lebenshaltungskosten des jeweiligen Herkunftslandes

224 Thüsing, MiLoG AEntG, § 1 AEntG, Rn. 1.
225 Sittard, Tarifnormerstreckung, S. 315.

orientieren.[226] Zwar ergibt sich diese Intention auch mittelbar aus der Richtlinie 96/71/EG, wenn diese den Schutz entsandter Arbeitnehmer durch Erstreckung von Arbeitsbedingungen des Empfangsstaates erreichen will. Ob dieses Ziel aber tatsächlich durch das Mittel der Erstreckung inländischer Rechtsnormen erreicht werden kann, wird zu Recht in Frage gestellt.

Insofern muss zunächst danach gefragt werden, welche Mindestarbeitsbedingungen für grenzüberschreitend entsandte Arbeitnehmer überhaupt angemessen sind. Was „Angemessenheit" bedeutet, definiert der deutsche Gesetzgeber im AEntG nicht.[227] Nach Art. 4 Abs. 1 der Europäischen Sozialcharta (ESC), die von Deutschland ratifiziert wurde, ist ein angemessenes Entgelt ein Entgelt, das ausreicht, um Arbeitnehmern und ihren Familien einen angemessenen Lebensstandard zu sichern. Sicher ist, dass die Angemessenheit der jeweiligen Arbeitsbedingungen sich nach der Lage des Einzelfalls bemisst. Sie folgt den Gesetzen des Marktes, ist dem zeitlichen Wandel unterworfen und entzieht sich einer abschließenden generell-abstrakten Beurteilung, weshalb sich hier eigentlich eine rein nationale Betrachtungsweise verbietet.[228] In den Mitgliedsstaaten der EU bestehen nach wie vor Unterschiede in den Arbeits- und Sozialrechtssystemen, die die ungleiche wirtschaftliche Leistungsfähigkeit widerspiegeln. Im Normalfall erzielen entsandte Arbeitnehmer aus Niedriglohnländern jedoch sogar höhere Löhne als die Durchschnittslöhne ihres Entsendestaates. Die Tatsache, dass das Lohnkostenniveau und der Sozialstandard der entsandten Arbeitnehmer nicht dem deutschen Niveau entsprechen, ist daher keine Frage der Angemessenheit, da bereits fraglich ist, ob das Arbeitnehmerschutz- und Lohnniveau in anderen Mitgliedsstaaten so niedrig ist, dass Handlungsbedarf bestünde.[229]

Angemessene Arbeitsbedingungen sollen vorliegen bei Tarifverträgen, da dort die Sozialpartner die Arbeitsbedingungen festgelegt haben. Die Herstellung angemessener Arbeitsbedingungen ist in Deutschland primär Aufgabe der Tarifvertragsparteien. Staatliche Regelungen sollen nur dann zur Anwendung kommen, wenn die Tarifvertragsparteien dieser Aufgabe nicht mehr nachkommen (können). Tarifverträge tragen eine Richtigkeitsgewähr in sich, und ihnen kommt nach ständiger Rechtsprechung eine Angemessenheitsvermutung zu.[230]

---

226 Hejma, Lohngerechtigkeit, S. 159.

227 Koberski, AEntG, § 1 Rn. 11; Thüsing, MiLoG AEntG, § 1 Rn. 5.

228 Thüsing, § 1 AEntG, Rn. 7.

229 Görres, Arbeitnehmerentsendung, S. 94; Steinmeyer, DVBl 1995, 962, 965; Krebber, IPrax 2001, 22, 23 f.; Gerken/Löwisch/Rieble, BB 1995, 2370.

230 St. Rspr., z.B. BAG, Urteil vom 25.09.2013 – 4 AZR 173/12, BAGE 146, 133; Thüsing, MiLoG AEntG, § 1 AEntG, Rn. 8; Einl. Rn. 39.

Dies mag für Arbeitnehmer gelten, die ihren Lebensmittelpunkt und ihren Arbeitsort dauerhaft in Deutschland haben; dieser Fall wird vom AEntG auch ausdrücklich erfasst. Ob dies hingegen für aus dem Ausland entsandte Arbeitnehmer gilt, die sich nur vorübergehend in Deutschland niederlassen, um dort ihrer Arbeit nachzugehen, kann jedoch zumindest in Zweifel gezogen werden. Nicht selten erhalten die entsandten Arbeitnehmer Zuschläge für den Auslandsaufenthalt, die eventuell erhöhte Lebensbedingungen ausgleichen helfen, aber nicht auf den Mindestlohn angerechnet werden, vgl. Art. 3 Abs. 7 RL 96/71/EG, so dass eine unverhältnismäßige finanzielle Belastung ausländischer Arbeitgeber vorliegt.

Die Erstreckung inländischer Arbeitsbedingungen auf aus dem Ausland entsandte Arbeitnehmer könnte bei Entsendungen in Hochlohnländer daher eher das Gegenteil bewirken. Ausländische Arbeitgeber könnten die zusätzlichen Kosten scheuen und von Aufträgen aus dem Ausland zukünftig absehen, bzw. diese verringern. Wäre dies tatsächlich der Fall, ist fraglich, ob das Ziel des Schutzes damit erreicht würde, deutsche Arbeitsbedingungen zu auf aus dem Ausland entsandte Arbeitnehmer erstrecken.[231]

Wahrscheinlicher ist daher, dass die Verpflichtung ausländischer Arbeitgeber zur Zahlung höherer Löhne an ihre entsandten Arbeitnehmer zu einer Marktabschottung führt, mit der Folge, dass die Zahl der Arbeitnehmer-Entsendungen zurückgeht.[232] Auch unter Gleichbehandlungsgesichtspunkten lässt sich eine Erstreckung der Arbeitsbedingungen auf entsandte Arbeitnehmer nur schwerlich begründen Vielmehr fehlt für eine derartige Regulierung eine überzeugende Rechtsgrundlage, die der arbeitsrechtliche Gleichbehandlungsgrundsatz für Lohngleichheit bei verschiedenen Arbeitgebern nicht bietet.[233]

Somit scheint es bei näherem Hinsehen so, als wäre das Ziel des Arbeitnehmerschutzes nur ein vorgeschobenes, und als würden sich die gesetzlichen Regelungen vielmehr als nachteilig für entsandte Arbeitnehmer herauskristallisieren, und aus dem Ausland entsandte Arbeitnehmer vom deutschen Arbeitsmarkt abhalten.[234]

231 Hejma, Lohngerechtigkeit, S. 159.

232 Hejma, Lohngerechtigkeit, S. 159; Krebber, IPrax 2001, 22, 23 f; Kort, NZA 2002, 1248, 1252.

233 Rieble, Arbeitsmarkt und Wettbewerb, Rn. 190.

234 Hejma, Lohngerechtigkeit, S. 171; Sittard, Tarifnormerstreckung, S. 323; Krebber, IPrax 2001, 22, 23.

2. *Wettbewerbsschutz*

Als zweites Ziel des AEntG benennt der deutsche Gesetzgeber die Gewährleistung fairer und funktionierender Wettbewerbsbedingungen durch die Erstreckung der Rechtsnormen von Branchentarifverträgen. Neben dem Schutz der Arbeitnehmer soll das AEntG also auch der Gewährleistung fairer und funktionierender Wettbewerbsbedingungen dienen. Es soll den deutschen Arbeitsmarkt vor Wettbewerbsverzerrungen schützen, indem es ausländischen Unternehmen ganz bewusst ihre Wettbewerbsvorteile nimmt, § 1 AEntG. Der deutsche Gesetzgeber stellt sich auf den Standpunkt, die Wettbewerbsbedingungen würden durch entsandte Arbeitnehmer verzerrt, wenn entsandte Arbeitnehmer in Deutschland aus den sogenannten Niedriglohnländern kämen, und zu günstigeren Bedingungen als die deutschen Arbeitnehmer arbeiteten. Durch diesen Wettbewerbsvorteil würden die deutschen Arbeitnehmer vom Arbeitsmarkt verdrängt. Das AEntG soll dem entgegenwirken.[235]

Das Ziel des fairen Wettbewerbs findet sich auch in den Entsenderichtlinien, wo es in Erwägungsgrund (5) RL 96/71/EG und Art. 1 Abs. 1 RL 2014/67/EU neben dem Ziel des Arbeitnehmerschutzes Erwähnung findet.[236]

a) *Legitimation des Zieles Wettbewerbsschutz*

Das Gesetzesziel der Herstellung fairer und funktionierender Wettbewerbsbedingungen im Rahmen des AEntG bereitet zunächst insofern Kopfzerbrechen, als es streng genommen keinen rechtmäßigen Rechtfertigungsgrund für die Einschränkung der Dienstleistungsfreiheit der Unternehmer darstellt, die ihre Arbeitnehmer ins Ausland entsenden.

Da das AEntG unstreitig einen Eingriff in die europäische Dienstleistungsfreiheit der Unternehmer nach Art. 45 AEUV darstellt, muss dieser Eingriff gerechtfertigt sein. In Frage kommen jedoch nur zwingende Gründe des Allgemeinwohls. Allgemein anerkannt ist die Rechtfertigung aus Gründen des Arbeitnehmerschutzes.[237] Der Schutz des Wettbewerbs stellt aber an sich keinen legitimen Rechtfertigungsgrund im Rahmen des Art. 56 AEUV dar, da Ziele wirtschaftlicher Art grundsätzlich nicht als Rechtfertigungsgrund dienen können. Der EuGH hat jedoch bereits vor längerer Zeit klargestellt, dass es genüge, wenn der Eingriff objektiv dem Schutz der Arbeitnehmerinteressen dient, auch wenn der nationale Gesetzgeber subjektiv (auch) andere Ziele, wie beispielsweise

---

235 Koberski, § 1 AEntG, Rn. 12 ff.

236 Sittard, Tarifnormerstreckung, S. 318.

237 Siehe oben Teil 1 B., Teil 2 B II 1. b).

das des Wettbewerbsschutzes, verfolge. Ob eine Regelung dem Ziel der Wettbewerbseinschränkung diene oder dem Ziel des Arbeitnehmerschutzes, sei anhand objektiver Kriterien zu überprüfen.[238]

In einem weiteren Schritt stellt sich dann jedoch die Frage, was überhaupt unter dem Begriff „Wettbewerb" zu verstehen ist, inwiefern der Wettbewerb durch die grenzüberschreitende Entsendung von Arbeitnehmern tatsächlich eingeschränkt wird, und ob die Regelungen des AEntG ein geeignetes Mittel darstellen, um mögliche rechtswidrige Wettbewerbsbeschränkungen zu verhindern und so tatsächlich faire und funktionierende Wettbewerbsbedingungen zu gewährleisten.

b) *Hintergrund der Zielsetzung Wettbewerbsschutz*

aa) Lohn-/Sozialdumping durch entsandte Arbeitnehmer aus Niedriglohnländern

Besonders in der deutschen Literatur und Rechtsprechung taucht in Bezug auf die grenzüberschreitende Arbeitnehmerentsendung immer wieder der Begriff des Lohn-, oder auch Sozialdumpings auf.[239] Ziel des deutschen Gesetzgebers bei Schaffung des AEntG war es, diesem Lohn- und Sozialdumping unerwünschten entgegenzutreten, als in den Neunziger Jahren die europäischen Grenzen geöffnet wurden und ein Zustrom ausländischer Arbeitskräfte auf den deutschen Arbeitsmarkt erfolgte. Als Lohndumping wird in diesem Zusammenhang der Vorgang bezeichnet, dass ausländische Arbeitgeber aus Niedriglohnländern ihre Arbeitnehmer nach Deutschland entsenden, um sie dort zu günstigeren Konditionen arbeiten zu lassen, als dies bei inländischen Arbeitnehmern der Fall ist.[240] Auf diese Weise konnten ausländische Arbeitgeber Wettbewerbsvorteile gegenüber den in Deutschland ansässigen Arbeitgebern genießen. So befürchtete man, dass deutsche Unternehmer Wettbewerbsnachteile erlitten und vom Arbeitsmarkt verdrängt wurden. Dies insbesondere in der Baubranche, da dort die Lohnkosten bis zu 80 % der Gesamtkosten ausmachen, und

---

238 EuGH, Urteil vom 25.10.2001, C - 49/98 ua., Slg. 2001 I, 7831 (Finalarte); EuGH, Urteil vom 24.01.2002, C – 164/99, Slg. 2002 I, 787 (Portugaia Construções); Thüsing, MiLoG AEntG, § 1 AEntG Rn. 4; Kort, NZA 2002, 1248, 1251.

239 Koberski, AEntG, Einl. Rn. 6; Thüsing, MiLoG AEntG, Vor § 1 AEntG Rn. 3; Görres, Arbeitnehmerentsendung, S. 93 ff.; Nettekoven, Erstreckung, S. 121; Sittard, Tarifnormerstreckung, S. 317; Däubler, DB 1995, 726 ff.; Steinmeyer, DVBl 1995, 962, 963 f.

240 Däubler/*Lakies*, TVG, § 5 TVG Anh. 2, Rn. 16; Däubler, DB 1995, 726; Schlachter, NZA 2002, 1242, 1243.

daher im Gesamtbild ein Kostenvorteil beim Einsatz ausländischer Arbeitnehmer bestand.[241]

Nach Ansicht des deutschen Gesetzgebers soll dieser Unterbietungswettbewerb ungerecht sein. Einen fairen Wettbewerb zwischen Unternehmen will der Gesetzgeber dadurch fördern, dass hohe Qualität der Leistung und des Service, innovative Angebote und gutes Management zu wettbewerbsrelevanten Parametern werden, statt eines besonders niedrigen Preises.[242] Aufgrund der Wettbewerbsnachteile inländischer Arbeitgeber befürchtete man eine Absenkung des Lohnniveaus und der Sozialstandards auf dem deutschen Arbeitsmarkt. Deutsche Unternehmen würden durch die ausländischen Unternehmen immer mehr vom Arbeitsmarkt verdrängt werden, wodurch die Arbeitslosigkeit in Deutschland ansteigen würde. Ferner sah man die Gefahr, dass zwischen den in- und ausländischen Arbeitnehmern wegen eines aufgrund der unterschiedlichen Arbeitsbedingungen gespaltenen Arbeitsmarktes soziale Spannungen entstanden.[243]

Zwar räumte man ein, dass die europäische Dienstleistungsfreiheit einen der Stützpfeiler des Binnenmarktes darstelle. Andererseits würden aber gerade in einem Hochlohnland wie Deutschland manche Bereiche der Wirtschaft unter dem Wettbewerbsdruck zusammenbrechen, wenn sich die Arbeitsbedingungen bei ausländischen Dienstleistungserbringern, die in Deutschland tätig werden, uneingeschränkt nach dem Herkunftslandprinzip richteten.[244]

bb) Lohndumping im EU-Recht

Sucht man nach Erläuterungen zum Begriff des „Dumpings“ im EU-Recht, so stößt man auf Art. 207 AEUV, wonach Gegenstand der gemeinsamen Handelspolitik unter anderem Schutzmaßnahmen im Fall von „Dumping“ sein sollen.

Unter Dumping wird im Außenhandelsrecht der Europäischen Gemeinschaft die Ausfuhr einer Ware verstanden, deren Ausfuhrwert niedriger ist als ihr Normalwert im Ausfuhrland.[245]

Nach diesen Vorgaben kann ein Lohn- oder Sozialdumping aber im Falle der Arbeitnehmer-Entsendung gar nicht vorliegen. Überträgt man die Überlegungen

---

241 Thüsing, Eur. ArbR, § 9 Rn. 12 f; Hejma, Lohngerechtigkeit, S. 152, 157; Junker, JZ 2005, 481.

242 ErfK/*Schlachter*, AEntG, § 1 Rn. 1.

243 BT-Dr. 13/2414 vom 25.9.1995, S. 7.

244 Junker, JZ 2005, 481.

245 Calliess/Ruffert/*Hahn*, EUV/AEUV, Art. 207 AEUV Rn. 127; Grabitz/*Weiß*, AEUV; Art. 207 Rn. 158; von der Groeben/*Cottier/Trinberg*, AEUV, Art. 207 Rn. 71; Steinmeyer, DVBl 95, 962, 963.

des europäischen Gesetzgebers auf das Arbeits- und Sozialrecht, so wäre Sozialdumping nur dann anzunehmen, wenn die entsendenden Arbeitgeber hinsichtlich der Löhne ihrer Arbeitnehmer noch unter das Niveau des Entsendelandes gingen, was in der Regel nicht der Fall sein wird. Die ausländischen Unternehmer bieten ihre Leistung typischerweise zu einem Preis an, der dem in ihrem Heimatland entspricht.[246]

c) Definition des Wettbewerbs

aa) Deutschland

(1) Begriff „Wettbewerb“

Ebenso wie die „angemessenen“ Arbeitsbedingungen, von denen in § 1 AEntG die Rede ist,[247] wird auch der Begriff der „fairen Wettbewerbsbedingungen“ im Gesetz nicht definiert.

Für eine genaue Definition des Begriffs Wettbewerb findet man auch in anderen deutschen Gesetzen keine Grundlage. Vielmehr wird er, wie im GWB oder UWG, schlicht vorausgesetzt. Nach der Gesetzesbegründung zum GWB ist Wettbewerb definiert als Streben, durch eigene Leistung, die nach Qualität oder Preis besser ist als die Leistung anderer Unternehmen, den Verbraucher zum Abschluss eines Vertrages zu veranlassen.[248]

In der Literatur wird Wettbewerb definiert als „das selbständige Streben sich objektiv gegenseitig im Wirtschaftserfolg beeinflussender Anbieter oder Nachfrager nach Geschäftsverbindungen mit Dritten durch in Aussichtstellen möglichst günstiger Geschäftsbedingungen“.[249]

Ferner wird die Ansicht vertreten, das Wort Wettbewerb sei eine seit langem eingebürgerte Verdeutschung des Wortes Konkurrenz, das auf dem Umweg über das französische „concurrence“ vom lateinischen „concurrere“ stammt, was „zusammenlaufen“, „sich auf einen Kampf einlassen“, bedeutet.[250]

---

246 Sittard, Tarifnormerstreckung, S. 317; Thüsing, Eur. ArbR, S. 253; Riesenhuber, Eur. ArbR, § 6 Rn. 5; Görres, Arbeitnehmerentsendung, S. 93 f.; Berthold, Sozialunion, S. 36; Hanau, in: FS Everling, 415, 416; Steinmeyer, DVBl 95, 962, 963; Gerken/Löwisch/Rieble, BB 95, 2370.

247 Siehe oben Teil 3 A. II. 1.

248 BT-Dr II/1158 vom 22.01.1955, S. 31.

249 MüKo/*Sosnitza*, UWG, Teil 1 A. Rn. 12; Harte-Bavendamm/*Podszun*, UWG, § 1 Rn. 77; Borchardt/Fikentscher, Wettbewerb, S. 15.

250 Köhler/Bornkamm/*Köhler*, UWG, Einl. Rn. 1.1.

Es zeigt sich, dass es zwar durchaus Versuche gibt, den Begriff „Wettbewerb" zu definieren, eine umfassende Definition dürfte allerdings kaum möglich sein, da es sich beim Wettbewerb um ein natürliches Phänomen handelt, und der Begriff sich nur allgemein umschreiben lässt.[251]

(2) „Faire und funktionierende Wettbewerbsbedingungen"
Geht man nun davon aus, dass es beim Wettbewerb jedenfalls um ein Zusammenwirken mehrerer Anbieter und Nachfrager auf dem Markt geht, wie dies auch unstreitig bei der grenzüberschreitenden Entsendung von Arbeitnehmern im Rahmen der Erbringung von Dienstleistungen der Fall ist, stellt sich in einem weiteren Schritt die Frage, wann dieses Zusammenwirken als fair und funktionierend beurteilt werden kann.

Wirft man einen Blick auf die Gesetzesbegründung zum deutschen Mindestlohngesetz[252], das am 01.01.2015 in Kraft getreten ist, so äußert sich dieses insofern zur Frage des fairen Wettbewerbs, als es dort heißt, der Mindestlohn gewährleiste faire und funktionierende Wettbewerbsbedingungen dann, wenn er geeignet sei, einem Verdrängungswettbewerb über Lohnkosten, dem insbesondere kleinere und mittlere Unternehmen nicht standhalten könnten, entgegenzuwirken. Der Wettbewerb zwischen den Unternehmen solle um die besseren Dienstleistungen sowie Produkte und nicht um die niedrigsten Arbeitsentgelte stattfinden. Es findet also eine staatliche Lenkung des Wettbewerbs insofern statt, als bestimmte Arbeitsbedingungen festgesetzt werden, die für in- und ausländische Arbeitnehmer gelten und nicht unterlaufen werden dürfen. Ein fairer Wettbewerb sei also dann nicht (mehr) gegeben, wenn ein Verdrängungswettbewerb über Lohnkosten stattfände.[253] Diese Ansicht scheint doch ziemlich konstruiert, und gerade an die deutschen Marktverhältnisse angepasst.

In der Literatur wird die Ansicht vertreten, ein Verhalten im Wettbewerb sei dann fair, wenn es kein „Gewinnstreben um jeden Preis" gäbe.[254] Fairer Wettbewerb im Rahmen der grenzüberschreitenden Arbeitnehmerentsendung liege dann vor, wenn der Konkurrenzkampf nicht über unwürdige Löhne geführt, und Kostenvorteile nicht durch die Ausbeutung von Arbeitnehmern realisiert würden.[255] Davon kann aber bei der normalen Entsendesituation keine Rede

---

251 MüKo/*Sosnitza*, UWG, Teil 1 A. Rn. 12; Köhler/Bornkamm/*Köhler*, UWG, Einl. Rn. 1.1.

252 Gesetz zur Regelung eines allgemeinen Mindestlohns (Mindestlohngesetz – MiLoG) vom 11. August 2014, BGBl. I S. 1348.

253 BT-Dr. vom 28.05.2014, 18/1558, S. 38.

254 Thüsing, AEntG, § 1 Rn. 12.

255 Thüsing, AEntG, § 1 Rn. 13.

sein. Wenn ausländische Arbeitgeber ihre Arbeitnehmer zu den Bedingungen des Entsendestaates entsenden, tun sie dies normalerweise nicht in der Absicht, ihre Arbeitnehmer durch unwürdige Löhne auszubeuten. Auch nach dieser Ansicht fällt es mithin schwer, die grenzüberschreitende Arbeitnehmerentsendung als unfairen Wettbewerb zu bezeichnen.

Vielmehr stellt sich in diesem Zusammenhang eine ganz gegensätzliche Frage – nämlich ob nicht gerade die Begrenzung und Lenkung des Wettbewerbs, wie sie die Regelungen des AEntG vorsehen, tatsächlich unfair ist. Ein funktionierender Wettbewerb sollte nach seinem Grundgedanken gerade ohne staatliche Lenkung möglich sein. Durch die staatliche Lenkung wird das Wesen des Wettbewerbs konterkariert, da gerade das Entstehen von Machtvorsprüngen, die aus der größeren Fähigkeit zur Beherrschung der Umwelt entstehen, für einen funktionierenden Wettbewerb konstitutiv ist.[256] Wettbewerber können im Rahmen der grenzüberschreitenden Entsendung demnach entweder der Lohnunterbietung folgen oder werden eben vom Markt verdrängt. Diese Probleme können aber auch eine neue Chance bieten, sich möglicherweise durch andere Qualitäten wiederum einen Vorteil zu verschaffen. Auch dies wird als konstitutiv für den Wettbewerb angesehen. Gerade der deutsche Markt zeichnet sich durch Produkte hoher Qualität aus und verzeichnet hier wiederum einen Vorsprung gegenüber schlechter entwickelten Ländern, die Produkte mit niedrigerer Qualität hervor bringen. Daher kann es nicht Ziel einer Wettbewerbspolitik sein, jede Machtentstehung zu verhindern und zu bekämpfen. Ein Eingriff sollte nur dort vorgenommen werden, wo die Wirksamkeit des Wettbewerbs tatsächlich beeinträchtigt wird und der Wettbewerb beschränkt wird. Dies ist bei der grenzüberschreitenden Entsendung von Arbeitnehmern höchst fraglich.[257]

bb) EU-rechtlicher Wettbewerbsbegriff

(1) Begriff

Auch die Entsenderichtlinien greifen den Begriff des fairen Wettbewerbs als Ziel der Reglungen auf. So heißt es in Erwägungsgrund (5) RL 96/71/EG, ein fairer Wettbewerb sei Voraussetzung für die Förderung des länderübergreifenden Dienstleistungsverkehrs. Art. 1 Abs. 1 RL 2014/67/EU nennt als Zweck der Richtlinie neben dem Arbeitnehmerschutz die Förderung des fairen Wettbewerbs

256 Hejma, Lohngerechtigkeit, S. 173; Hoppmann, Wettbewerb, S. 10; Moll, RdA 2010, 321, 324.

257 Hoppmann, Wettbewerb, S. 11.

zwischen den Dienstleistungserbringern und somit die Förderung der Funktionsfähigkeit des Binnenmarkts.

Ebenso wie es keine einheitliche deutsche Definition des Wettbewerbs gibt, gibt es keine unionsrechtliche Definition des Wettbewerbs. Es handelt sich dabei vielmehr um einen unbestimmten Rechtsbegriff, der anhand der allgemeinen Grundsätze und Ziele der Verträge auszulegen ist.[258]

(2) Fairer Wettbewerb

Auch nach Ansicht der Kommission stellt sich die Entsendesituation ohne lenkende Regelungen als Wettbewerbsverzerrung dar, die die Arbeitsmarktkultur gefährdet. Die Entsenderichtlinien sind mithin aus der Erkenntnis entstanden, dass ein offener Markt nicht sozial und fair ist und es demzufolge zur Verhinderung eines ungezügelten Verdrängungswettbewerbs flankierender Regelungen bedarf.[259]

Der EuGH lässt sich bei der Beurteilung des schutzwürdigen, wirksamen und leistungsgerechten Wettbewerbs hingegen von der grundlegenden Idee der Europäischen Union, und damit vom Ziel der Herstellung und Festigung des europäischen Binnenmarkts und der Öffnung der nationalen Märkte leiten. Deshalb sei eine Maßnahme als wettbewerbswidrig anzusehen, die zu einer Marktabschottung führe, etwa bei Verhinderung von Parallelimporten und Marktaufteilungen.[260] Der Markt solle frei von Einschränkungen der wirtschaftlichen Betätigungsfreiheit der Unternehmen sein, die selbständig ihr Marktverhalten bestimmen sollen. Ziel und Zweck der Europäischen Union seien offene Märkte, die für einen intensiven Wettbewerb und eine stärkere internationale Arbeitsteilung, sowie für eine ressourcensparende und kostengünstigere Produktion sorgen, und auf denen jedes Unternehmen seine spezifischen Wettbewerbsvorteile ausnutzen soll.[261]

Danach würde aber die staatliche Festlegung bestimmter Arbeitsbedingungen für entsandte Arbeitnehmer den freien Wettbewerb innerhalb der Europäischen Gemeinschaft einschränken.

---

258 Calliess/Ruffert/*Weiß*, EUV/AEUV, Art. 101 AEUV Rn. 77; von der Groeben/*Schröter/van Vormizeele*, Eur. UnionsR, Art. 101 Rn. 73.

259 Görres, Arbeitnehmerentsendung, S. 105.

260 EuGH, Urteil vom 13.07.1966 – C 56/64, Slg. 1966, 321 (Consten/Grundig); Calliess/Ruffert/*Weiß*, EUV/AEUV, Art. 101, Rn. 79.

261 EuGH, Urteil vom 14.12.1983 – C 319/82, Slg. 1983, 4172 = NJW 1984, 555 (Société de vente de ciments/Kerpen & Kerpen); Calliess/Ruffert/*Weiß*, EUV/AEUV, Art. 101 AEUV Rn. 78; Gerken/Löwisch/Rieble, BB 1995, 2370.

d) *Bewertung*

Nach Meinungen in der Literatur sorgt die Richtlinie 96/71/EG tatsächlich für einen fairen Wettbewerb zwischen allen Dienstleistungserbringern und verhindert eine Abwärtsspirale bei den Arbeitsbedingungen der Arbeitnehmer im Aufnahmestaat. Dies sei auch geboten vor dem Hintergrund, dass die Union einer in hohem Maße wettbewerbsfähigen, sozialen Marktwirtschaft, die auf Vollbeschäftigung und sozialen Fortschritt abzielt, verpflichtet sei. Sie sei insbesondere verpflichtet, die Beschäftigung zu fördern und die Lebens- und Arbeitsbedingungen zu verbessern. Wettbewerb im Binnenmarkt auf Kosten von Arbeits- und Beschäftigungsbedingungen sei mit diesen Zielen nicht vereinbar.[262] Überdies verfolge die europäische Integration die Angleichung der Lebensverhältnisse und der nationalen Volkswirtschaften, weshalb sich eine ungezügelte Konkurrenz verschiedener Volkswirtschaften zu Wettbewerbszwecken im Rahmen der grenzüberschreitenden Arbeitnehmerentsendung damit nur schwer vereinbaren lasse. Die nach wie vor bestehenden Unterschiede sollten auf das geringstmögliche Maß reduziert werden.[263]

Dieser Ansicht kann hingegen so nicht ohne weiteres gefolgt werden, da sie widersprüchlich ist und nur einen kleinen Teil des Gesamtproblems beleuchtet.

Fraglich ist bereits, ob man in den Lohn- und Preisunterbietungen ausländischer Unternehmer tatsächlich eine Verzerrung des freien Wettbewerbs mit der Notwendigkeit einer gesetzgeberischen Regulierung sehen kann. Ein funktionierender Wettbewerb besteht nämlich gerade auch darin, dass Unternehmen miteinander konkurrieren und unterschiedliche Konditionen anbieten.[264] In einem freien, dynamischen Wettbewerb sollten einzelne Unternehmen ihre Preise, Leistungen und Vertragsbedingungen gerade eigenständig ändern und ausdifferenzieren können. Denn nur dann entscheidet auch der Markt über den Preis, und nicht etwa der Staat. Um den Grundsatz „Gleiche Preise für gleiche Leistungen" durchzusetzen, müsste der Staat jeweils den Preis ermitteln, was schlussendlich das Ende jeden Wettbewerbs bedeuten würde.[265] Immerhin sind beispielsweise bei der Warenproduktion Standortvorteile durchaus wünschenswert, was seit Jahren immer mehr deutsche Unternehmen dazu veranlasst, ihre Produktion in günstigere Länder zu verlegen. Insofern wird hier mit zweierlei Maß gemessen, indem man die Standortvorteile der reicheren Länder – gut

---

262 Preis/Sagan/*Heuschmid/Schierle*, Eur. ArbR, § 5 Rn. 63.
263 Görres, Arbeitnehmerentsendung, S. 97; Steinmeyer, DVBl 1995, 762, 766.
264 Hoppmann, Wettbewerb, S. 10.
265 Rieble, Arbeitsmarkt, Rn. 74.

ausgebaute Infrastruktur, qualifizierte Arbeitskräfte, gutes soziales Klima etc. – als fair ansieht, die Standortvorteile ärmerer Länder – niedrige Lohnkosten, weniger kostspielige Sozialsysteme, geringere Lohnnebenkosten etc. – aber als unfair gelten.[266] Ein Wettbewerb war Sinn und Zweck der Grundfreiheiten in der Europäischen Union, und speziell der Dienstleistungsfreiheit. Der Einsatz ausländischer Arbeitskräfte ist daher grundsätzlich als strukturverbessernd, fortschrittsfördernd und effizienzsteigernd anzusehen, nicht als unfairer Wettbewerb.[267] Auch unter diesem Aspekt liegt die Vermutung nahe, dass es dem deutschen Gesetzgeber bei Schaffung des AEntG vielmehr darum ging, den deutschen Arbeitsmarkt vor ausländischer Konkurrenz abzuschotten. Vieles spricht dafür, das Argument des Wettbewerbsschutzes hier als verfehlt anzusehen. Für einen funktionierenden Wettbewerb im europäischen Binnenmarkt muss es grundsätzlich Anbietern aus Niedriglohnländern ebenso erlaubt sein, ihren Kostenvorteil im Wettbewerb auszunutzen, wie es Anbietern aus anderen Ländern erlaubt ist, ihren Know-how-Vorsprung wahrzunehmen.[268]

Das Konzept der Erstreckung der Rechtsnormen von Branchentarifverträgen auf entsandte Arbeitnehmer zur Gewährleistung fairer und funktionierender Wettbewerbsbedingungen erweist sich zudem insofern als widersprüchlich, als bereits das Bundesverfassungsgericht im Jahre 1977 in einem Beschluss anerkannt hat, dass die Wirkung der Allgemeinverbindlicherklärung eher wettbewerbsfeindlich sei, da damit gerade die Beseitigung von Außenseiterkonkurrenz bezweckt sei. Die fehlende Tarifbindung eines Partners oder beider Partner von Arbeitsverhältnissen, die in den räumlichen, persönlichen, fachlichen und betrieblichen Geltungsbereich eines Tarifvertrages fallen, könne insbesondere in Zeiten nachlassender Konjunktur und gefährdeter Vollbeschäftigung schwerwiegende Nachteile für die Tarifgebundenen und Gefahren für die Verwirklichung des Tarifvertrages zur Folge haben. Nichtorganisierte Arbeitnehmer könnten Gewerkschaftsmitglieder beim Wettbewerb um knapp gewordene Arbeitsplätze dadurch verdrängen, dass sie auf untertarifliche Arbeitsbedingungen eingingen, wohingegen sich Arbeitgeber durch bevorzugte Einstellung von Außenseitern zu untertariflichen Löhnen Konkurrenzvorteile verschaffen könnten. Diesen als Lohndrückerei und Schmutzkonkurrenz bezeichneten Missständen wirke die Allgemeinverbindlicherklärung des Tarifvertrags entgegen, indem mit ihr

266 Berthold, Sozialunion, S. 37.

267 Hejma, Lohngerechtigkeit, S. 156.

268 So auch Riesenhuber, Eur. ArbR, § 6 Rn. 4; Deinert, RdA 1996, 339, 349.

die Rechtsnormen des Tarifvertrags in ihrem Geltungsbereich auch die bisher nicht tarifgebundenen Arbeitgeber und Arbeitnehmer erfasst würden.[269]

So könne durch die Allgemeinverbindlicherklärung von Tarifverträgen nicht tarifgebundenen Unternehmen der Wettbewerbsvorteil untertariflicher Arbeitsbedingungen gezielt genommen werden. Sie könne als gütermarktbezogenes Instrument Schmutzkonkurrenz unterbinden und schließe den Wettbewerb auf dem Arbeitsmarkt aus, indem ein Tarifkartell durch Staatszwang erstreckt würde.[270] Ferner wird ausgeführt, dass die Grenze zwischen Missbrauch von Gestaltungsformen durch Ausnutzen von Unterschieden der nationalen Systeme des Arbeits- und Sozialrechts einerseits und zuzulassendem Wettbewerb zwischen den Systemen und Staaten andererseits kaum zu ziehen sei. Man macht es sich deshalb etwas zu leicht, wenn man eine Kostenunterbietung durch ins Inland entsandte Arbeitskräfte pauschal als soziales Dumping bezeichnet.[271] Das Instrument der Erstreckung allgemeinverbindlicher Tarifverträge wirkt vielmehr gezielt als Markteintrittsbarriere für Arbeitgeber aus dem Ausland, und damit zur Verhinderung und Verdrängung von Außenseiterkonkurrenz. Tatsächlich geht es weniger um die Herstellung eines funktionierenden Wettbewerbs, als um den Schutz der heimischen Wirtschaft und der inländischen Arbeitnehmer.[272] Würde man das Konzept des AEntG auch auf andere Branchen anwenden, müssten Importzölle und Mindestgüterpreise für die Produktion im Ausland eingeführt werden, was jedoch nicht mit dem Freihandelsprinzip der EU vereinbar wäre.[273]

Der freie Wettbewerb wird demnach durch das AEntG eingeschränkt, und nicht geschützt. Das AEntG erscheint eher als ein wettbewerbsminderndes Gesetz, das marktimmanente Preisfindungsprozesse durch Setzung externer Faktoren behindert und die Chancen ausländischer Unternehmen auf dem deutschen Markt verschlechtert. Selbst wenn man die Herstellung fairer Wettbewerbsbedingungen als legitimes Ziel des AEntG anerkennt, kann dies für eine Abschottung des nationalen Arbeitsmarktes vor ausländischer Konkurrenz nicht mehr gelten.[274]

---

269 BVerfG, Beschluss vom 24.05.1977 - 2 BvL 11/74, NJW 1977, 2255.

270 Rieble, Arbeitsmarkt, Rn. 299.

271 Steinmeyer, DVBl 1995, 962, 964.

272 Riesenhuber, Eur. ArbR, § 6 Rn. 5; Hejma, Lohngerechtigkeit, S. 173; Gerken/Löwisch/Rieble, BB 1995, 2370, 2371, 2373.

273 Gerken/Löwisch/Rieble, BB 1995, 2370.

274 Thüsing, MiLoG AEntG, § 1 AEntG Rn. 14; Sittard, Tarifnormerstreckung, S. 319; Gerken/Löwisch/Rieble, BB 1995, 2370 ff.; Kort, NZA 2002, 1248, 1251.

3. *Erhalt sozialversicherungspflichtiger Beschäftigung*

In § 1 AEntG heißt es schließlich weiter, durch die Erstreckung der Rechtsnormen von Branchentarifverträgen auf grenzüberschreitend entsandte und regelmäßig im Inland beschäftigte Arbeitnehmer soll zugleich sozialversicherungspflichtige Beschäftigung erhalten werden. Dieses Ziel wird in den Entsenderichtlinien nicht erwähnt. Nach den oben genannten Erwägungen drängt sich jedoch der Verdacht auf, dass dieses Ziel der Hauptbeweggrund für die Schaffung das AEntG durch den deutschen Gesetzgeber war. Da die entsandten Arbeitnehmer in der Regel für die Dauer der Entsendung im Entsendestaat sozialversicherungspflichtig bleiben[275], können hier nur inländische Arbeitnehmer gemeint sein. Der deutsche Gesetzgeber will verhindern, dass die inländischen Arbeitnehmer durch entsandte Arbeitnehmer aus dem Ausland vom deutschen Arbeitsmarkt verdrängt werden.[276] Soweit der Gesetzgeber inländische sozialversicherungspflichtige Beschäftigung schützen will, findet jedoch schlicht eine Marktabschottung statt.[277] Denn es ist sehr fraglich, ob inländische Arbeitgeber freiwerdende Stellen mit inländischen Arbeitnehmern besetzen werden, wenn Kostensenkungsdruck besteht.[278] Zudem können etwa krisengebeutelte Unternehmen nicht mehr ihre speziellen Firmentarifverträge anwenden, was ebenfalls zum Verlust von Arbeitsplätzen führen kann.[279]

Der ausländische Arbeitgeber wiederum, der keine Aufträge aus Deutschland mehr erhält, wird keine ausländischen Arbeitnehmer mehr einstellen, wodurch sich im Ausland die Arbeitslosigkeit erhöht.[280]

Die Gefahr des Abbaus von Arbeitsplätzen geht daher eher vom AEntG selbst aus, das die Schaffung neuer Arbeitsplätze verhindern kann. Insofern kann die Geeignetheit des Ziels der Beschäftigungssicherung bezweifelt werden.[281] Darüber hinaus bestehen auch berechtigte Zweifel daran, ob das Ziel überhaupt als

275 Siehe oben Teil 1 C. I.

276 So auch Thüsing, MiLoG AEntG, § 1 AEntG Rn. 16; Sittard, Tarifnormerstreckung.S. 320; Theelen, Arbeitnehmerentsendegesetz, S. 127 f.; Däubler, EuZW 1997, 613; Hickl, NZA 1997, 513, 519.

277 Thüsing, MiLoG AEntG, § 1 AEntG Rn. 18.

278 Thüsing, MiLoG AEntG, § 1 AEntG, Rn. 17.

279 Hejma, Lohngerechtigkeit, S. 174.

280 Thüsing, MiLoG AEntG, § 1 AEntG, Rn. 18.

281 So auch Thüsing, MiLoG AEntG, § 1 AEntG Rn. 15 ff.; Hejma, Lohngerechtigkeit, S. 160; Sodan/Zimmermann, NJW 2009, 2001, 2003; Moll, RdA 2010, 321, 329; Bayreuther, NJW 2009, 2006, 2009.

Rechtfertigungsgrund für die Beschränkung der Dienstleistungsfreiheit in Frage kommt.[282]

4. *Schutz der Ordnungs- und Befriedungsfunktion der Tarifautonomie*

Als letztes Ziel des AEntG nennt der deutsche Gesetzgeber schließlich die Wahrung der Ordnungs- und Befriedungsfunktion der Tarifautonomie, die ebenfalls durch die Erstreckung der Rechtsnormen von Branchentarifverträgen erreicht werden soll. Tarifverträge bestimmen in Deutschland faktisch den Großteil der Bedingungen, unter denen die Arbeitnehmer arbeiten.[283] Auch das Ziel der Wahrung der Ordnungs- und Befriedungsfunktion der Tarifautonomie wurde, ebenso wie das Ziel des Erhalts sozialversicherungspflichtiger Beschäftigung, vom deutschen Gesetzgeber individuell eingebracht, da es in den Entsenderichtlinien nicht erwähnt wird. Insofern erscheint zunächst auch hier fraglich, ob es als Rechtfertigung für die Beschränkung der Dienstleistungsfreiheit ausländischer Unternehmer dienen kann.[284]

Die Ordnungsfunktion erfüllt der Tarifvertrag dadurch, dass er dezentral Kodifikationen schafft und somit einerseits den Gesetzgeber, andererseits aber auch die Arbeitsvertragsparteien entlastet, in dem er Regelungswerke zur Verfügung stellt, an denen sie sich orientieren können. Die Ordnungsfunktion ist in der deutschen Rechtsprechung und Literatur anerkannt.[285]

Außerdem misst man aufgrund der Institutionalisierung von Arbeitskonflikten Tarifverträgen in Deutschland eine Friedens-/Befriedungsfunktion zu.[286]

Der deutsche Gesetzgeber sieht die Tarifautonomie gefährdet, weil die Tarifbindung in Deutschland in den letzten Jahren zunehmend nachlässt. Indem die ausländischen Arbeitgeber die inländischen Löhne unterbieten, sieht er zudem die Gefahr darin, dass seine Gestaltungsmacht und die der Tarifvertragsparteien ausgehebelt wird. Da die aus dem Ausland nach Deutschland entsandten Arbeitnehmer einer Tarifbindung grundsätzlich nicht unterliegen, könne dies die grundrechtlich geschützte Tarifautonomie der Tarifvertragsparteien

282 So auch Gronert, Entsendung, S. 202.
283 ErfK/*Franzen*, § 1 TVG Rn. 1.
284 Zweifelnd Gronert, Entsendung, S. 203.
285 BVerfG, Urteil vom 01.03.1979 – 1 BvR 532/77 u.a., BVerfGE 50, 290, 371; BAG, Urteil vom 27.11.2002 – 7 AZR 414/01, NZA 2003, 812; ErfK/*Franzen*, § 1 TVG Rn. 2; Thüsing, MiLoG AEntG, § 1 AEntG Rn. 19.
286 ErfK/*Franzen*, § 1 TVG Rn. 2.

gefährden.[287] Dadurch fehle den Tarifpartnern zunehmend die Regelungskompetenz, gleiche Arbeitsbedingungen für alle auszuhandeln.[288]

Zwar mag das Tarifvertragssystem faktisch durch eine Tarifnormerstreckung gestärkt, und Durchsetzungskraft und Bedeutung des erstreckten Tarifvertrags erhöht werden.[289]

Zu bedenken ist jedoch, dass der deutsche Gesetzgeber durch Erstreckung der deutschen tariflichen Bedingungen auf ausländische Arbeitnehmer wiederum in die Tarifautonomie ausländischer Arbeitgeber eingreift. Schließlich darf auch nicht vergessen werden, dass die Arbeitsbedingungen, seien es auch tarifliche, besonders in dem Fall der Erstreckung durch Rechtsverordnung nach §§ 7, 7a AEntG, durch einen staatlichen Akt, und nicht durch die Tarifpartner selbst erstreckt werden. Wer jedoch Löhne durch staatlichen Gestaltungsakt festlegt, ignoriert die Autonomie der Tarifvertragsparteien, da konkurrierende Tarifverträge verdrängt werden, so dass man hier Bedenken hinsichtlich der Geeignetheit des Mittels äußern kann.[290]

5. *Bewertung*

Auf den ersten Blick erscheinen die in § 1 AEntG niedergelegten Ziele miteinander unvereinbar, teils sogar in Anbetracht der Ziele der einschlägigen EU-Regelungen als verfehlt.

So mag zwar ein gewisser Schutz inländischer Arbeitnehmer zumindest nicht ausgeschlossen sein, wenn der deutsche Gesetzgeber ausländischen Unternehmern den Zugang zum deutschen Markt dadurch erschwert, dass er ihnen die Arbeitsbedingungen vorgibt. Denn es erscheint nicht ausgeschlossen, dass dadurch das Interesse ausländischer Arbeitgeber, Aufträge in Deutschland wahrzunehmen, sinkt; mit der Folge, dass eventuelle Lücken durch inländische Arbeitnehmer gefüllt werden können. Im Hinblick auf die Ziele der Europäischen Gemeinschaft – Öffnung der Märkte, Gemeinsamer Binnenmarkt – vermag dies mithin nicht zu überzeugen. Auch das Argument des Schutzes entsandter Arbeitnehmer erscheint zumindest schwach, da in den meisten Fällen der Entsendung von

---

287 BT-Dr 13/2414 vom 25.9.1995, S. 7; Koberski, AEntG, § 1 Rn. 25; Däubler, DB 1995, 726, 727; ausführlich zu diesem Ziel siehe unten Teil 3 C. I. und D. II. 2. b) bb) (1).

288 Koberski, AEntG, § 1 Rn. 26.

289 So Sittard, Tarifnormerstreckung, S. 323.

290 Thüsing, MiLoG AEntG, § 1 AEntG, Rn. 24; Hejma, Lohngerechtigkeit, S. 161; Sodan/Zimmermann, NJW 2009, 2001, 2005; Bayreuther, NJW 2009, 2006, 2009; a.A.: Sittard, Tarifnormerstreckung, S. 323.

prekären Bedingungen oder gar einer Ausbeutung der Arbeitnehmer nicht die Rede sein kann.

Im Rahmen der Dienstleistungsfreiheit nach Art. 56 AEUV sind Arbeitgeber innerhalb der EU grundsätzlich frei darin, ihre Arbeitnehmer in ein anderes Land zu entsenden, um dort Arbeit zu verrichten. Dadurch erlangen Dienstleistungsunternehmen aus Staaten mit niedrigem Lohnniveau, z.B. aus Polen, zwar möglicherweise Wettbewerbsvorteile gegenüber Unternehmen aus Ländern mit höherem Lohnniveau, z.B. Deutschland. Dieses häufig als Lohn- oder auch Sozialdumping bezeichnete Phänomen entspricht aber der Wettbewerbslage im Warenverkehr. Denn auch in der Warenproduktion genießen diejenigen Unternehmen die Vorteile, die am günstigsten produzieren können.[291] Das Argument des Wettbewerbsschutzes vermag hier daher nicht zu überzeugen. Der deutsche Gesetzgeber versucht vielmehr, faire und funktionierende Wettbewerbsbedingungen dadurch zu schaffen, dass er den Wettbewerb aktiv staatlich lenkt, und letztlich einschränkt.

Ähnliches gilt für das Ziel der Wahrung der Tarifautonomie. Auch hier versucht der Gesetzgeber, die Tarifautonomie zu stärken, indem er in diese aktiv eingreift, und zwar sowohl in die Tarifautonomie inländischer, als auch in die Tarifautonomie ausländischer Arbeitgeber.

Nicht die Schaffung angemessener Arbeitsbedingungen für entsandte Arbeitnehmer und fairer und funktionierender Wettbewerbsbedingungen für alle Marktteilnehmer steht daher im Mittelpunkt des deutschen AEntG, sondern die Verhinderung eines Unterbietungswettbewerbs und die Abschottung des deutschen Arbeitsmarktes. Arbeitnehmer aus dem Ausland werden vielmehr vom deutschen Markt ferngehalten.[292]

III. Polen

Während der deutsche Gesetzgeber die Ziele des AEntG klar und deutlich in § 1 AEntG verankert hat, fehlt eine ausdrückliche Ziel setzung des polnischen Gesetzgebers im DelPracU. Art. 1 DelPracU zählt lediglich auf, was Gegenstand des Gesetzes ist: nämlich die Entsendung von Arbeitnehmern nach Polen im Rahmen der Erbringung von Dienstleistungen, ferner die Kontrolle der entsenderechtlichen Vorschriften, die Zusammenarbeit mit in- und ausländischen Behörden, schließlich aber auch der Schutz von nach Polen entsandten, sowie

291 Thüsing, MiLoG AEntG, vor § 1 AEntG Rn. 3.
292 So auch Hejma, Lohngerechtigkeit, S. 152.

auch aus Polen ins Ausland entsandten Arbeitnehmer, und die Vollstreckung der den polnischen Arbeitgebern auferlegten Sanktionen.

Betrachtet man die Gesetzesbegründung zum DelPracU, liefert diese auch nicht allzu viele Hinweise auf die Intention des polnischen Gesetzgebers bei Schaffung des DelPracU. Als einziges Ziel nennt der Gesetzgeber die Implementierung der Richtlinien 96/71/EG sowie 2014/67/EU in das polnische Rechtssystem.[293] Er nimmt dabei besonders Bezug auf die Richtlinie 2014/67/EU, und auf deren Ziel der Sicherstellung der Einhaltung eines angemessenen Schutzes der Rechte entsandter Arbeitnehmer im Rahmen der Erbringung von Dienstleistungen.[294]

1.

a) Arbeitnehmerschutz

Das DelPracU bestimmt gemäß Art. 1 Ziff. 4) den Schutz von Arbeitnehmern die nach Polen entsandt werden, und von Arbeitnehmern die aus Polen entsandt werden als Gegenstand des Gesetzes. In der polnischen Rechtsliteratur spricht man hierbei klar vom Ziel des Gesetzes,[295] ohne jedoch genauer auszuführen, aus welchem Grund es hier dieses Schutzes bedarf. Anders als dies im Rahmen des AEntG der Fall ist, findet man in der polnischen Rechtsliteratur und Rechtsprechung den Begriff des Lohn-/Sozialdumpings in Bezug auf die Entsendung von Arbeitnehmern aus dem Ausland nach Polen nicht, ebenso wenig wie den Vorwurf an ausländische Arbeitgeber, ihre Arbeitnehmer zu unwürdigen Arbeitsbedingungen arbeiten zu lassen. Einig ist man sich jedoch, dass mit der Erstreckung der im DelPracU genannten Mindestarbeitsbedingungen entsprechend den europarechtlichen Vorgaben den nach Polen entsandten Arbeitnehmern jedenfalls ein Schutz vor unangemessenen Arbeitsbedingungen gewährt werden soll.[296]

---

293 Gesetzgebungsmaterialien zum DelPracU (Sejm-Druk Nr. 408 vom 01.04.2016) abrufbar unter http://orka.sejm.gov.pl/Druki8ka.nsf/0/7399E0AEB305B5E8C1257F9300303DD5/%24File/408.pdf (zuletzt aufgerufen am 08.10.2017), S. 1.

294 Sejm-Druk Nr. 408 vom 01.04.2016, S. 4.

295 Wratny, KP, Art. 67^4 Rn. 2; Stojek-Siwińska, Meritum, IV 3. Rn. 90^{14}; Sokolowska/Skibińska, Delegowanie, S. 43.

296 Wratny, KP, Art. 67^4 Rn. 2; Sobczyk, KP, Art. 67^1 Rn. 1; Walczak/Wojewódka, Prawo pracy, § 24 S. 27.

Insoweit lohnt sich zum besseren Verständnis nochmals ein kurzer Blick auf die Situation ausländischer Arbeitskräfte auf dem polnischen Arbeitsmarkt. Wie oben bereits dargestellt,[297] ist Polen ein klassisches Entsendeland, das jährlich eine große Zahl entsandter polnischer Arbeitskräfte aufweist, hingegen vergleichsweise sehr wenige Entsendungen ausländischer Arbeitnehmer nach Polen. Hinzu kommt, dass die Mehrzahl der nach Polen entsandten Arbeitnehmer, anders als dies beispielsweise bei Entsendungen nach Deutschland der Fall ist, aus Hochlohnländern stammen, und diese Arbeitnehmer somit nicht ebenso schutzbedürftig sind, wie dies etwa bei Arbeitnehmern aus Niedriglohnländern der Fall sein könnte.

aa) Ausländische Arbeitnehmer auf dem polnischen Arbeitsmarkt seit der Zeit des Sozialismus

Auch wenn der Zustrom ausländischer Arbeitnehmer in Deutschland stärker war als in Polen, wuchs durchaus bereits seit der Wende, spätestens aber seit dem Beitritt Polens zur Europäischen Union auch das Interesse an Polen als Arbeitsort.

Nach dem Zerfall des Sozialismus Ende der Neunziger Jahre traten in ganz Polen, und ebenso speziell auf dem polnischen Arbeitsmarkt, grundlegende Veränderungen ein, die den Standort Polen für Auswärtige attraktiver erscheinen ließen. Zunächst waren es vornehmlich Investoren aus Westeuropa, die in Polen günstige Arbeitskräfte suchten, um so ihre Produktionskosten zu verringern.[298] Der polnische Arbeitsmarkt stieß jedoch auch bei Einwanderern aus dem Osten auf Interesse. Der Zerfall der Sowjetunion und tiefgreifende wirtschaftlich-politische Veränderungen in deren ehemaligen Staaten ließen den Zustrom an Einwanderern wachsen. Darüber hinaus entwickelte sich Polen als Transit-Land auf dem Weg in den Westen für Einwanderer aus Asien.[299]

Dieses Interesse ging in den auf die Wende folgenden Jahren zunächst wieder zurück, bedingt durch Umwandlungen in der Wirtschaft, einer Verschlechterung der Konjunktur, einem Anstieg der Arbeitslosigkeit und einem Rückgang von Reformen.[300]

297 Siehe bereits oben Teil 1 C. III. 2.
298 Bielak-Jomaa, Zatrudnianie, S. 13.
299 Bielak-Jomaa, Zatrudnianie, S. 13.
300 Bielak-Jomaa, Zatrudnianie, S. 13.

bb) Ausländische Arbeitnehmer auf dem polnischen Arbeitsmarkt nach dem EU-Beitritt

Nach dem Beitritt zur EU und der damit verbundenen Öffnung der Grenzen nahm auch wieder der Zustrom ausländischer Arbeitskräfte auf den polnischen Arbeitsmarkt zu.

Polen hat sich dadurch in den letzten 20 Jahren grundlegend verändert und sich vom ausschließlichen Auswanderungs-Land immer mehr auch zu einem Einwanderungs-Land gewandelt. Wie oben bereits beschrieben,[301] konzentrierte sich diese Entwicklung jedoch hauptsächlich auf Arbeitnehmer, die (zumindest für kurze Zeit) Arbeitsverträge mit polnischen Arbeitgebern schlossen, wohingegen Entsendungen von Arbeitnehmern im Rahmen der grenzüberschreitenden Erbringung von Dienstleistungen eine Seltenheit waren. Die Bewegungen kamen weniger aus dem westlichen Europa, als insbesondere aus dem Osten, wie beispielsweise der Ukraine oder Weißrussland, da diese Arbeitnehmer in ihren Herkunftsstaaten zu noch niedrigeren Löhnen arbeiten, als dies in Polen der Fall ist.[302] Dies führte dazu, dass zwar auch auf dem polnischen Arbeitsmarkt ein Lohngefälle besteht, dem das DelPracU entgegentreten will, dieses Lohngefälle allerdings bei weitem nicht so starkist, wie dies in Deutschland der Fall ist.[303] Insofern liegt das Augenmerk des polnischen Gesetzgebers vor allem auch gerade auf dem Schutz seiner eigenen Arbeitnehmer, nämlich derer, die aus Polen in das Ausland entsandt werden, was sich an den umfassenden Vorschriften zu Information und Zusammenarbeit der Behörden zeigt.

b) Ausweitung der Kompetenzen und Aufgaben der PIP

Schon aus Gründen der Effektivität der Durchsetzung der europarechtlich vorgegebenen Vorschriften, und damit mittelbar ebenso dem Schutz entsandter Arbeitnehmer dienend, war eine Ausweitung der Kompetenzen der polnischen Behörden nötig. Die ursprünglichen polnischen Regelungen zur Entsendung reichten diesbezüglich nicht aus.[304] Nach alter Gesetzeslage verfügten die Behörden nicht über die erforderlichen Mittel, um die Entsendungen von Arbeitnehmern nach Polen ausreichend zu kontrollieren und so einen angemessenen Schutz für nach Polen entsandte Arbeitnehmer zu garantieren.[305] Die

301 Siehe oben Teil 2 A. I. 3.
302 Bielak-Jomaa, Zatrudnianie, S. 301.
303 Bielak-Jomaa, Zatrudnianie, S. 302.
304 Siehe oben Teil 2 B. II. 2. b) bb).
305 Wratny, KP, Art. 67[4], Rn. 2; Schiffter, MoPr 2017 Nr. 5, 241, 248.

neuen Vorschriften enthalten nun ein recht umfassendes und komplexes System an Kontroll- und Informationspflichten der PIP in Bezug auf entsendende Arbeitgeber, das den Vorgaben der Richtlinie 2014/67/EU vollumfänglich entspricht.[306]

c) *Wettbewerbsschutz kein Ziel des DelPracU*

Anders als im AEntG, dessen Augenmerk neben dem Arbeitnehmerschutz gerade auch auf der Herstellung eines fairen Wettbewerbs zwischen den Dienstleistungserbringern liegt, findet der Schutz des Wettbewerbs im DelPracU keine Erwähnung, auch wenn die Entsenderichtlinien dieses Ziel als Voraussetzung für die Förderung des länderübergreifenden Dienstleistungsverkehrs normieren. Der Wettbewerb wird auch in der Gesetzesbegründung zum DelPracU nicht erwähnt. Der polnische Gesetzgeber scheint mithin den Wettbewerb in Polen durch Arbeitnehmerentsendungen nicht als besonders gefährdet anzusehen.

Der allgemeine Ausdruck des Dumpings bezeichnet in der polnischen Rechtsliteratur das Preisdumping beim internationalen Warenverkehr. Ferner findet sich, angelehnt an Art. 2 GATT[307], die Beschreibung des grenzüberschreitenden Verkaufs von Waren zu niedrigeren Preisen als im Heimatland.[308] Insofern ähneln die Ausführungen denen der deutschen Rechtsliteratur.

Sucht man in polnischer Literatur und Rechtsprechung nach dem Begriff des Lohn- oder Sozialdumpings, finden sich ausschließlich Meinungen, die sich auf die Hochlohnländer beziehen, aber das Lohn-/Sozialdumping nicht in Verbindung mit der Situation auf dem polnischen Arbeitsmarkt bringen. Auf ein so genanntes Sozialdumping wird nur dann Bezug genommen, wenn die Rede von Hochlohnländern ist, die ihre Märkte vor billiger Konkurrenz aus dem Ausland schützen wollen. Sozialdumping im Speziellen wird in diesem Zusammenhang als „Beschäftigung billiger Arbeitskraft" bezeichnet. Aber auch als Verkauf von Dienstleistungen auf dem ausländischen Markt zu niedrigeren Preisen, was aufgrund geringerer Arbeitskosten möglich ist.[309] Ferner findet sich die Definition, Sozialdumping fände statt, wenn ein Auftraggeber ein ausländisches

306 Walczak/Wojewódka, § 24 S. 28.

307 General Agreement on Tariffs and Trade (Allgemeines Zoll- und Handelsabkommen) vom 30.10.1947.

308 Kuna-Marszałek, Postępowanie antydumpingowe, S. 10; Olszewski, Jak zwalczać, S. 24; Ośrodek Informacji Centralnej, Subsydia, S. 2.

309 Kuna-Marszałek, Postępowanie antydumpingowe, S. 11; Olszewski, Jak zwalczać, S. 24.

Unternehmen zu niedrigeren Kosten beauftragt, statt eigene Arbeitnehmer zu hohen Arbeitskosten einzusetzen.[310] Zugleich wird jedoch darauf hingewiesen, dass die niedrigeren Arbeitskosten aber auch zu niedrigeren Verkaufspreisen sowohl im Heimatland, als auch jenseits der Grenze, führten, und der Begriff des Sozialdumpings hier dann verfehlt sei, wenn eben auch positive Entwicklungen zu erwarten seien. Vielmehr wird zu Recht angebracht, dieser Begriff sei von weiter entwickelten Ländern eingeführt worden, die schlicht ihre Märkte beschützen wollten.[311]

Die mangelnde Erwähnung des Wettbewerbsschutzes im DelPracU rührt daher, dass der polnische Arbeitsmarkt bei weitem nicht so von ausländischen Arbeitnehmern bedrängt wird, wie dies etwa in Deutschland der Fall ist. Zwar kennt man auch in Polen die Entwicklung, dass Arbeitskräfte aus ärmeren Ländern, wie beispielsweise der Ukraine oder Weißrussland, auf den Arbeitsmarkt strömen. Dies geschieht jedoch meist im Rahmen von (kurzfristigen) Arbeitsverträgen mit polnischen Arbeitgebern und nicht im Rahmen der Erbringung von Dienstleistungen. Aus diesem Grund findet das DelPracU hier keine Anwendung.[312] Die Strömungen erreichen zudem bei weitem nicht solche Zahlen, wie dies bei Deutschland der Fall ist. Dies liegt auch daran, dass diese Arbeitnehmer, ebenso wie dies bei Arbeitnehmern aus Polen der Fall ist, die weiter entwickelten Länder, wie Deutschland, als Arbeitsort bevorzugen. Dort erhoffen sie sich noch bessere Arbeitsbedingungen. Der Großteil der nach Polen entsandten Arbeitnehmer entstammt jedoch den Hochlohnländern.[313] Insofern hat sich Polen in weitaus geringerem Maße mit dem Thema eines möglichen Lohndumpings auseinander zu setzen, mit der Folge dass der polnische Arbeitsmarkt keine ebensolche Abschottung erforderlich macht, wie der deutsche. Selbst wenn hier ein Erfordernis bestünde, den polnischen Arbeitsmarkt vor Billiganbietern aus dem Ausland zu schützen, dann jedenfalls in weitaus geringerem Umfang.[314]

Ein größeres Problem, dem sich Polen in den letzten Jahrzehnten zu stellen hat, ist die illegale Schwarzarbeit, bedingt unter anderem auch durch relativ schwache gesetzliche Reglementierungen in diesem Bereich.[315]

---

310 Wratny, KP, Art. 67^4 Rn. 1.

311 Kuna-Marszałek, Postępowanie antydumpingowe, S. 11.

312 Siehe oben Teil 2 A. I. 3.

313 Siehe oben Teil 1 C. III. 2.

314 Bielak-Jomaa, Zatrudnianie, S. 14.

315 http://www.polen-pl.eu/opfer_und_tater_arbeitsmarkt/; zuletzt abgerufen am 27.11.2017.

Anders als in Deutschland kam es ferner in Polen parallel zum Zustrom von Arbeitnehmern aus dem Osten vor allem mit Eintritt Polens in die EU zu einer massiven Abwanderung von polnischen Arbeitnehmern, deren Zahl auf etwa zwei Millionen geschätzt wird. Insofern kommt es hier weniger zu einer Verdrängung inländischer Arbeitskräfte vom polnischen Arbeitsmarkt, als diese vielmehr selbständig das Land auf der Suche nach besseren Lebens- und Arbeitsbedingungen verlassen.[316]

IV. Vergleich und Analyse

Vergleicht man die Ziele der beiden Arbeitnehmergesetze miteinander, wird zunächst deutlich, dass sie zwar beide das Ziel des Arbeitnehmerschutzes nennen. Insofern werden die Vorgaben der Entsenderichtlinien übernommen. Im weiteren Verlauf und der weiteren Ausgestaltung der relevanten Vorschriften unterscheiden sich jedoch beide Gesetze deutlich. Es fällt auf, dass der polnische Gesetzgeber sich ziemlich genau an die EU-rechtlichen Vorgaben gehalten hat, wohingegen der deutsche Gesetzgeber die Vorgaben lediglich zum Anlass genommen hat, noch weitere Bereiche zu regeln. Daraus resultiert, dass beide Gesetze, entsprechend ihrer Zielsetzungen, unterschiedliche Schwerpunkte enthalten. Während der Schwerpunkt des AEntG, dessen eigentliches Motiv der Schutz des deutschen Arbeitsmarktes zu sein scheint, auf den Regelungen zur Erstreckung tarifrechtlicher Normen liegt, liegt der Schwerpunkt des DelPracU bei den Aufgaben und Befugnissen der polnischen Kontrollbehörde, der PIP. Und damit mittelbar auf dem Schutz entsandter Arbeitnehmer, die schließlich nur dann wirksam geschützt sind, wenn sie ihre Rechte auch effektiv wahrnehmen und durchsetzen können. Hingegen werden deutsche Arbeitnehmer, die aus Deutschland in das EU-Ausland entsandt werden, in den deutschen Regelungen nicht erwähnt. Der vom DelPracU bezweckte Schutz dient damit gleichsam den nach Polen entsandten ausländischen, als auch den aus Polen entsandten einheimischen Arbeitnehmern. Dies wird verständlich vor dem Hintergrund der starken Entsendezahlen, die Polen jährlich vorzuweisen hat.

Anders als im AEntG, finden im DelPracU weder der Wettbewerbsschutz, noch der Erhalt von Beschäftigung, noch die Tarifautonomie, Erwähnung. Auch in den EU-rechtlichen Vorgaben finden die Zielsetzungen Erhalt von Beschäftigung, sowie Wahrung der Tarifautonomie keinen konkreten Niederschlag. Der faire Wettbewerb hingegen wird als allgemeine Voraussetzung für die Förderung des länderübergreifenden Dienstleistungsverkehrs in Erwägungsgrund fünf der

316 Bielak-Jomaa, Zatrudnianie, S. 304.

Richtlinie 96/71/EG, und als Ziel in Art. 1 Abs. 1 RL 2014/67/EU genannt. Dies zeigt, dass dem deutschen Gesetzgeber besonders daran lag, das AEntG gerade nicht nur als Mittel des Arbeitnehmerschutzes, sondern zugleich, und möglicherweise sogar vorrangig, als Instrument für die Ordnung und Wiederherstellung des deutschen Arbeitsmarktes zu nutzen. Dass dies in einem Gesetz geschieht, das grundsätzlich die grenzüberschreitende Erbringung von Dienstleistungen schützen und fördern soll, erscheint auf den ersten Blick widersprüchlich. Insofern ist diese Vorgehensweise in der deutschen Rechtsliteratur zu Recht auf Unverständnis und Kritik gestoßen.

Wie sich weiter unten noch zeigen wird,[317] spielt kollektives Arbeitsrecht nicht nur im DelPracU, sondern generell im polnischen Arbeitsrechtssystem keine große Rolle. Aufgrund des geringen Organisationsgrades an Gewerkschaften in Polen fehlt es an Tarifpartnern, mit der Folge, dass kollektivrechtliche Regelungen im polnischen Rechtssystem nur eine untergeordnete Rolle spielen, und die für das DelPracU relevanten nationalen Regelungen ausschließlich im Gesetz zu suchen sind.

Aufgrund der im Vergleich zu Deutschland weitaus geringeren Entsendezahlen nach Polen sieht der polnische Gesetzgeber den polnischen Arbeitsmarkt und Wettbewerb durch nach Polen entsandte Arbeitnehmer nicht als gefährdet an. Hinzu kommt, dass es sich bei diesen vornehmlich um Arbeitskräfte aus Hochlohnländern handelt, weshalb die Gefahr der Absenkung inländischer Lohn- und Sozialstandards von vorneherein keine besondere Herausforderung für den polnischen Gesetzgeber darstellt. Auch die Ausweitung der Kompetenzen der PIP dient im Ergebnis einer effektiven Durchsetzung der im DelPracU genannten Arbeitnehmerschutzbestimmungen, und damit ebenfalls dem Ziel des Arbeitnehmerschutzes.

Zudem wird deutlich, dass der polnische Gesetzgeber auch den Schutz inländischer Arbeitgeber, die Arbeitnehmer aus Polen in das EU-Ausland entsenden, im Sinn hatte. Mit der Ausweitung der Befugnisse und Pflichten der PIP hat er deren Aufgaben nicht nur im Hinblick auf nach Polen entsandte Arbeitnehmer erstreckt, sondern auch im Hinblick auf polnische Arbeitgeber, die ihre Arbeitnehmer ins Ausland entsenden. Im AEntG finden deutsche Arbeitgeber und Arbeitnehmer, die aus Deutschland ins Ausland entsandt werden, hingegen keine Berücksichtigung, was darauf hinweist, dass hier kein ebenso großes Regelungsbedürfnis bestand.

317 Siehe unten Teil 2 C. II. 2.

B. Der Anwendungsbereich der Gesetze

Nicht nur bei den Zielsetzungen des AEntG und des DelPracU, sondern auch bei der Bestimmung den Anwendungsbereichen finden sich Unterschiede.

I. Deutschland

1. *Erstreckung auf Inlandssachverhalte*

Das deutsche AEntG zielt, anders als die Entsenderichtlinien und das DelPracU, gleichermaßen auf die Regelung innerstaatlicher wie grenzüberschreitender Sachverhalte ab, vgl. § 1 AEntG, und geht damit über den Regelungsbereich reiner Entsendesachverhalte hinaus. Es gilt auch für regelmäßig im Inland beschäftigte Arbeitnehmer.

Ursprüngliches Motiv des deutschen Gesetzgebers war zwar die Festschreibung zwingender Arbeitsbedingungen für die Arbeitnehmer, die von im Ausland ansässigen Arbeitgebern zur grenzüberschreitenden Erbringung von Dienstleistungen, insbesondere im Bauhaupt- und Baunebengewerbe, nach Deutschland entsandt werden. Daneben bot das Gesetz aber gleichzeitig auch eine rechtliche Möglichkeit, über die Gruppe der aus dem Ausland entsandten Arbeitnehmer hinaus auch für alle im Inland tätigen Arbeitnehmer Mindestarbeitsbedingungen festzulegen. Der deutsche Gesetzgeber nutzte diese Gelegenheit, um zum einen den deutschen Arbeitsmarkt umfassend zu regulieren, und gleichzeitig eine Ungleichbehandlung ausländischer Dienstleister zu vermeiden.

Nicht nur die Entsendung ausländischer Arbeitnehmer setzte den deutschen Arbeitsmarkt unter Druck, sondern auch die nachlassende Tarifbindung. Deshalb hielt es der deutsche Gesetzgeber für erforderlich, den Kern der Mindestarbeitsbedingungen auch auf rein inländische Sachverhalte zu erstrecken.[318] Durch die Erfassung auch inländischer Arbeitnehmer ist das AEntG faktisch zu einem umfassenden Branchenmindestlohngesetz geworden und lässt die Regelungen des Entsenderechts in den Hintergrund rücken.[319]

Die Erstreckung auf inländische Arbeitnehmer war zudem aus Gleichbehandlungsgründen nötig. Andernfalls würden zwar beispielsweise ausländische Arbeitgeber nach den Vorschriften des AEntG sanktioniert, wenn sie ihren Arbeitnehmern nicht die Tariflöhne zahlten, nicht hingegen deutsche

---

318 ErfK/*Schlachter*, AEntG, § 1 Rn. 1; Nassibi, Lohndumping, S. 170.

319 Thüsing/*Bayreuther*, MiLoG AEntG, §§ 7, 7a AEntG Rn. 2; Henssler, RdA 2015, 43, 53.

Arbeitgeber.[320] Zudem ist das Instrument der Erstreckung tariflicher Arbeitsbedingungen durch Rechtsverordnung auf Außenseiter neu in der deutschen Arbeitsrechtsordnung, weshalb es nötig war, inländische Arbeitgeber ebenfalls zu erfassen. Die Erstreckung durch Rechtsverordnung ist nunmehr das wichtigste Instrument zur Regelung im Rahmen des AEntG geworden.[321]

2. *Erfasste Branchen*

Das deutsche AEntG war anfangs, ebenso wie die Richtlinie 96/71/EG, bezüglich der tarifrechtlichen Regelungen auf die Baubranche beschränkt. Nach Art. 3 Abs. 10 RL 96/71/EG blieb es den Mitgliedstaaten jedoch ausdrücklich unbenommen, tarifrechtliche Arbeitsbedingungen auch für andere Branchen vorzuschreiben. Mit der Restrukturierung des AEntG im Jahr 2009 wurden mehrere weitere Branchen erfasst, und schließlich das AEntG durch das Tarifautonomiestärkungsgesetz[322] ab dem 01.01.2015 für alle Branchen geöffnet.[323]

Grund für die Aufnahme weiterer Branchen in das AEntG war nach der Gesetzesbegründung die grundsätzliche Vergleichbarkeit dieser Branchen mit dem Baugewerbe hinsichtlich der oft wechselnden Einsatzorte, der hohen Lohnkostenintensität sowie dem Vorliegen bundesweiter tarifvertraglicher Regelungen.[324] Die durchgängig dem Dienstleistungsbereich zuzuordnenden Branchen sind allesamt durch einen hohen Personalkostenanteil und eine starke Prägung der Arbeitsbedingungen durch tarifvertragliche Regelungen gekennzeichnet.[325]

Das DelPracU hat von Anfang an keine Einteilung in Branchen vorgenommen, da es tarifrechtliche Regelungen überhaupt nicht erfasst.[326]

---

320 Hanau, NZA 98, 1249; Sellin, Arbeitnehmermobilität, S. 295, 310 f.

321 Thüsing/*Waas*, MiLoG AEntG, § 3 AEntG Rn. 4; Henssler, RdA 2015, 43, 55, näher hierzu siehe unten Teil 3 C. I. 3.

322 Gesetz zur Stärkung der Tarifautonomie (Tarifautonomiestärkungsgesetz) vom 11. August 2014, BGBl. 2014 I Nr. 39, S. 1348.

323 ErfK/*Schlachter*, § 4 AEntG Rn. 1; Thüsing/*Thüsing*, MiLoG AEntG, Vor § 1 AEntG Rn. 10a; Hejma, Lohngerechtigkeit, S. 142 ff.; Schwab, NZA-RR 2010, 225, 226; Sodan/Zimmermann, NJW 2009, 2001, 2002.

324 BT-Drs. 16/3064, S. 7.

325 Thüsing/*Waas*, AEntG, § 4 Rn. 24; ErfK/*Schlachter*, § 4 AEntG Rn. 8.

326 Näher hierzu siehe unten Teil 3 C. II. 2.

II. Polen

Auch wenn das DelPracU nicht nach Branchen unterscheidet, ist sein Anwendungsbereich enger als der des AEntG. Das DelPracU enthält zudem mehr Vorschriften, um die Einordnung in seinen Anwendungsbereich zu erleichtern. Entsprechende Vorschriften fehlen im AEntG.

1. Anwendungsbereich

a) Bereichsausnahmen

Selbst wenn der Anwendungsbereich der Gesetze größtenteils durch die Richtlinie 96/71/EG vorgegeben wird, finden sich bei näherer Betrachtung beider Gesetze kleine Abweichungen. So geht das DelPracU insofern über die Vorgaben der Richtlinie hinaus, als es neben Schiffsbesatzungen der Handelsmarine auch die Transportbranche aus dem Anwendungsbereich des DelPracU herausnimmt, wohingegen das AEntG seinen Anwendungsbereich erweitert, indem es inländische Arbeitnehmer erfasst (s.o.). Der Anwendungsbereich des DelPracU ist mithin enger als der des AEntG.

aa) Zwingend

Art. 2 DelPracU schließt die Anwendbarkeit für Unternehmen der Handelsmarine bezüglich der Besatzung auf Meereshandelsschiffen aus. Dies entspricht Art. 1 Abs. 2 RL 96/71/EG. Eine vergleichbare Regelung fehlt im deutschen AEntG.

Eine weitere Ausnahme besteht bezüglich Erstmontagearbeiten (ausgenommen die Baubranche), deren Dauer acht Tage nicht übersteigt. In diesen Fällen finden die Vorschriften des DelPracU bezüglich Urlaub, Mindestlohn sowie Überstundenzuschlägen keine Anwendung. Eine identische Vorschrift findet sich in § 6 Abs. 1 AEntG. Beide Vorschriften dienen der Umsetzung von Art. 3 Abs. 2 RL 96/71/EG, und wurden nahezu wortgleich übernommen.

bb) Fakultativ

Das DelPracU gilt ferner nicht für den internationalen Transport, ausgenommen Kabotagetransporte (darunter versteht man das Erbringen von Transportdienstleistungen innerhalb eines Landes durch ausländische Verkehrsunternehmen). Mit dieser Regelung geht es über die durch die Entsenderichtlinien vorgegebenen Maßgaben hinaus. Gleichzeitig enthält es eine Rückausnahme, da auf Kabotagetransporte wiederum Art. 24 und 25 DelPracU (Melde- und Dokumentationspflichten ausländischer Arbeitgeber) nicht angewendet werden. Die Anwendbarkeit für

Kabotagebeförderungen wird von den EU-Verordnungen 1072/2009[327] sowie 1073/2009[328] vorgeschrieben.

Laut der Gesetzesbegründung zur Herausnahme der Transportbranche aus dem Anwendungsbereich des DelPracU sei deren Anwendung unverhältnismäßig und praktisch nur schwer durchführbar. Auf Antrag des polnischen Ministeriums für Infrastruktur und Bau wurde diese Branche daher ausgenommen. Das Wesen des internationalen Transportes mache die Anwendung der Vorschriften unmöglich. Für die Transportbranche würde die Anwendung des DelPracU zu unverhältnismäßigen Ergebnissen und praktischen Schwierigkeiten führen.[329]

Von den fakultativen Ausnahmen, die die Richtlinie 96/71/EG in Art. 3 Abs. 3, 4 und 5 vorsieht, haben weder der deutsche, noch der polnische Gesetzgeber Gebrauch gemacht.[330]

b) *Keine Anwendung auf Inlandssachverhalte*

Nach deutschem Recht gilt das AEntG nicht nur für aus dem Ausland entsandte Arbeitnehmer, sondern auch für reine Inlandssachverhalte. Somit wurde das AEntG nunmehr zu einem vollumfänglichen Mindestarbeitsbedingungengesetz, wohingegen das DelPracU ausschließlich Entsendesachverhalte erfasst. Anders als das AEntG erfasst es jedoch ausweislich Art. 1 Ziff. 4) DelPracU sowohl nach Polen entsandte, als auch aus Polen entsandte Arbeitnehmer.

Die Nichterfassung inländischer Arbeitnehmer im DelPracU ist insofern unschädlich, als die polnischen Vorschriften, die das DelPracU auf entsandte Arbeitnehmer erstreckt, auch ohne gesonderte Erstreckung für inländische Arbeitsverhältnisse gelten, da ausschließlich gesetzliche Vorschriften erstreckt werden.[331]

---

327 Verordnung (EG) Nr. 1072/2009 des Europäischen Parlaments und des Rates vom 21. Oktober 2009 über gemeinsame Regeln für den Zugang zum Markt des grenzüberschreitenden Güterkraftverkehrs, ABl. Nr. L 300/72 vom 14.11.2009.

328 Verordnung (EG) Nr. 1073/2009 des Europäischen Parlaments und des Rates vom 21. Oktober 2009 über gemeinsame Regeln für den Zugang zum grenzüberschreitenden Personenkraftverkehrsmarkt und zur Änderung der Verordnung (EG) Nr. 561/2006, ABl. Nr. L 300/88 vom 14.11.2009.

329 Sejm-Druk Nr. 408 vom 01.04.2016, S. 7; Stojek-Siwińska, Meritum, IV 3. Rn. 90[14].

330 Wąź, MoPr Nr. 10/2006, 511, 514.

331 So auch Walczak/Wojewódka, Prawo pracy, § 24 S. 27.

2. *Begriff der Entsendung als praktisches Problem*

Seit Erlass der Entsenderegelungen kämpfen die Behörden gegen die rechtswidrige Umgehung der einschlägigen Vorschriften. Hintergrund der Schwierigkeiten ist unter anderem die Tatsache, dass beide europäischen Richtlinien auf die Normierung von Definitionen weitgehend verzichten, bzw. diese Aufgabe den einzelnen Mitgliedsstaaten zuweisen. Diese Thematik soll anhand einiger Probleme in der polnischen Entsendepraxis veranschaulicht und untersucht werden.

So führt zum einen das Fehlen eines einheitlichen Arbeitnehmerbegriffes zu Schwierigkeiten bei der Einordnung, da nur Arbeitnehmer in den Anwendungsbereich der Arbeitnehmerentsendegesetze fallen, nicht hingegen selbständig Tätige. In der Praxis traten vielfach Arbeitskräfte als formal Selbständige auf, obwohl sie in Wirklichkeit eine abhängige Beschäftigung ausübten.

Ferner kam es zur Entstehung so genannter Briefkastenfirmen. Dabei handelt es sich um mehr oder weniger fiktive Firmen, die sich in Staaten niederlassen, in denen Sozialabgaben und Steuer niedrig sind, um von dort aus Arbeitnehmer in einen anderen Staat zu entsenden. Hintergrund ist, dass nach Art. 12 Abs. 1 VO 883/2004 der ins Ausland entsandte Arbeitnehmer bis zu einer Entsendedauer von 24 Monaten im Sozialversicherungssystem seines Heimatlandes verankert bleibt. So kam es, dass einzelne Entsende-Unternehmen ihren Sitz in EU-Länder mit niedrigeren Sozialversicherungsabgaben legten, um so Abgaben zu sparen.

Eine besondere Schwierigkeit stellt ferner im polnischen Entsenderecht die Abgrenzung zwischen einer Arbeitnehmerentsendung und einer Auslandsdienstreise dar.[332]

a) *Schwierigkeiten bei Bestimmung des Arbeitnehmerbegriffes*

Die Entsenderegelungen finden ausschließlich auf Arbeitnehmer Anwendung, nicht auf selbständig tätige Personen. Die mangelnde Umgrenzung des Anwendungsbereiches im Rahmen des internationalen Entsenderechts durch einheitliche Definitionen führt jedoch bei der Bestimmung des entsandten Arbeitnehmers zu Schwierigkeiten, was in Rechtsliteratur und Praxis Kritik hervorgerufen hat. Nach Art. 2 Abs. 1 RL 96/71/EG gilt als entsandter Arbeitnehmer jeder Arbeitnehmer, der während eines begrenzten Zeitraums seine Arbeitsleistung im Hoheitsgebiet eines anderen Mitgliedsstaates als demjenigen erbringt, in dessen Hoheitsgebiet er normalerweise arbeitet. Nach Art. 2 Abs. 2 RL 96/71/EG richtet sich der Begriff des Arbeitnehmers nach dem Recht des Mitgliedstaats, in

332 Stręk, MoPP 2013 Nr. 9, 2 ff.

dessen Hoheitsgebiet der Arbeitnehmer entsandt wird. Grund hierfür ist, dass gerade die Personen unter die jeweiligen arbeitnehmerschützenden Vorschriften des Mitgliedsstaates fallen sollen, für die die Vorschriften geschaffen worden waren. Nur auf diesem Weg könne die wettbewerbsrechtliche Zielsetzung der Richtlinien sinnvoll erreicht werden.[333]

aa) Definition des Arbeitnehmers

Vergleicht man die Definitionen des Arbeitnehmers im deutschen und im polnischen Arbeitsrecht, fällt auf dass sich beide Begriffe ähneln.

Wer Arbeitnehmer im Sinne des DelPracU ist, regelt das polnische Arbeitsgesetzbuch. Nach Art. 2 KP ist ein Arbeitnehmer eine Person, die auf Grundlage eines Arbeitsvertrages (Art. 25 ff. KP), einer Berufung (Art. 68 KP), einer Wahl (Art. 73 KP), einer Ernennung (Art. 76 KP) oder eines genossenschaftlichen Arbeitsvertrages (Art. 77 KP) beschäftigt wird. Dies bedeutet, dass nicht nur diejenigen nach Polen entsandten Arbeitnehmer unter das DelPracU fallen, die mit ihren Arbeitgebern einen privatrechtlichen Arbeitsvertrag geschlossen haben, sondern auch solche, deren Arbeitsverhältnis auf Berufung, Wahl, Ernennung oder einem genossenschaftlichen Arbeitsvertrag gründet.[334] Gemäß Art. 22 § 1 KP verpflichtet sich der Arbeitnehmer durch Begründung des Arbeitsverhältnisses, eine Arbeit bestimmter Art zugunsten des Arbeitgebers, unter dessen Leitung und an dem von ihm bestimmten Ort und in dem von ihm bestimmten Zeitraum auszuführen; der Arbeitgeber verpflichtet sich, dem Arbeitnehmer eine Vergütung zu gewähren. Auch nach der polnischen Rechtsprechung ist ein Arbeitsverhältnis geprägt durch vier Merkmale: die Weisungsgebundenheit, die persönliche Leistungspflicht, die Entgeltlichkeit, sowie das Risiko des Arbeitgebers.[335]

Ein Arbeitnehmer im Sinne des KP liegt bei einem so genannten zivilrechtlichen Vertrag nicht vor. Darunter fallen der Dienst- oder Werkvertrag, oder ein Auftragsverhältnis.[336] Art. 22 § 1^1 KP bestimmt ausdrücklich, dass es nicht auf

---

333 Fuchs/Marhold, Eur. ArbR, S. 440; Riesenhuber, Eur. ArbR, § 6 Rn. 12.

334 Baran/*Tomaszewska*, KP, Art. 67^1 Rn. 4; Wujczyk, in: Studia 2010, S. 22 ff.

335 SN (Sąd Najwyższy, Oberster Gerichtshof, entspricht im deutschen Recht dem BGH), Urteil vom 28.01.1998 – II UKN 479/97, Osnapius 1999 Nr. 1, Pos. 34, Nr. 2, Pos. 50; SN, Urteil vom 15.10.1999 – I PKN 307/99, Osnapius 2001 Nr. 7, Pos. 214; SN, Urteil vom 04.12.1998 – I PKN 484/98, Osnapius 2000 Nr. 2, Pos. 62.

336 Swiątkowski, KP, Art. 2 Rn. 6 f.; Walczak/*Nałęcz*, KP, Art. 2, A. 1., 4.; Romer, Prawo pracy, Art. 2 Rn. 1.

die Bezeichnung des Arbeitsverhältnisses durch die Arbeitsvertragsparteien ankommt, sondern auf dessen Ausführung.

Nach Art. 22 § 1² KP ist das Ersetzen des Arbeitsvertrages durch einen zivilrechtlichen Vertrag unzulässig. Grund hierfür ist, dass den Arbeitnehmern nicht der durch das Gesetz vorgegebene Schutz entzogen werden soll. Die arbeitsrechtlichen Schutzvorschriften gelten nur für Arbeitnehmer im Sinne des KP.[337] Nach Art. 281 Ziff. 1) KP unterliegt ein Arbeitgeber einer Geldstrafe von 1.000 bis 30.000 PLN wenn er einen zivilrechtlichen Vertrag schließt, obwohl ein Arbeitsvertrag gemäß Art. 22 § 1 KP zu schließen wäre. Dies ist insofern relevant, als ein bedeutender Teil aller befristeten Arbeitsverträge in Polen als zivilrechtlicher Vertrag geschlossen wird. Auch im Rahmen des Abschlusses von unbefristeten Verträgen versuchen polnische Arbeitgeber häufig, zivilrechtliche Arbeitsverträge abzuschließen, um die zwingenden Bestimmungen des Arbeitsrechts zu umgehen.[338]

Für die Abgrenzung zwischen einem abhängig und einem selbständig Tätigen werden ebensolche Kriterien herangezogen wie im deutschen Arbeitsrecht. Dabei kommt es auch hier nicht auf den Wortlaut des geschlossenen Vertrages, sondern auf dessen Ausführung sowie den Willen der Parteien an, Art. 22 § 1¹ KP – entscheidend ist, ob die Arbeit in Person zugunsten des Arbeitgebers ausgeführt wird, unter seiner Leitung, sowie an dem von ihm bestimmten Ort zu der von ihm bestimmten Zeit.[339] Ferner kann die Arbeit aus einem Arbeitsverhältnis nur persönlich erbracht werden, wohingegen sich der Leistende bei anderen Arten von Verträgen vertreten lassen kann.[340] Eine Definition der Selbständigkeit, ähnlich wie § 84 Abs. 1 S. 2 HGB, enthält das polnische Arbeitsrecht nicht.[341]

Die vom BAG für das deutsche Recht verwendete Definition des Arbeitnehmers unterscheidet sich nicht grundlegend von der polnischen Definition, ebenso

---

337 Liszcz, Prawo Pracy, Rn. 274.

338 Henssler/Braun/*Zimoch-Tuchołka/Malinowska-Hyla*, ArbR Europa, Polen, Rn. 4, 12; Kommission, Country Report S. 23; Franek, ZfRV 2000, 161.

339 SN, Urteil vom 28.01.1998 – II UKN 479/97, Osnapius 1999 Nr. 1, Pos. 34, Nr. 2, Pos. 50; SN, Urteil vom 15.10.1999 – I PKN 307/99, Osnapius 2001 Nr. 7, Pos. 214; SN, Urteil vom 04.12.1998 – I PKN 484/98, Osnapius 2000 Nr. 2, Pos. 62; Romer, Prawo Pracy, Art. 22 Rn. 1, Liszcz, Prawo Pracy, Rn. 273; Sulmarowska-Drzewiecka, Umowy cywilnoprawne, S. 5.

340 SN, Urteil vom 28.10.1998 – I PKN 416/98, Osnapius 1999 Nr. 24, Pos. 775; Wratny, KP, Art. 22 Rn. 2; Liszcz, Prawo Pracy, Rn. 273.

341 Liszcz, Prawo Pracy, Rn. 278.

wie der durch den deutschen Gesetzgeber neu eingeführte § 611 a BGB. Gemäß § 611 a BGB wird durch den Arbeitsvertrag der Arbeitnehmer im Dienste eines anderen zur Leistung weisungsgebundener, fremdbestimmter Arbeit in persönlicher Abhängigkeit verpflichtet. Weisungsgebunden ist, wer nicht im Wesentlichen frei seine Tätigkeit gestalten und seine Arbeitszeit bestimmen kann. Zeigt die tatsächliche Durchführung des Vertragsverhältnisses, dass es sich um ein Arbeitsverhältnis handelt, kommt es auf die Bezeichnung im Vertrag nicht an. Auch nach der Rechtsprechung ist Arbeitnehmer, wer auf Grund eines privatrechtlichen Vertrags im Dienste eines anderen zur Leistung weisungsgebundener, fremdbestimmter Arbeit in persönlicher Abhängigkeit verpflichtet ist.[342]

bb) Scheinselbständigkeit

Praktische Bedeutung hat die Bestimmung des Arbeitnehmerbegriffs im Fall der so genannten Scheinselbständigkeit. Da sich nach den EU-rechtlichen Vorgaben der Begriff des Arbeitnehmers nach dem Recht des Aufnahmestaates bestimmt, kann dies zur Folge haben, dass jemand nach dem Recht des Entsendestaates als Arbeitnehmer gilt, nicht jedoch zwar nach dem Recht des Empfangsstaates, und umgekehrt.[343] In der Entsendepraxis kamen polnische Arbeitnehmer nach Deutschland um dort ihre Dienstleistungen als selbständig Tätige anzubieten, obwohl sie tatsächlich in einem wirtschaftlichen Abhängigkeitsverhältnis standen. Nach Art. 3 Ziff. 6 DelPracU gilt als nach Polen entsandter Arbeitnehmer ein Arbeitnehmer, der in einem anderen EU-Mitgliedsland beschäftigt ist, und von einem Arbeitgeber zur Ausführung von Arbeiten nach Polen entsandt wird. Gemäß Art. 3 Ziff. 7) DelPracU gilt als aus Polen entsandter Arbeitnehmer ein nach den Vorschriften des Empfangslandes zu bestimmender Arbeitnehmer, der gewöhnlich Arbeiten in Polen ausführt, und von seinem Arbeitgeber für eine bestimmte Zeit in dieses Land entsandt wird. Das deutsche AEntG hingegen verzichtet auf Definitionen und Hinweise dieser Art.

Zwar sind die Arbeitnehmer-Begriffe im deutschen und polnischen Recht ähnlich. Das Problem liegt jedoch darin, dass zahlreiche polnische Arbeitgeber versuchen, die arbeitsschutzrechtlichen Regelungen dadurch zu umgehen, dass sie statt eines Arbeitsvertrages zivilrechtliche Verträge schließen.[344] Die polnischen

---

342 BAG, Urteil vom 15.2.2012 – 10 AZR 301/10, NZA 2012, 731, ErfK/*Preis*, BGB, § 611 Rn. 35; Hromadka/Maschmann, ArbR Bd. 1, § 3 Rn. 1.

343 Fuchs/Marhold, Eur. ArbR, S. 440; Görres, Arbeitnehmerentsendung, S. 113; Nettekoven, Erstreckung, S. 36; Däubler, EuZW 1997, 613, 618; Hickl, NZA 1997, 513, 517.

344 Henssler/Braun/*Zimoch-Tuchołka/Malinowska-Hyla*, ArbR Europa, Polen, Rn. 4, 12; Kommission, Country Report S. 23; Franek, ZfRV 2000, 161.

Arbeitnehmer arbeiten dann im Empfangsstaat als „Selbständige“ zu niedrigeren Bedingungen, als das AEntG und andere nationalen Arbeitnehmerentsendegesetze dies vorschreiben.

Wenn die polnischen Arbeiter aber aufgrund der tatsächlichen Tätigkeit abhängig tätig sind, liegt ein Fall der so genannten Scheinselbständigkeit vor. In diesem Fall finden die Entsenderegelungen Anwendung. Dabei ist unwichtig, ob die betreffende Person im Herkunftsstaat als selbständig gilt, da die materielle Rechtslage ausschlaggebend ist.[345]

cc) Fehlen eines europäischen Arbeitnehmerbegriffes im Entsende-Recht

Nach dem oben Gesagten stellt sich die Frage, ob es für die Entsendepraxis eine Erleichterung darstellen würde, wenn der Begriff des entsandten Arbeitnehmers einheitlich auf europäischer Ebene definiert würde.

Eine einheitliche Bezeichnung des Arbeitnehmers im europäischen Arbeitsrecht existiert bisher nicht. Weitgehend geklärt ist der Arbeitnehmerbegriff der europäischen Arbeitnehmerfreizügigkeit gem. Art. 45 AEUV.[346] Nach dem EuGH ist Arbeitnehmer im Sinne des Art. 45 AEUV jede Person, die während einer bestimmten Zeit für einen anderen nach dessen Weisung Leistungen erbringt, für die sie als Gegenleistung eine Vergütung erhält, was anhand objektiver Kriterien zu bestimmen ist.[347] Bei den arbeitsrechtlichen Richtlinien hingegen wird regelmäßig auf den Arbeitnehmerbegriff des nationalen Rechts verwiesen, eine einheitliche europäische Auslegung stellt die Ausnahme dar.[348] Der EuGH hat sich bisher noch nicht ausdrücklich zum Arbeitnehmer-Begriff der Entsenderichtlinie geäußert.[349] Die europäische Kommission hatte das Thema „Einheitlicher europäischer Arbeitnehmerbegriff“ im Jahr 2006 in einem ihrer Grünbücher erwähnt, jedoch wurde der Vorschlag nicht weiter verfolgt. Darin spricht sie davon, dass sich die Unterschiede bei den nationalen Definitionen von Beschäftigten nur schwer mit dem sozialpolitischen Ziel der Gemeinschaft vereinbaren lassen, für die

---

345 Boecken/*Schumacher*, Ges. ArbR Bd. 2, EU-Richtlinien, Rn. 222; Thüsing, Eur. ArbR, § 9 Rn. 28; Fuchs/Marhold, Eur. ArbR, S. 440; Däubler, EuZW 1997, 613, 618.

346 Preis/Sagan/*Sagan*, Eur. ArbR, § 1 Rn. 110 f.

347 EuGH, Urteil vom 03.07.1986 – C-66/85, Slg. 1986, S. 2121 (Lawrie-Blum); EuGH, Urteil vom 10.09.2014 – C-270/13, EuZW 2014, 946 (Haralambidis); ErfK/*Wißmann*, Art. 45 AEUV Rn. 7; Calliess/Ruffert/*Brechmann*, EUV/AEUV, Art. 45 Rn. 13; Rebhahn, EuZA 2012, 3, 9 f.; Wank, EuZA 2008, 172, 178 f.

348 Thüsing, Eur. ArbR, § 2 Rn. 13; Junker, EuZA 2016, 184, 186 f.; Rebhahn, EuZA 2012, 3, 4, 22.

349 Ziegler, Arbeitnehmerbegriffe, S. 263.

Beschäftigten ein ausgewogenes Verhältnis zwischen Flexibilität und Sicherheit zu erreichen. Sie wirft die Frage auf, ob an einer einheitlicheren Definition des Begriffs „Arbeitnehmer" in den EU-Richtlinien Bedarf bestehe, um sicherzustellen, dass diese Beschäftigten ihre Beschäftigungsrechte unabhängig davon wahrnehmen können, in welchem Mitgliedsstaat sie arbeiten.[350]

b) Briefkastenfirmen

Neben dem Problem der Scheinselbständigkeit sollen vor allem die Regelungen der Richtlinie 2014/67/EU der Entstehung so genannter Briefkastenfirmen entgegen wirken. Auch diese Problematik stellte sich gerade auch in der polnischen Entsendepraxis.

aa) Hintergrund

Nicht nur die Arbeitsrechtsysteme, sondern auch die Sozialversicherungssysteme der EU-Mitgliedstaaten unterscheiden sich zum Teil erheblich voneinander. Die anzuwendende Sozialordnung besitzt daher nicht unerhebliche Auswirkungen auf die Arbeitskosten, und kann in Ländern mit niedrigen Beitragskosten ebenfalls Wettbewerbsvorteile auf dem europäischen Binnenmarkt bieten.[351] Zwar bestimmt Art. 11 Abs. 3 a) VO 883/2004, dass eine Person die in einem EU-Mitgliedsstaat eine Beschäftigung ausübt, den sozialrechtlichen Vorschriften dieses Mitgliedstaates unterliegt. Für Arbeitnehmerentsendungen besteht jedoch eine Ausnahme. Gemäß Art. 12 Abs. 1 VO 883/2004 unterliegt ein entsandter Arbeitnehmer weiterhin den sozialrechtlichen Vorschriften des Entsendestaates, sofern die Entsendedauer 24 Monate nicht überschreitet. Dadurch soll der Verwaltungsaufwand bei kurzfristigen Beschäftigungszeiten in anderen Mitgliedstaaten vermieden werden, da entsandte Arbeitnehmer andernfalls auch bei einer nur kurzen Tätigkeit im Ausland das Sozialversicherungssystem wechseln müssten.[352]

Als so genannte Briefkastenfirmen werden Unternehmen bezeichnet, die sich in einem Staat alleine zu dem Zweck niederlassen, um von dort aus

350 EU-Kommission, Grünbuch, S. 16.

351 Ulber, AEntG, Einl. Rn. 2; Görres, Arbeitnehmerentsendung, S. 69 f.; Nettekoven, Erstreckung, S. 23 f.; Steinmeyer, DVBl 1995, 926; Tiedemann, NZS 2011, 41.

352 Fuchs/*Steinmeyer,* Eur. SozialR, Teil 2, Art. 12 Rn. 6; Knickrehm/*Fuchs,* SozialR, Art. 1 – 91 VO (EG) 883/2004 Rn. 71; Nettekoven, Erstreckung, S. 25; Cornelissen, RdA 1996, 329, 332; Tiedemann, NZS 2011, 41, 43.

Arbeitnehmer ins Ausland zu entsenden. Dabei handelt es sich um Unternehmen, die zwar im Entsendeland registriert sind, aber dort faktisch keine oder kaum eine Tätigkeit ausführen. Ihre dortige Tätigkeit kann beispielsweise auf reine Verwaltungsaufgaben beschränkt sein, wie etwa die Buchführung oder Ähnliches. Die Unternehmen können dann eine unternehmerische Tätigkeit im Empfangsland ausführen, ohne aber die jeweiligen Rechtsbestimmungen hinsichtlich Registrierung etc. ausfüllen zu müssen. Vor allem befreit es sie vom Erfordernis der Anwendung bestimmter inländischer Vorschriften, etwa hinsichtlich der Abführung von Sozialabgaben.[353]

Diese Umgehungsversuche führten zu Rechtsstreitigkeiten zwischen Unternehmen und den nationalen Sozialversicherungsanstalten, die für die Ausgabe der A1-Bescheinigungen zuständig sind. So verweigerten sie entweder die Ausgabe der A1-Bescheinigungen in der Meinung, bei dem antragstellenden Unternehmen handele es sich gar nicht um ein echtes entsendendes Unternehmen, oder forderten nachträglich Sozialabgaben von entsendenden Unternehmen mit der Begründung, das Unternehmen führe im Aufnahmestaat eine dauerhafte wirtschaftliche Tätigkeit aus und müsse dort auch Sozialabgaben leisten.

bb) EU-rechtliche Vorgaben

Bereits vor Erlass der Richtlinie 2014/67/EU hat sich der EuGH mit der Frage befasst wie man den Missbrauchstatbeständen entgegenwirken könne, und bei der Beurteilung der Entsendeunternehmen darauf abgestellt, ob von dem Unternehmen eine nennenswerte Geschäftstätigkeit ausgeht, die sich nicht auf reine Verwaltungstätigkeiten beschränkt. Dabei soll eine Gesamtschau sämtlicher Tätigkeiten dieses Unternehmens vorgenommen werden.[354]

Der Richtlinie 96/71/EG mangelte es an Kriterien, um festzustellen, ob der entsendende Arbeitgeber im Entsendeland überhaupt eine unternehmerische Tätigkeit ausführte, und wenn ja, in welchem Umfang. Die Kriterien des EuGH wurden aber von der Kommission in der Richtlinie 2014/67/EU aufgegriffen. Die Kommission hat versucht, Briefkastenfirmen einzudämmen, indem sie in Art. 4 Abs. 2 RL 2014/67/EU vorschreibt, dass die Entsendeunternehmen im

353 Franzen/*Windisch-Graetz*, RL 96/71/EG, Art. 1 Rn. 43 f.; Preis/Sagan/*Heuschmid/Schierle*, Eur. ArbR, § 5 Rn. 82; Kruse, Entsendung, S. 71; Wąż, Projekt dyrektywy, S. 3; Mayer, NZS 2001, 525.

354 EuGH, Urteil vom 10.02.2000 – C-202/97, Slg. 2000, I-883 (Fitzwilliam); EuGH, Urteil vom 09.11.2000 – C-404/98, Slg. 2000, I-379 (Plum); Kruse, Entsendung, S. 69; Mayer, NZS 2001, 525, 527; Tiedemann, NZS 2011,.41, 45.

Herkunftsland eine wesentliche Tätigkeit ausüben müssen, die über reine interne Management- und/oder Verwaltungstätigkeiten hinausgeht. Berücksichtigt werden sollen dabei vor allem der Ort an dem das Unternehmen seinen Sitz und seine Verwaltung hat, Büroräume nutzt, Steuern und Sozialabgaben zahlt und eine Zulassung besitzt bzw. gemeldet ist; ferner der Ort an dem entsandte Arbeitnehmer eingestellt werden und von dem aus sie entsandt werden aber auch; das vom Unternehmen angewendete Vertragsrecht, der Ort, an dem das Unternehmen seine wesentliche Geschäftstätigkeit ausübt und an dem es Verwaltungspersonal beschäftigt, und schließlich die Zahl der im Niederlassungsstaat erfüllten Verträge und die dort erzielte Umsatzhöhe.

Diese Kriterien wurden nahezu wortgleich in Artt. 3 und 14 DelPracU übernommen. Der deutsche Gesetzgeber hat diese Vorschriften derzeit noch nicht in nationales Recht umgesetzt.

cc) Abgrenzungskriterien des DelPracU

Nach Art. 3 Abs. 4 DelPracU definiert sich der nach Polen entsendende Arbeitgeber als Arbeitgeber, der seinen Sitz und einen bedeutenden Teil seiner wirtschaftlichen Tätigkeit in einem anderen Mitgliedsstaat hat, aus dem er vorübergehend einen Arbeitnehmer nach Polen entsendet.

Die Kriterien aus Art. 4 Abs. 2 der RL 2014/67/EU hat der polnische Gesetzgeber in Art. 14 Abs. 3 des DelPracU nahezu identisch übernommen. Dennoch treten hier immer noch Abgrenzungsschwierigkeiten auf, da es diesbezüglich keine klaren Vorgaben gibt.

Die polnischen Gerichte orientierten sich in mehreren Entscheidungen bei der Beurteilung ob ein Entsendeunternehmen eine wesentliche Tätigkeit im Entsendestaat ausführt, fast ausschließlich am Umsatz des entsendenden Unternehmens im Entsendeland und hielten einen Bruchteil von 25 % für erforderlich. Könne keine wesentliche Tätigkeit im Entsendestaat festgestellt werden, liege mithin kein Entsendetatbestand vor mit der Folge, dass der entsandte Arbeitnehmer vollumfänglich dem Arbeits- und Sozialrecht des Aufnahmestaates unterliege.[355] Nunmehr wird entsprechend den EU-rechtlichen Vorgaben eine Gesamtbetrachtung danach angestellt ob das Entsendeunternehmen unter Betrachtung aller in Frage kommender Gesamtumstände und Heranziehung der Kriterien aus Art. 4 Abs. 2 RL 2014/67/EU im Entsendestaat eine wesentliche Tätigkeit ausübt. Die 25% Regel würde zu untragbaren Ergebnissen führen und

---

355 SN, Urteil vom 04.06.2014 – II UK 550/13; SN, Urteil vom 04.06.2014 – II UK 565/13; SN, Urteil vom 17.11.2016 – II UK 420/15, Legalis.

wäre kein ausreichendes Indiz für die tatsächliche Feststellung der wesentlichen Tätigkeit eines Unternehmens.[356] Der im Entsendeland erreichte Umsatz reiche nicht aus, vielmehr müsse eine Gesamtbetrachtung aller in Frage kommenden Umstände angestellt werden.[357] Dies umso mehr, wenn Leiharbeitsfirmen in verschiedenen Ländern tätig wären und so vielleicht in keinem der Länder einen Umsatz von 25% erreichten. Dies sei in den Fällen unbedeutend, wenn beispielsweise die Mehrzahl der Arbeitsverträge mit in Polen ansässigen Arbeitnehmern, sowie ein bedeutender Teil anderer Verträge in Polen geschlossen würden.[358] Die polnischen Gerichte hielten sich damit an die europäischen Vorgaben und entschieden, dass zahlreiche in Polen niedergelassene Entsendeunternehmen polnischem Sozialversicherungsrecht unterfielen, mit der Folge dass die polnische Sozialversicherungsanstalt ZUS[359] dazu verurteilt wurde, die entsprechenden A1-Bescheinigungen herauszugeben.

III. Vergleich und Analyse

1. Engerer Anwendungsbereich des DelPracU

Vergleicht man beide Gesetze hinsichtlich ihres Anwendungsbereiches miteinander, fällt zunächst auf, dass der Anwendungsbereich des DelPracU enger ist als der des AEntG. Das DelPracU erfasst ausschließlich Entsendesachverhalte und nimmt zusätzlich zu den von den Entsenderichtlinien zwingend vorgegebenen Bereichsausnahmen auch die Transportbranche aus seinem Anwendungsbereich aus. Der internationale Transport ist ein wichtiger Wirtschaftsfaktor in

356 SN, Urteil vom 12.01.2017 – II UK 548/15, Legalis; SN, Urteil vom 12.01.2017 – II UK 550/17, Legalis; SN, Urteil vom 18.11.2015 – II UK 100/14, Osnapius 2016 Nr. 7, Pos. 88, S. 900; SN, Urteil vom 20.04.2016 – II UK 238/14, Legalis; SN, Urteil vom 12.10.2016 – II UK 326/15, Legalis; SN, Urteil vom 13.10.2016 – II UK 336/15, Legalis; SN, Urteil vom 12.01.2017 – II UK 543/15, Legalis; SN, Urteil vom 17.11.2016 – II UK 398/15, Legalis; Kurowski, Stosunki pracy, V. S. 11.

357 SN, Urteil vom 24.01.2017 – II UK 610/15, Legalis; SN, Urteil vom 05.10.2016 – II UK 229/15, Legalis; SN, Urteil vom 12.10.2016 – II UK 311/15, Legalis; SN, Urteil vom 12.10.2016 – II UK 334/15, Legalis; SN, Urteil vom 15.11.2016 – II UK 386/15, Legalis; SN, Urteil vom 13.10.2016 – II UK 335/15, Legalis.

358 SN, Urteil vom 05.10.2016 – II UK 240/15, Legalis; SN, Urteil vom 13.10.2016 – II UK 361/15, Legalis; SN, Urteil vom 13.10.2016 – II UK 337/15, Legalis; SN, Urteil vom 12.10.2016 – II UK 326/15, Legalis; SN, Urteil vom 12.01.2017 – II UK 543/15, Legalis; SN, Urteil vom 06.07.2016 – II UK 49/15, Legalis.

359 Zakład Ubezpieczeń Społecznych (Polnisches Sozialversicherungsunternehmen).

Polen, weshalb der polnische Gesetzgeber hier eine Erleichterung für Transportunternehmen schaffen wollte.

Der deutsche Gesetzgeber hingegen hat den Anwendungsbereich des AEntG über die Vorgaben der Entsenderichtlinien hinaus erweitert, indem er das AEntG auch auf Inlandssachverhalte erstreckte und keine zusätzlichen Bereichsausnahmen normierte. Er nutzt mithin das AEntG um nicht nur Entsenderegelungen festzusetzen, sondern ein umfassendes Mindestarbeitsbedingungengesetz zu schaffen, indem er tarifvertragliche Arbeitsbedingungen auch auf nicht tarifgebundene Arbeitsvertragsparteien erstreckt. Der möglichst weit gefasste Anwendungsbereich des AEntG lässt darauf schließen, dass es dem deutschen Gesetzgeber gerade darauf ankam, möglichst viele Sachverhalte zu erfassen und somit eine umfassende Angleichung der Arbeitsbedingungen zu erreichen. Dies ermöglicht wiederum dem Staat, den deutschen Arbeitsmarkt umfassend zu lenken. Für diese Annahme spricht auch die nach und nach durchgeführte Ausweitung des AEntG auf alle Branchen. Die Erfassung auch inländischer Arbeitnehmer in das DelPracU war nicht zwingend nötig. Denn alle Vorschriften die nach Polen entsandte Arbeitnehmer erfassen, beruhen auf einer gesetzlichen Grundlage, die für inländische Arbeitnehmer gleichfalls auch ohne gesonderte Erstreckung gelten. Anders sieht es bei den tarifbezogenen Regelungen des AEntG aus, die grundsätzlich nur für tarifgebundene Parteien Geltung beanspruchen. Ohne Erstreckung auf ausländische und inländische nichttarifgebundene Parteien würden diese nicht zur Anwendung gelangen.

Da der polnische Gesetzgeber angesichts der begrenzten Bedeutung von Entsendungen nach Polen das Bedürfnis für Erweiterungen nicht sah, hielt er sich an die EU-rechtlichen Vorgaben ohne den Anwendungsbereich des DelPracU zu erweitern. Beide Gesetze haben die von der Richtlinie vorgegebene Bereichsausnahme für Erstmontage-Arbeiten bis zu acht Tagen übernommen, die jedoch nicht für die Baubranche gilt. Von den weiteren vorgegebenen fakultativen Ausnahmen haben sie keinen Gebrauch gemacht. In beiden Gesetzen wären weitere Ausnahmen hingegen zu begrüßen gewesen. So ist allgemein der Aufwand für Entsendeunternehmen unverhältnismäßig groß, wenn es beispielsweise um die Teilnahme an Wochenmärkten im Ausland geht, die nur wenige Tage andauern. Beide Gesetze schweigen hierzu, obwohl eine fakultative Ausnahme für nur kurzfristige Entsendungen in der RL 96/71/EG vorgesehen ist.

Ebenso wie bei Analyse der Ziele der Gesetze, zeigt sich somit auch im Rahmen des Vergleiches des Anwendungsbereiches der Gesetze wieder die Fokussierung des deutschen Gesetzgebers auf den Schutz der deutschen Wirtschaft. Das DelPracU hingegen ist unter diesem Aspekt unternehmerfreundlicher ausgestaltet, da es zusätzliche Ausnahmen vom Anwendungsbereich vorsieht.

2. *Erleichterte Möglichkeit der Einordnung nach DelPracU*

Die Vorschriften des DelPracU sind zudem hinsichtlich des Anwendungsbereiches klarer, da sie Definitionen enthalten, die im AEntG fehlen. Die von der Richtlinie 2014/67/EU vorgegebenen Kriterien, die vom polnischen Gesetzgeber im DelPracU umgesetzt wurden, sollen bei der Feststellung helfen ob tatsächlich eine Entsendesituation vorliegt. Trotz Ablaufes der Umsetzungsfrist der Richtlinie 2014/67/EU im Jahr 2016 schweigt das AEntG hierzu. Dadurch drängt sich auch hier die Vermutung auf, dass dem deutschen Gesetzgeber weniger daran lag, rechtliche und tatsächliche Unsicherheiten zu beseitigen und klare Verhältnisse für Entsendeunternehmen und entsandte Arbeitnehmer zu schaffen, als vielmehr, den deutschen Arbeitsmarkt umfassend zu regulieren und zu schützen. Jedenfalls aus Klarstellungsgesichtspunkten wären weitere Hinweise im AEntG wünschenswert gewesen, wie etwa ein Hinweis zum Arbeitnehmerbegriff. Ob die Kriterien zur Feststellung einer tatsächlichen Entsendung letztendlich tatsächlich geeignet sind, mehr Klarheit und Rechtssicherheit zu schaffen und Missbrauchstatbeständen vorzubeugen, wird die Zukunft zeigen.

Die Aufnahme von Definitionen in das DelPracU beruht auf dem Umstand, dass in der Vergangenheit zahlreiche polnische Entsendeunternehmen praktische Probleme mit der richtigen Einordnung hatten. Hinzu kommt, dass, anders als im deutschen Arbeitsrecht, die gesetzliche Niederlegung von Definitionen der üblichen Vorgehensweise des polnischen Gesetzgebers entspricht. So ist beispielsweise der Begriff des Arbeitnehmers bereits seit Erlass des polnischen Gesetzbuches gesetzlich definiert, wohingegen eine gesetzliche Normierung des Arbeitnehmerbegriffes seitens des deutschen Gesetzgebers jahrelang fehlte.[360]

Weitere Schwierigkeiten im Rahmen des AEntG ergeben sich dadurch, dass hier verschiedene Regelungsbereiche zueinander geführt wurden: die Regelung von Entsendesachverhalten sowie die Regelung von Mindestarbeitsbedingungen für inländische Arbeitnehmer. Das Gesetz gestaltet sich hierdurch unübersichtlich und stellt die Anwender vor Herausforderungen. Auch insoweit ist das DelPracU hier eindeutiger und übersichtlicher.

3. *Notwendigkeit eines europäischen Arbeitnehmerbegriffes?*

Die Arbeitnehmer-Begriffe im EU-Recht, im polnischen und im deutschen Recht ähneln sich im Wesentlichen, weshalb sich die Frage stellt, ob eine

360 Die Definition des Arbeitsvertrages wurde erstmals zum 01.04.2017 durch einen neu in das BGB eingeführten § 611 a normiert, Weigert/Happ Luther, ArbRAktuell 2017, 557.

Vereinheitlichung auf europäischer Ebene überhaupt eine bessere Lösung darstellen würde.

Für eine unionsweit einheitliche Auslegung des Arbeitnehmerbegriffs der Entsenderichtlinie spricht etwa die Missbrauchsgefahr, die dem Rückgriff auf den nationalen Arbeitnehmerbegriff anhaftet. Das angestrebte Mindestmaß an Arbeitnehmerschutz erfordere ein weites Verständnis des Arbeitnehmerbegriffs, da nur durch die Eröffnung des Anwendungsbereichs für einen weiten Kreis von Arbeitnehmern dem Ziel der Richtlinie Rechnung getragen werden könne, einen fairen Wettbewerb zu schaffen. Lägen keine einheitlichen Regelungen vor, könnte dies zu ungerechtfertigten Ungleichbehandlungen in den einzelnen Ländern führen.[361]

Die besseren Argumente sprechen jedoch dafür, dass die Befugnis der Mitgliedsstaaten zu nationalen Begriffsbestimmungen erhalten bleibt. Für die Ablehnung eines einheitlichen Arbeitnehmerbegriffs spricht, dass der Arbeitnehmerbegriff nicht selbständig in der Luft hängt sondern wesentliches Mittel zur Steuerung arbeitsrechtlicher Regelungen ist. Da diese Regelungen hauptsächlich noch auf nationaler Ebene erfolgen und auch die Arbeitsmärkte weitgehend national sind, entspricht diese Konstruktion nach wie vor der Funktion des Arbeitnehmerbegriffs als Schlüssel zur Anwendung nationaler arbeitsrechtlicher Regelungen.[362] Ein Umgehungsproblem trete nicht auf, da Arbeitgeber auf den Begriff keinen Einfluss hätten und die Mitgliedsstaaten gar kein Interesse daran, den Arbeitnehmerbegriff unnötig eng zu fassen, da die Richtlinie ihnen die Möglichkeit biete einem befürchteten Unterbietungswettbewerb von Unternehmen anderer Mitgliedsstaaten gegenüber einheimischer Unternehmen entgegenzuwirken.[363] Die Entsenderichtlinie beabsichtige keine völlige Angleichung der Arbeitsbedingungen in der EU sondern vielmehr die Koordinierung hinsichtlich der Anwendung von Rechtsordnung und Rechtsvorschriften.[364]

Die genaue Festlegung des Begriffs des Arbeitnehmers ist durchaus wichtig, um den abhängigen Arbeitsvertrag vom unabhängigen Dienstvertrag abzugrenzen. Das Hauptproblem liegt jedoch nicht darin, dass kein einheitlicher Begriff besteht und die Rechtslage ungewiss ist, sondern in der tatsächlichen Erfassung der Sachverhalte.[365] Obwohl das polnische Arbeitsrecht einen ähnlichen

361 Ziegler, Arbeitnehmerbegriffe, S. 264; Wank, EuZA 2008, 172 f.
362 Rebhahn, EuZA 2012, 3, 6.
363 Ziegler, Arbeitnehmerbegriffe, S. 264.
364 Ziegler, Arbeitnehmerbegriffe, S. 265.
365 Zipperling, Arbeitnehmerentsendung, S. 75; Däubler, EuZW 1997, 613, 618; Deinert, RdA 1996, 339, 340.

Arbeitnehmerbegriff hat wie das deutsche, ergeben sich die Probleme regelmäßig aus der Rechtspraxis, da in Polen zahlreiche Arbeitsverhältnisse durch einen zivilrechtlichen Vertrag geschlossen werden, aufgrund dessen der Werktätige als Selbständiger gilt. Die Auslegung des Arbeitnehmerbegriffes nach dem Recht der Mitgliedsstaaten bedeutet schlussendlich richtigerweise nicht dass der Definitionsmacht keine Grenzen gesetzt sind. Die Grenzen ergeben sich zum einen aus dem Grundsatz des effet utile, ferner aus dem Äquivalenz-Grundsatz und schließlich aus dem europarechtlichen Gleichbehandlungsgrundsatz.[366] Unter dem Aspekt des Arbeitnehmerschutzes, der im Entsenderecht im Vordergrund steht, ergeben sich deshalb keine Bedenken.

C. Die Regulierungsinstrumente der Entsendegesetze

Einer der größten Unterschiede beider Entsendegesetze zeigt sich bei der Wahl der Mittel die die Gesetzgeber wählen um Arbeitsbedingungen auf entsandte Arbeitnehmer zu erstrecken. Der polnische Gesetzgeber stützt sich ausschließlich auf gesetzliche Rechtsquellen, wohingegen der Schwerpunkt der vom deutschen Gesetzgeber zu erstreckenden Arbeitsbedingungen auf tarifrechtlichen Normen liegt. Dies lässt sich rechtshistorisch begründen. So sind die Rechtsquellen des polnischen Arbeitsrechts seit jeher auf gesetzlicher Grundlage zu suchen, wohingegen der deutsche Gesetzgeber es grundsätzlich den Sozialpartnern überließ, arbeitsrechtliche Bedingungen zu regeln. Dies spiegelt sich in den Entsendegesetzen wieder.

Die Richtlinie 96/71/EG bestimmt hierzu in Art. 3 Abs. 1, dass die Arbeitsbedingungen in nationalen Rechts- und Verwaltungsvorschriften und/oder für allgemein verbindlich erklärten Tarifverträgen oder Schiedssprüchen festgelegt werden können, und überlässt die Wahl der Mittel den Mitgliedsstaaten. Gemäß Art. 3 Abs. 8 RL 96/71/EG sind unter für allgemein verbindlich erklärten Tarifverträgen oder Schiedssprüchen Tarifverträge oder Schiedssprüche zu verstehen, die von allen in den jeweiligen geographischen Bereich fallenden und die betreffende Tätigkeit oder das betreffende Gewerbe ausübenden Unternehmen einzuhalten sind. Die Möglichkeit der tarifvertraglichen Erstreckung von Arbeitsbedingungen sieht die Richtlinie explizit nur für die Baubranche vor, ermöglicht jedoch den Mitgliedsstaaten die Erstreckung auch in anderen Branchen, siehe Art. 3 Abs. 10 RL 96/71/EG.

366 Kocher, Eur. ArbR, § 1 Rn. 148.

Weitere Einzelheiten, insbesondere Vorgaben zum Verfahren der Allgemeinverbindlicherklärung, enthält die europäische Regelung nicht, weshalb den Mitgliedsstaaten die Ausführung im Einzelnen überlassen ist.

Im Folgenden sollen die jeweils von den Gesetzgebern gewählten Regulierungsinstrumente näher betrachtet und die Gründe für deren Wahl erörtert werden.

I. Deutschland

Für den deutschen Gesetzgeber war die Erstreckung von allgemeinverbindlichen Tarifverträgen auf entsandte sowie inländische Arbeitnehmer von zentraler Bedeutung. Er hat die von der Richtlinie 96/71/EG vorgegebenen Möglichkeiten ausgeschöpft, indem er im AEntG nicht nur die in den europäischen Vorschriften niedergelegte Möglichkeit der Erstreckung von in der Baubranche für allgemeinverbindlich erklärten Tarifverträgen auf in- und ausländische Arbeitnehmer vorgeschrieben, sondern mit der Erstreckung durch Rechtsverordnung nach §§ 7, 7a AEntG ein besonderes, neues Instrument geschaffen hat, um Tarifverträge auch in anderen Branchen auf Außenseiter erstrecken zu können. Neben der Erstreckung gesetzlicher Bedingungen des so genannten harten Kerns gem. § 2 AEntG finden nach § 3 AEntG auch die Rechtsnormen eines bundesweiten Tarifvertrages unter den Voraussetzungen der §§ 4 bis 6 AEntG auf Arbeitsverhältnisse zwischen einem Arbeitgeber mit Sitz im Ausland und seinen im räumlichen Geltungsbereich dieses Tarifvertrages beschäftigten Arbeitnehmern zwingend Anwendung, wenn der Tarifvertrag als Tarifvertrag nach § 4 Abs. 1 Nr. 1 AEntG für allgemeinverbindlich erklärt ist oder eine Rechtsverordnung nach § 7 oder § 7a AEntG vorliegt.

Zur Regulierung und Angleichung der Arbeitsbedingungen nutzt der deutsche Gesetzgeber im AEntG mithin drei Instrumente: das Gesetz, die Allgemeinverbindlicherklärung von Tarifverträgen nach § 5 TVG, sowie die Erstreckung tarifvertraglicher Regelungen durch Rechtsverordnung nach §§ 7, 7a AEntG. Die Erstreckung tariflicher Arbeitsbedingungen per Allgemeinverbindlicherklärung nach § 5 TVG erfolgt hauptsächlich in der Baubranche. Dies entspricht insbesondere der traditionellen Praxis der dortigen Sozialkassen.[367] In den übrigen Branchen erfolgt eine Erstreckung durch Rechtsverordnung nach § 7 und § 7a AEntG.

§ 3 AEntG, der die tarifvertragliche Erstreckung regelt, ist gegenüber § 2 AEntG die bedeutendere Regelung. Denn die wettbewerblich relevanteste

367 ErfK/*Schlachter*, § 3 AEntG Rn. 1.

Arbeitsbedingung, die Höhe des Lohnanspruchs des Arbeitnehmers, wird in Deutschland weitgehend tarifvertraglich bestimmt,[368] auch wenn zwischenzeitlich ein branchenumfassendes Mindestlohngesetz[369] eingeführt wurde. So gibt es derzeit für fast alle der in § 4 AEntG genannten Branchen tarifvertragliche Regelungen.[370] Aus § 3 AEntG folgt, dass Arbeitgeber aus dem Ausland nur an deutsche Tarifverträge gebunden sind, wenn diese nach § 4 Abs. 1 Nr. 1 AEntG in der Baubranche für allgemeinverbindlich erklärt oder nach §§ 7, 7a AEntG in den übrigen Branchen durch Rechtsverordnung erstreckt wurden, ansonsten besteht keine Bindung.

Daran hat auch die Einführung des Mindestlohngesetzes in Deutschland im Jahr 2015 nicht viel geändert, da die tariflichen Mindestlöhne größtenteils den gesetzlichen Mindestlohn übersteigen und daher gemäß § 1 Abs. 3 MiLoG im deutschen Arbeitsrecht für die Lohnhöhe der Arbeitnehmer maßgeblich sind.[371] Anders als im polnischen Rechtssystem, hat das Tarifrecht in Deutschland eine besondere Bedeutung, die im Folgenden näher beleuchtet werden soll.

1. *Das deutsche Tarifsystem*

Im Folgenden soll untersucht und aufgezeigt werden, weshalb dem Tarifrecht in der deutschen Rechtsordnung, und speziell im AEntG, solch große Bedeutung beigemessen wird.

a) *Allgemeines*

Nach dem Stand vom 01.07.2017 waren beim Bundesministerium für Arbeit und Soziales ca. 73.000 gültige Tarifverträge registriert, davon 443 für allgemeinverbindlich erklärt. Davon wiederum bestehen derzeit in 13 Branchen Mindestlohn-Tarifverträge i.S.d. §§ 7, 7a AEntG: Land- und Forstwirtschaft, Steinmetzhandwerk, Textilindustrie, Fleischwirtschaft, Baugewerbe, Malerhandwerk, Dachdeckerhandwerk, Gerüstbauerhandwerk, Gebäudereinigung, Wäschereidienstleistungen, Aus- und Weiterbildungsdienstleistungen, Pflegebranche sowie Arbeitnehmerüberlassung.[372]

---

368 Koberski, AEntG, § 3 Rn. 4.

369 Gesetz zur Regelung eines allgemeinen Mindestlohns (Mindestlohngesetz – MiLoG) vom 11.08.2014, BGBl. I S. 1348.

370 Thüsing/*Bayreuther*, MiLoG AEntG, § 7, 7a AEntG Rn. 3.

371 Thüsing/*Bayreuther*, MiLoG AEntG, § 1 MiLoG Rn. 13.

372 Bundesministerium für Arbeit und Soziales, Verzeichnis der für allgemeinverbindlich erklärten Tarifverträge, abrufbar unter: http://www.bmas.de/SharedDocs/Downloads/DE/PDF-Publikationen-DinA4/arbeitsrecht-verzeichnis-

Nach einer Erhebung des Instituts für Arbeitsmarkt- und Berufsforschung waren im Jahr 2016 48 % aller Beschäftigten in Westdeutschland bei branchentarifgebundenen Arbeitgebern beschäftigt, bei weiteren 20% orientierten sich die Arbeitsbedingungen an Tarifverträgen.[373] Es arbeiten demnach nahezu 70% aller sozialversicherungspflichtig Beschäftigten in Deutschland in Branchen in denen Tarifverträge gelten, wodurch Tarifverträge in Deutschland faktisch die Arbeitsbedingungen für den größten Teil der Arbeitsverhältnisse bestimmen.[374]

Das deutsche kollektive Arbeitsrecht basiert auf einem Geflecht staatlicher Rechtsnormen, weitverbreiteter und autonom von Gewerkschaften und den Arbeitgeberverbänden vereinbarter Tarifverträge und einer umfangreichen Rechtsprechung.[375] Es hat bereits eine lange Tradition, da es sich auf einer seit dem 19. Jahrhundert kollektiv organisierenden Arbeitnehmerschaft gründete, die in Tarifverhandlungen kollektivrechtliche Mindestarbeitsbedingungen festlegte. Dies führte unter anderem dazu, dass der deutsche Gesetzgeber es jahrelang nicht für erforderlich hielt, den Mindestlohn gesetzlich zu verankern, wie es in vielen anderen Staaten der EU bereits seit langem der Fall ist.[376]

Die eigentliche Triebfeder des deutschen Tarifvertragswesens waren der Erste Weltkrieg mit seinen sich anschließenden tiefgreifenden Entwicklungen sowie die darauf begründeten gesetzgeberischen Akte in der Weimarer Republik.[377] Die Anerkennung der Gewerkschaften als Verhandlungspartner und letztlich die Akzeptanz von Tarifverträgen wurden jedoch damals eher als Notbehelf zur politischen Existenzsicherung angesehen, nicht in erster Linie als Mittel zur Gestaltung von Arbeitsbedingungen.[378] Am 23.12.1918 wurde mit Einführung der Tarifvertragsverordnung das deutsche Tarifrecht erstmals kodifiziert.[379] In der Weimarer Verfassung, die die grundrechtliche Gewährleistung der Koalitionsfreiheit und eine Betätigungsgarantie zu Gunsten der Koalitionen enthielt,

---

allgemeinverbindlicher-tarifvertraege.pdf?__blob=publicationFile&v=11; zuletzt abgerufen am 20.10.2017.

373 http://www.iab.de/de/informationsservice/presse/presseinformationen/tb2016.aspx, zuletzt abgerufen am 20.10.2017.

374 Löwisch/Rieble, TVG, Grundl., Rn. 1 ff.; Ring/Hekimler/*Rieble*, Tarifrecht, S. 63.

375 Däubler/*Däubler*, TVG, Einl., Rn. 1; Stegemann, Gewerkschaften, S. 462.

376 Fischer-Lescano/Preis/Ulber, Mindestlohn, S. 63.

377 Näher zur geschichtlichen Entwicklung: Hueck/Nipperdey, Lehrbuch, § 7, S. 113 ff.; Wiedemann/*Oetker*, TVG, Geschichte, Rn. 1 ff.; Pauly, Flächentarifvertrag, S. 74; Fischer-Lescano/Preis/Ulber, Mindestlohn, S. 64 ff.

378 Pauly, Flächentarifvertrag, S. 75.

379 Wiedemann/*Oetker*, TVG, Geschichte, Rn. 7 f.

wurden daraufhin auch Arbeitgeberverbände und Gewerkschaften erstmals unter verfassungsrechtlichen Schutz gestellt.[380] Die Machtergreifung der Nationalsozialisten führte jedoch zur Zerschlagung des neu entstandenen Tarifvertragswesens mit Folge der Aufhebung der Tarifvertragsordnung.[381]

Nach dem zweiten Weltkrieg schließlich wollte man den Gewerkschaften einen besonderen Schutz zuteilwerden lassen, weil die historische Erfahrung gezeigt hatte, dass es ein Wesensmerkmal undemokratischer Staaten sei, ihre Bildung und Betätigung zu behindern. Auch sollte vor dem Hintergrund der negativen Erfahrungen von Zwangsschlichtungen und staatlichen Lohnobergrenzen dafür gesorgt werden, dass Gewerkschaften und Arbeitgeber frei über Entgelte verhandeln und sich einigen konnten.[382] So trat am 09.04.1949 das deutsche Tarifvertragsgesetz in Kraft.[383]

Das deutsche Arbeitsrecht im Allgemeinen sowie das Tarifvertragsrecht im Besonderen üben eine wichtige Funktion in der deutschen Rechtsordnung aus. Wesentliches Ziel ist der Schutz des Arbeitnehmers, der im Einzelarbeitsverhältnis grundsätzlich dem Arbeitgeber unterlegen ist. Dieses Machtungleichgewicht soll durch den Zusammenschluss von Arbeitnehmern und deren kollektives Auftreten gegenüber dem Arbeitgeber ausgeglichen werden. Die Gewerkschaften bilden mithin eine Gegenmacht zu den Arbeitgebern.[384] Der Ausgleich für die unzureichende Verhandlungsmacht einzelner Arbeitnehmer geschieht mit Hilfe von kollektiver Selbsthilfe in Form von freien Gewerkschaften und der von ihnen kollektiv ausgehandelten Arbeitsbedingungen. Die Koalitionsfreiheit und die Tarifautonomie bilden mithin die Basis für das gesamte System deutscher Arbeitsbeziehungen.[385]

b) *Stellung der Tarifpartner*

Die ersten Gewerkschaften entstanden bereits Mitte des 19. Jahrhunderts nach Aufhebung der Koalitionsverbote.[386] Die Gewerkschaften in Deutschland üben

---

380 Däubler/*Däubler,* TVG, Einl., Rn. 24 f.; Pauly, Flächentarifvertrag, S. 76; Fischer-Lescano/Preis/Ulber, Mindestlohn, S. 95; Nörr, ZfA 1992, 361, 375.

381 Wiedemann/*Oetker,* TVG, Geschichte, Rn. 15 f.

382 Fischer-Lescano/Preis/Ulber, Mindestlohn, S. 65.

383 Wiedemann/*Oetker,* TVG, Geschichte, Rn. 58.

384 BVerfG, Urteil vom 04.07.1995 – 1 BvF 2/86, 1, 2, 3, 4/87, 1 BvR 1421/86, BVerfGE 92, 365, 395; BVerfG, Urteil vom 26.06.1991 – 1 BvR 779/85, BVerfGE 84, 212, 229; Ring/Hekimler/*Rieble*, Tarifrecht, S. 63; Pauly, Flächentarifvertrag, S. 101f.; Stegemann, Gewerkschaften, S. 463; Waltermann, NZA 2014, 874, 877.

385 ErfK/*Franzen,* § 1 TVG Rn. 3; Stegemann, Gewerkschaften, S. 461.

386 MüArbR/*Löwisch/Rieble,* § 159 Rn. 1; Ring/Hekimler/*Rieble*, Tarifrecht, S. 59.

heute traditionell drei Funktionen aus: Neben der tariflichen Regelung der Arbeitsbedingungen üben sie für ihre Mitglieder Rechtsschutz in Form der Rechtsberatung und Prozessvertretung aus und sind wichtige politische Figuren bei der arbeitnehmernützigen Ausgestaltung der Rechtsordnung.[387]

Arbeitgeber begannen erst einige Jahre später, gegen Ende des 19. Jahrhunderts, sich zusammenzuschließen. Dies geschah primär aus dem Grund um sich effektiver gegen die Forderungen der Gewerkschaften verteidigen zu können.[388] Die Funktion der Arbeitgeberverbände bestand demnach zunächst hauptsächlich in der Abwehr gewerkschaftlicher Kampfmaßnahmen. Unternehmen schlossen sich zu Antistreikvereinen auf zunächst lokaler Ebene zusammen.[389] Heutzutage nehmen die Arbeitgeberverbände in Deutschland grundsätzlich dieselben Aufgaben wahr wie Gewerkschaften – tarifliche Regelung der Arbeitsbedingungen, Rechtsberatung und Prozessvertretung sowie politische Einflussnahme.[390]

Diese Stellung und Aufgaben der Tarifpartner waren über Jahre hinweg in der deutschen Rechtsordnung anerkannt. In den letzten 20 Jahren sind die Gewerkschaften in Deutschland hingegen zunehmend in eine Krise geraten, hervorgerufen durch Änderungen in der Wirtschaftsstruktur und daraus folgend dem Niedergang bestimmter Industriezweige. Gewerkschaften mussten einen immer größeren Mitgliederschwund verzeichnen, bedingt durch hohe Arbeitslosigkeit, Änderungen in der Beschäftigtenstruktur und eine Entsolidarisierung im Bewusstsein der Arbeitnehmer.[391] Der gewerkschaftliche Organisationsgrad, der in den 80er Jahren bei über einem Drittel lag, betrug im Jahr 2013 nur noch knapp 18%.[392]

Auch die Arbeitgeberverbände mussten in den letzten Jahren Verluste hinnehmen. Hintergrund waren auch hier Umbrüche wie die deutsche Wiedervereinigung im Jahr 1990, der anschließende Transformationsprozess in den ostdeutschen Bundesländern, die Wirtschaftskrise in den Jahren 1992/93 und die Öffnung der Märkte nach Mittel- und Osteuropa, die nicht nur zusätzliche Absatzmärkte, sondern auch neue Möglichkeiten der Verlagerung von

387 MüArbR/*Löwisch/Rieble*, § 159 Rn. 42 ff.; Ring/Hekimler/*Rieble*, Tarifrecht, S. 58.

388 MüArbR/*Löwisch/Rieble*, § 159 Rn. 8; Ring/Hekimler/*Rieble*, Tarifrecht, S. 62.

389 Pauly, Flächentarifvertrag, S. 35.

390 MüArbR/*Löwisch/Rieble*, § 159 Rn. 60 f.; Ring/Hekimler/*Rieble*, Tarifrecht, S. 61.

391 Däubler/*Däubler*, TVG, Einl., Rn. 134; Antonczyk/Fitzenberger/Sommerfeld, ZFA 2011, 15, 17; Waltermann, NZA 2014, 874.

392 Däubler/*Lakies*, TVG, § 5 TVG Anhang 1 Rn. 91; Dribbusch/Birke, DGB-Gewerkschaften, S. 6; Dribbusch, WSI-Diskussionspapier Nr. 172, S. 30; Waltermann, NZA 2014, 874, 879.

Produktionsstätten mit sich brachte. Diese Umwälzungen vollzogen sich in einer durch Marktöffnungen und Digitalisierung beschleunigten Globalisierung der Weltwirtschaft, die bei den Unternehmen zu sprunghaft wachsenden Flexibilitätsanforderungen und verkürzten Reaktionszeiten führte. Nicht zuletzt ist der Rückgang der Tarifbindung auf der Arbeitgeberseite eine Antwort auf den Organisationsgrad der Arbeitnehmer, wenn man berücksichtigt dass die Bildung von Arbeitgeberverbänden schlussendlich die Antwort auf den Zusammenschluss der Arbeiter war.[393]

c) *Bedeutung der Tarifbindung in Deutschland*

Gemäß § 1 Abs. 1 TVG füllt der Tarifvertrag zwei Funktionen aus. Er regelt zum einen wie jeder schuldrechtliche Vertrag die Rechte und Pflichten der Vertragsparteien, zum anderen enthält er Rechtsnormen die arbeitsrechtliche Fragen regeln. Er steht in Deutschland über dem individuellen Arbeitsvertrag, da vom Tarifvertrag abweichende Regelungen gemäß § 4 Abs. 3 TVG nur zulässig sind soweit sie durch den Tarifvertrag selbst gestattet sind oder eine für den Arbeitnehmer günstigere Regelung enthalten. An den Tarifvertrag sind nach dem Prinzip der doppelten Tarifbindung grundsätzlich nur die Mitglieder der Tarifvertragsparteien und der Arbeitgeber, der selbst Partei des Tarifvertrages ist, gebunden, vgl. § 3 Abs. 1 TVG.[394] Nicht zuletzt aufgrund der bereits oben erwähnten schwindenden Organisationsmacht der Tarifvertragsparteien in den letzten Jahren gewinnt die Erstreckung von Tarifvertragsnormen auf nicht tarifgebundene Parteien, so genannte Außenseiter, immer größere Bedeutung. Eine Erstreckung erfolgt hierbei durch Allgemeinverbindlicherklärung, § 5 TVG, durch Rechtsverordnung, §§ 7, 7a AEntG, oder durch Bezugnahmeklauseln in Arbeitsverträgen.[395] Würde man vom klassischen Fall, der in § 3 TVG geregelt ist, ausgehen, sprich dass die Tarifbindung durch beiderseitige Mitgliedschaft von Arbeitgebern und Arbeitnehmern bei den Tarifvertragsparteien entsteht, würden lediglich ca. 20% aller Arbeitnehmer unter die normative Wirkung eines Tarifvertrages fallen. Das staatliche Instrument der Allgemeinverbindlicherklärung, nicht zwingend die Tarifvertragsparteien, bestimmt demnach in Deutschland die Tarifwelt.[396]

---

393 Lesch/Byrski, Flächentarifvertrag, S. 69 ff.; Waltermann, NZA 2014, 874 f.

394 BVerfG, Urteil vom 24.05.1977 – 2 BvL 11/74, BVerfGE 44, 322, 347; Rebhahn, NZA 2001, 763, 766; ders., RdA 2002, 214, 215.

395 Vgl. Däubler/*Däubler*, TVG, Einl., Rn. 136, 139.

396 Jöris, NZA 2014, 1313.

Mit dem Rückgang des Organisationsgrades der Tarifpartner ist in den letzten Jahren auch ein Rückgang der Tarifbindung einhergegangen.[397] Nach einer Erhebung des Instituts für Arbeitsmarkt- und Berufsforschung ist die Branchentarifbindung der Beschäftigten in Westdeutschland in den Jahren 1996 bis 2016 von 70 % auf 51 % gesunken.[398]

2. *Die Allgemeinverbindlicherklärung nach dem AEntG*

Neben den nationalen gesetzlichen Vorschriften können gemäß §§ 3, 4 Abs. 1 Nr. 1 AEntG auch die Rechtsnormen von für allgemeinverbindlich erklärten Tarifverträgen der Baubranche auf aus dem Ausland entsandte Arbeitnehmer erstreckt werden. Das Verfahren der Allgemeinverbindlicherklärung richtet sich dabei nach den allgemeinen Regeln des § 5 TVG.

Das Konzept der Allgemeinverbindlicherklärung von Tarifverträgen hat in Deutschland eine lange Tradition. Es entstand bereits zur Weimarer Zeit Anfang des 20. Jahrhunderts, wo es eine große Bedeutung hatte.[399] Relevanz erlangt es vor allem dadurch dass das deutsche Tarifrecht grundsätzlich eine beiderseitige Tarifbindung der Tarifvertragsparteien verlangt, vgl. § 3 Abs. 1 TVG. In Deutschland gilt ein Branchenkollektivvertrag grundsätzlich nur für die Unternehmer, die Mitglied des abschließenden Arbeitgeberverbandes sind. Zudem gilt er nach dem Grundsatz der doppelten Tarifbindung nur für die Arbeitnehmer, die Mitglied der tarifschließenden Gewerkschaft sind. Dieser Grundsatz stellt in der EU eine Minderheitsposition dar, da in der Mehrzahl der Staaten eine Außenseiterwirkung verwirklicht ist und Tarifverträge dort für alle Arbeitnehmer eines tarifgebundenen Arbeitgebers gelten.[400] Dies ist auch in Polen der Fall, wo Art. 239 KP bestimmt, dass der Tarifvertrag alle Arbeitnehmer umfasst, die beim tarifgebundenen Arbeitgeber beschäftigt sind.

---

397 Löwisch/Rieble, TVG, § 5 Rn. 1; Däubler/*Lakies*, TVG, § 5 TVG Anhang 1 Rn. 93; Antonczyk/Fitzenberger/Sommerfeld, ZFA 2011, 15, 17.

398 Däubler/*Lakies*, TVG, § 5 TVG Anhang 1 Rn. 93; http://www.iab.de/de/informationsservice/presse/presseinformationen/tb2016.aspx, zuletzt abgerufen am 20.10.2017.

399 Däubler/*Lakies*, TVG, § 5 Rn. 6; Wiedemann/*Wank*, TVG, § 5 Rn. 7; Däubler, TarifvertragsR, Rn. 1245; Fischer-Lescano/Preis/Ulber, Mindestlohn, S. 64; Hejma, Lohngerechtigkeit, S. 93; Sittard, Tarifnormerstreckung, S. 7; Zachert, NZA 2003, 132.

400 Wiedemann/*Oetker*, § 3 Rn. 3; Rebhahn, RdA 2002, 214 f.

a) Voraussetzungen

Die Voraussetzungen der Allgemeinverbindlicherklärung von Tarifverträgen sind in § 5 TVG geregelt. Nach § 5 TVG erfolgt die Allgemeinverbindlicherklärung auf Antrag der Tarifvertragsparteien durch das Bundesministerium für Arbeit und Soziales im Einvernehmen mit einem aus je drei Vertretern der Spitzenorganisationen der Arbeitgeber und Arbeitnehmer bestehenden Ausschuss, dem so genannten Tarifausschuss, unter der Voraussetzung, dass die Allgemeinverbindlicherklärung im öffentlichen Interesse geboten erscheint. Gemäß Satz 2 erscheint die Allgemeinverbindlicherklärung in der Regel im öffentlichen Interesse geboten, wenn der Tarifvertrag in seinem Geltungsbereich für die Gestaltung der Arbeitsbedingungen überwiegende Bedeutung erlangt hat oder die Absicherung der Wirksamkeit der tarifvertraglichen Normsetzung gegen die Folgen wirtschaftlicher Fehlentwicklung eine Allgemeinverbindlicherklärung verlangt. Es muss mithin eine Interessenabwägung zwischen den Vor- und Nachteilen der Allgemeinverbindlicherklärung vor dem Hintergrund ihrer Schutzzwecke stattfinden.[401] Vor der Entscheidung ist den Betroffenen gemäß § 5 Abs. 2 TVG die Gelegenheit zur Stellungnahme zu geben.

Die Voraussetzungen des § 5 TVG wurden erst vor ein paar Jahren durch das Tarifautonomiestärkungsgesetz[402] modifiziert und erleichtert.[403] Bei der Entscheidung über eine Allgemeinverbindlicherklärung ist das Bundesarbeitsministerium künftig nicht mehr an die strenge Voraussetzung gebunden, dass die tarifgebundenen Arbeitgeber mindestens die Hälfte der Arbeitnehmer ihrer Branche bzw. ihres Tarifgebiets beschäftigen. Vielmehr kommt es auf eine überwiegende Bedeutung des Tarifvertrags an. Diese wiederum ist an keine starren Zahlenverhältnisse gebunden und kann sich daher auch daraus ergeben, dass der Tarifvertrag in vielen Arbeitsverträgen in Bezug genommen wird.[404] Zur Begründung der Gesetzesänderung führte der Gesetzgeber den Rückgang der Tarifbindung an; die Ordnung des Arbeitslebens durch Tarifverträge sei in den letzten Jahren deutlich zurückgegangen und das Instrument der Allgemeinverbindlicherklärung ermögliche eine Abstützung der tariflichen Ordnung.[405]

---

401 ErfK/*Franzen*, § 5 TVG Rn. 11.

402 Gesetz zur Stärkung der Tarifautonomie (Tarifautonomiestärkungsgesetz) vom 11. August 2014, BGBl. 2014 I Nr. 39, S. 1348.

403 Zu den Änderungen im Einzelnen siehe Forst, RdA 2015, 25, 27 ff.

404 ErfK/*Franzen*, § 5 TVG Rn. 14; Jöris, NZA 2014, 1313, 1315.

405 BT-Drs. 18/1558, S. 1.

b) *Wirkungen*

Die Allgemeinverbindlicherklärung ist als staatliche Maßnahme ein Rechtssetzungsakt sui generis auf der Grundlage von Art. 9 Abs. 3 GG, wenn auch das ausschließliche Initiativrecht bei den Tarifvertragsparteien liegt. Bei Vorliegen der Voraussetzungen des § 5 TVG ist der Minister berechtigt, die Allgemeinverbindlichkeit zu erklären, er hat jedoch keine Pflicht hierzu.[406]

aa) Tarifbindung von Außenseitern

Durch die Allgemeinverbindlicherklärung werden von den tarifvertraglichen Regelungen auch nicht tarifgebundene Arbeitnehmer und Arbeitgeber erfasst, vgl. § 5 Abs. 4 S. 1 TVG. § 3 AEntG erweitert diese Normerstreckungswirkung auch auf aus dem Ausland entsandte Arbeitnehmer für Tarifverträge des Baugewerbes, wenn sie Arbeitsbedingungen nach § 5 AEntG betreffen.

bb) Wettbewerbsbeschränkung

Die Erfassung von Außenseitern hat zur Folge, dass der Wettbewerb eingeschränkt wird, da Arbeitsbedingungen vereinheitlicht und nicht mehr unterschritten werden können. Das Bundesverfassungsgericht rechtfertigt diese Wettbewerbsbeschränkung damit, dass durch die Allgemeinverbindlicherklärung unerwünschter Lohndrückerei und Schmutzkonkurrenz entgegengewirkt würde.[407] Durch das Instrument der Allgemeinverbindlicherklärung würde der deutsche Arbeitsmarkt weitgehend vor Außenseiterkonkurrenz geschützt, da gewisse Arbeitsbedingungen zwingend festgelegt würden und nicht zur Disposition der Arbeitsvertragsparteien stünden. Es erfolgt insofern eine Angleichung. Die wettbewerbsbeschränkende Wirkung ist dabei umso höher, je größer die Region ist, für die erstreckt wird, je ortsgebundener die betreffende Leistung ist und je geschlossener die Wirtschaft ist.[408] Für allgemein verbindlich werden in der Regel die Tarifverträge der Bauwirtschaft erklärt, da in dieser Branche eine verhältnismäßig große Anzahl kleinerer Unternehmer nicht tarifgebunden ist.[409]

---

406 BVerfG, Beschluss vom 24.05.1977 – 2 BvL 11/74, BVerfGE 44, 322 = NJW 1977, 2255; Sittard, Tarifnormerstreckung, S. 28; Hejma, Lohngerechtigkeit, S. 92; Büdenbender, RdA 2000, 193, 195.

407 BVerfG, Beschluss vom 24.05.1977 – 2 BvL 11/74, AP Nr. 15 zu § 5 TVG = AuR 1977, 381.

408 Hejma, Lohngerechtigkeit, S. 105 f.; Rebhahn, RdA 2002, 214, 215.

409 Jöris, NZA 2014, 1313, 1314.

Die Allgemeinverbindlicherklärung wirkt damit aber auch gezielt als Markteintrittsbarriere in Branchen, die gerade durch niedrige Marktzutrittskosten und geringe Betriebsgrößen gekennzeichnet sind.[410] Kleinere Unternehmen können sich so am Markt schlechter etablieren.

cc) Eingriff in Koalitions- und Berufsfreiheit von Unternehmern

Neben der wettbewerbsbeschränkenden Wirkung bestehen zudem Bedenken insofern, als die Allgemeinverbindlicherklärung einen Eingriff in die Grundrechte der Koalitionsfreiheit und Berufsfreiheit darstellen könnte.

Letztlich stellen nämlich sowohl die Allgemeinverbindlicherklärung als auch die Erstreckung tarifrechtlicher Vorschriften durch Rechtsverordnung aus Sicht nicht tarifgebundener Arbeitgeber einen Eingriff in ihre negative Koalitionsfreiheit dar, da die Unternehmen nicht frei darüber entscheiden können ob sie eine tarifgebundene Mitgliedschaft in einem Arbeitgeberverband eingehen und unter die Vorschriften eines Tarifvertrages fallen.[411] Darüber hinaus macht die Erstreckung den Nichtbeitritt zum Arbeitgeberverband weniger attraktiv, da die Unternehmer nur als Verbandsmitglieder mitbestimmen können.[412] Insofern könnte hier mittelbar Druck zum Beitritt zu einer Arbeitgeberorganisation ausgeübt werden.

Diesen Bedenken wird jedoch entgegengetreten. Die Erstreckung tarifvertraglicher Arbeitsbedingungen durch Allgemeinverbindlicherklärung basiere in Deutschland auf der These, die Koalitionen seien nicht nur Vertreter ihrer Mitglieder sondern Repräsentanten aller Arbeitgeber und Arbeitnehmer des betreffenden Wirtschaftszweiges. Deshalb seien sie berechtigt, Arbeitsbedingungen auch für nicht tarifgebundene Arbeitsparteien zu bestimmen.[413] Das Bundesverfassungsgericht hat wiederholt festgestellt, dass die Allgemeinverbindlicherklärung von Tarifverträgen keinen Verstoß gegen die Koalitionsfreiheit darstelle.[414]

---

410 Pauly, Flächentarifvertrag, S. 133.

411 Jöris, NZA 2014, 1313.

412 Rebhahn, RdA 2002, 214, 215.

413 Rebhahn, RdA 2002, 214, 216.

414 BVerfG, Beschluss vom 15.07.1980 – 1 BvR 24/74, BVerfGE 55, 7 = NJW 1981, 215; BVerfG, Beschluss vom 24.05.1977 – 2 BvL 11/74, BVerfGE 44, 322; Forst, RdA 2015, 25, 26.

c) *Bedeutung der Allgemeinverbindlicherklärung heute*

Die Allgemeinverbindlicherklärung hatte zu ihren Anfängen in der Weimarer Zeit große Bedeutung und betraf ca. 50 % aller Tarifverträge. Gegenwärtig hat sie jedoch zunehmend an Bedeutung verloren.[415] Außerhalb der Baubranche kommt eine Allgemeinverbindlicherklärung zur Geltungserstreckung nach dem AEntG seit dem 01.01.2015 nicht mehr in Betracht.[416] Die Allgemeinverbindlicherklärung hat sich gerade im Niedriglohnsektor nicht als taugliches Mittel bewährt, einheitliche Mindeststandards festzulegen, da weniger als 0,7 % aller sozialversicherungsrechtlich beschäftigten Arbeitnehmer von den für allgemeinverbindlich erklärten Tarifnormen erfasst werden – mit weiter sinkender Tendenz.[417] Hinzu kommt, dass das Zustandekommen der Erstreckung häufig an der mangelnden Zustimmung des Tarifausschusses scheiterte, weshalb allgemeinverbindliche Tarifverträge im deutschen Tarifsystem heute die Ausnahme darstellen.[418] Diese Entwicklung führte dazu, dass der deutsche Gesetzgeber mit der Möglichkeit der Erstreckung tarifrechtlicher Arbeitsbedingungen durch Rechtsverordnung nach §§ 7, 7a AEntG ein neues Instrument zur Erstreckung tarifrechtlicher Arbeitsbedingungen auf Außenseiter geschaffen hat.

3. *Die Rechtsverordnung nach §§ 7, 7a AEntG als weiteres Regulierungsinstrument des AEntG*

Nachdem die Bedeutung der Allgemeinverbindlicherklärung im deutschen Arbeitsrecht in den letzten Jahren nachgelassen hat, kommt der Erstreckung tarifvertraglicher Normen auf inländische und aus dem Ausland entsandte Arbeitnehmer durch Rechtsverordnung nach den §§ 7, 7a AEntG eine besondere Bedeutung zu.

Nach §§ 7, 7a AEntG kann das Bundesministerium für Arbeit und Soziales auf gemeinsamen Antrag der Parteien eines Tarifvertrages im Sinne von § 4 AEntG durch Rechtsverordnung bestimmen, dass die Rechtsnormen dieses Tarifvertrages auf alle unter seinen Geltungsbereich fallenden und nicht an ihn gebundenen Arbeitgeber und Arbeitnehmer Anwendung finden, wenn dies im öffentlichen Interesse geboten erscheint, um die in § 1 AEntG genannten

---

415 Däubler, TarifvertragsR, Rn. 1245; Wonneberger, AVE, S. 4; Jöris, NZA 2014, 1313 f.

416 ErfK/*Schlachter*, § 3 AEntG Rn. 2; Hejma, Lohngerechtigkeit, S. 94.

417 ErfK/*Franzen*, § 5 TVG Rn. 3; Picker, RdA 2014, 25, 33.

418 Görres, Arbeitnehmerentsendung, S. 57; Schulten/Bispinck/Schäfer, Mindestlöhne, S. 276.

Gesetzesziele zu erreichen. Ein öffentliches Interesse soll bereits dann gegeben sein, wenn ein Unterbietungswettbewerb durch Außenseiterarbeitgeber droht.[419]

§ 7 AEntG gilt für die in § 4 Abs. 1 AEntG genannten Branchen, wohingegen § 7 a AEntG alle anderen Branchen erfasst. Als zusätzliche Voraussetzung fordert mithin § 7a Abs. 1 AEntG, dass durch die Erstreckung einem Verdrängungswettbewerb über die Lohnkosten entgegengewirkt wird. In beiden Fällen ist den Betroffenen Gelegenheit zur Stellungnahme zu geben. Im Unterschied zur Allgemeinverbindlicherklärung nach §§ 3, 4 Abs. 1 Nr. 1 AEntG, 5 TVG ist hingegen kein zusätzliches Einvernehmen eines besonderen Ausschusses erforderlich.

Die Möglichkeit der Erstreckung tarifvertraglicher Normen durch Rechtsverordnung ist noch relativ neu im deutschen Tarifrecht.[420] Sie wurde durch das Gesetz vom 19.12.1998[421] in das AEntG eingeführt, wenn auch zunächst auf die Baubranche beschränkt. Damit wollte der deutsche Gesetzgeber dem Umstand entgegentreten dass die Allgemeinverbindlicherklärung, besonders in der Baubranche, in der eine Vielzahl an Tarifverträgen bestand, zunehmend an Bedeutung verlor. Zudem bestand hier generell besonderer Regelungsbedarf aufgrund der hohen Zahl der Billiganbieter aus dem Ausland.[422] Denn durch das gesetzliche Erfordernis des Einvernehmens des Tarifausschusses nach § 5 TVG konnten Anträge auf Allgemeinverbindlicherklärung blockiert werden.[423] Mit dem Tarifautonomiestärkungsgesetz wurde im Jahr 2014 die Möglichkeit der Erstreckung durch Rechtsverordnung für alle Branchen geöffnet und für alle in der Entsenderichtlinie genannten Arbeitsbedingungen erweitert.[424] Nachdem die erste Verordnung bereits im Jahr 1999 für das Baugewerbe erging, finden sich derzeit für fast alle der in § 4 Abs. 1 AEntG genannten Branchen tarifvertragliche Regelungen.[425]

Letztlich hat die Rechtsverordnung denselben Effekt wie die Normwirkungserstreckung nach § 5 TVG, nämlich die Unterwerfung aller unter den tariflichen

---

419 Thüsing/*Bayreuther*, AEntG, §§ 7, 7a Rn. 11; Koberski, AEntG, 3 7 Rn. 25 ff.; Ulber, AEntG, § 7 Rn. 21; Henssler, RdA 2015, 43, 54; Kocher, NZA 2007, 600; Bieback, RdA 2000, 207, 214.

420 Görres, Arbeitnehmerentsendung, S. 256.

421 BGBl. I S. 3843.

422 Büdenbender, RdA 2000, 193, 196

423 Thüsing/*Bayreuther*, AEntG, §§ 7, 7a Rn. 2; Koberski, AEntG, § 7 Rn. 13; Fischer-Lescano/Preis/Ulber, Mindestlohn, S. 73; Büdenbender, RdA 2000, 193, 194 f.

424 Däubler/*Lakies*, TVG, § 5 Anh. 2, § 7 a AEntG Rn. 1.

425 Thüsing/*Bayreuther*, AEntG, §§ 7,7a Rn. 3.

Geltungsbereich fallenden, nicht tarifgebundenen Arbeitsvertragsparteien unter die Normwirkung dieses Tarifvertrages. Die Legitimation folgt direkt aus Art. 9 Absatz 3 GG.[426] Im Unterschied zur Allgemeinverbindlicherklärung nach § 5 TVG setzt die Erstreckung jedoch keinen über den Tarifinhalt hinausgehenden, die Normerstreckung betreffenden Konsens der Sozialpartner voraus, sondern lediglich deren Anhörung vor Erlass der Rechtsverordnung und eine entsprechende Stellungnahmemöglichkeit für die betroffenen Außenseiter. Sie ist insofern unter leichteren Bedingungen möglich als dies bei der Allgemeinverbindlicherklärung nach § 5 TVG der Fall ist.[427]

Die Erstreckung tarifvertraglicher Arbeitsbedingungen durch Rechtsverordnung nach §§ 7, 7a AEntG ist zwar ebenso wie bei § 5 TVG ein staatlicher Akt. Es werden jedoch keine neuen Rechtsnormen gesetzt sondern lediglich bereits bestehende von den Tarifpartnern festgesetzte Regelungen auf tarifungebundene Arbeitnehmer und Arbeitgeber erstreckt.[428] Auch wird das Ministerium nur auf Antrag der Tarifvertragsparteien tätig, nicht von Amts wegen. Zur Antragstellung sind nur die entsprechenden Tarifvertragsparteien berechtigt.[429] Dem Bundesministerium kommt bei seiner Entscheidung ein weiter Beurteilungs- und Ermessensspielraum zu; daher ist die Entscheidung nur angreifbar wenn dem Ministerium bei Feststellung des öffentlichen Interesses wesentliche Fehler unterlaufen sind.[430]

Gegen die Erstreckungsmöglichkeit durch Rechtsverordnung sind die gleichen Bedenken erhoben worden wie gegen die Möglichkeit der Allgemeinverbindlicherklärung nach § 5 TVG. So sei auch hier ein rechtswidriger Eingriff in die Koalitions- und Berufsfreiheit der Unternehmer denkbar und beschränke sie den Wettbewerb in unzulässiger Weise. Auch sei die europäische Dienstleistungsfreiheit betroffen.[431] Die Verfassungsmäßigkeit der Rechtsverordnungsermächtigung ist jedoch vom Bundesverfassungsgericht bestätigt worden, wobei sich das Gericht auf die gleichen Erwägungen gestützt hat mit denen es bereits

---

426 Büdenbender, RdA 2000, 193, 199.

427 Sellin, Arbeitnehmermobilität, S. 312.

428 So auch Büdenbender, RdA 2000, 193, 194.

429 Thüsing/*Bayreuther*, AEntG, §§ 7, 7a Rn. 7; Däubler/*Lakies,* TVG, Anhang 2 zu § 5, § 1 AEntG Rn. 99; Büdenbender, RdA 2000, 193, 195.

430 Thüsing/*Bayreuther,* AEntG, §§ 7, 7a Rn. 14; Koberski, AEntG, § 7 Rn. 28 f.; Ulber, AEntG, § 7 Rn. 18; ErfK/*Schlachter,* § 7 AEntG Rn. 5; Sittard, RdA 2013, 301, 303.

431 Böhm, NZA 1999, 128 ff.; Gerken/Löwisch/Rieble, BB 1995, 2370; Koenigs, DB1995, 1710; Strohmaier, RdA 1998, 339; Büdenbender, RdA 2000, 193, 199 ff.

die Verfassungsmäßigkeit der Allgemeinverbindlicherklärung nach § 5 TVG bejaht hat.[432]

4. *Zusammenfassung*

Die Erstreckung tarifrechtlicher Arbeitsbedingungen spielt im AEntG eine zentrale Rolle. Sowohl die Erstreckung tarifvertraglicher Normen durch Allgemeinverbindlicherklärung als auch durch Rechtsverordnung wirft jedoch mehrere Fragen auf. Insbesondere stellen sich Fragen hinsichtlich der Verfassungsmäßigkeit, da nicht nur in die Koalitions- und Berufsfreiheit inländischer Unternehmer eingegriffen wird sondern auch die von ausländischen Unternehmern angetastet wird, die ihre Arbeitnehmer im Rahmen der Erbringung grenzüberschreitender Dienstleistungen nach Deutschland entsenden. Auf der anderen Seite ist die Möglichkeit der Erstreckung tarifrechtlicher Regelungen seitens der EU rechtlich legitimiert, da in der Richtlinie 96/71/EG verankert, und mag daher unter Arbeitnehmerschutzaspekten gerechtfertigt sein. Wie genau die Allgemeinverbindlichkeit herbeigeführt werden soll überlässt die Richtlinie im Einzelnen den Mitgliedsstaaten, weshalb ein Vorgehen sowohl nach § 5 TVG als auch nach §§ 7, 7a AEntG möglich bleibt. Sowohl der EuGH, als auch das Bundesverfassungsgericht gehen von der Verfassungsmäßigkeit des AEntG aus.

II. Polen

Ausgehend von den oben stehenden Erwägungen soll im Folgenden untersucht und analysiert werden, mit welchen Mitteln der polnische Gesetzgeber Arbeitsbedingungen auf aus dem Ausland nach Polen entsandte Arbeitnehmer erstreckt. Anders als der deutsche Gesetzgeber verwendet er hierfür als Mittel nicht tarifvertragliche sondern ausschließlich gesetzliche Regelungen.

Eine dem Art. 3 Abs. 1 der RL 96/71/EG entsprechende Regulierung im polnischen AEntG findet sich in Art. 4 DelPracU. Dieser legt fest, dass ausländische Arbeitgeber die ihre Arbeitnehmer nach Polen entsenden diesen mindestens diejenigen Arbeitsbedingungen gewähren müssen, die das polnische Arbeitsgesetzbuch (Kodeks Pracy – KP) sowie andere Vorschriften, die die Rechte und Pflichten der Arbeitnehmer regulieren, festschreibt. Im Gegensatz zur deutschen Regelung ist zunächst hervorzuheben, dass sich im DelPracU kein Verweis auf tarifrechtliche

---

432 BVerfG, Beschluss vom 18.07.2000 – 1 BvR 948/00, AP AEntG § 1 Nr. 4; BVerfG, Koberski, AEntG, § 7 Rn. 16; Däubler/*Lakies*, TVG, § 5 Anh. 2, § 1 AEntG Rn. 54 ff.; Bieback, RdA 2000, 207.

Regelungen findet. Zum besseren Verständnis soll daher zunächst geklärt werden, wie in Polen überhaupt (Mindest-)Arbeitsbedingungen festgesetzt werden und welche Bedeutung tarifrechtlichen Regelungen im polnischen Arbeitsrecht zukommt.

1. Rechtsquellen des polnischen Arbeitsrechts

Zunächst werden überblicksweise die Rechtsquellen des polnischen Arbeitsrechts dargestellt.

a) Allgemeines

Die Quellen des polnischen Arbeitsrechts sind in Art. 9 § 1 KP gesetzlich normiert. Dies sind die Vorschriften des polnischen Arbeitsgesetzbuches sowie Vorschriften anderer Gesetze und Ausführungsakte, welche Rechte und Pflichten von Arbeitnehmern und Arbeitgebern regeln, sowie Tarifverträge und andere auf ein Gesetz gestützte Gruppenvereinbarungen, Ordnungen und Satzungen, die die Rechte und Pflichten der Parteien des Arbeitsverhältnisses regeln.

Art. 9 Abs. 2 und 3 KP regeln die Rangfolge der Vorschriften. Danach stehen an erster Stelle gesetzliche Bestimmungen und Ausführungsakte, danach folgen Tarifverträge und andere Gruppenvereinbarungen, schließlich Ordnungen und Satzungen.

b) Gesetzliche Rechtsquellen

aa) Verfassungsrecht

Im Gegensatz zum deutschen Verfassungsrecht sind in der polnischen Verfassung mehrere wichtige Arbeitnehmerrechte verfassungsrechtlich verankert, unter anderem Regelungen zum Mindestlohn sowie Urlaub.

Gemäß Art. 65 Abs. 1 KRP haben alle Bürger der Republik Polen ein Recht auf freie Wahl und Ausübung des Berufes. Gemäß Art. 65 Abs. 4 der polnischen Verfassung (KRP)[433] bestimmt das Gesetz die Mindesthöhe des Arbeitslohns oder die Art der Festlegung. Ferner hat gemäß Art. 66 Abs. 1 KRP jeder das Recht auf sichere und hygienische Arbeitsbedingungen, die ebenfalls durch Gesetz festgesetzt werden. Schließlich hat gemäß Art. 66 Abs. 2 KRP jeder Arbeitnehmer das

---

433 Konstytucja Rzeczypospolitej Polskiej z dnia 2 kwietnia 1997 r., Dz. U. 1997, Nr. 78, Poz. 483 (Verfassung der Republik Polen vom 2. April 1997, BGBl. 1997 Nr. 78 Pos. 483).

Recht auf die durch Gesetz festgelegten freien Arbeitstage und bezahlten Jahresurlaub; das Gesetz bestimmt ferner eine Höchstarbeitszeit.

Verfassungsrechtlich verankert ist zudem die Koalitionsfreiheit. Gemäß Art. 59 Abs. 1 KRP wird die Freiheit gewährleistet, sich in Gewerkschaften, Sozial- und Berufsorganisationen der Landwirte, sowie Arbeitgeberorganisationen zusammenzuschließen. Gemäß Art. 59 Abs. 2 KRP haben Gewerkschaften, Arbeitgeber und ihre Organisationen das Recht auf Verhandlungen, insbesondere zum Zweck der Lösung kollektiver Streitigkeiten sowie zum Abschluss kollektiver Arbeitsverträge und anderer Vereinbarungen.

bb) Einfaches Recht

Wichtigste Quelle des polnischen Arbeitsrechts ist das polnische Arbeitsgesetzbuch, der Kodeks Pracy (KP), der vom Sejm durch Gesetz vom 26.06.1974 beschlossen wurde. Der KP wurde seitdem über 40 Mal novelliert, wobei die größten Veränderungen in den Jahren 1996 und 2000 von statten gingen. Der KP reguliert die Grundlagen des Arbeitsverhältnisses zwischen Arbeitgeber und Arbeitnehmer.[434] Neben Arbeitnehmerschutzbestimmungen enthält er auch eine Reihe an Sanktionen für Verstöße durch Arbeitgeber. Der Verstoß gegen arbeitsrechtliche Vorschriften wiegt im polnischen Recht mehr als beispielsweise der Verstoß gegen die Vorschriften des Zivilrechts. Der Arbeitgeber haftet nicht nur für Schäden die er dem Arbeitnehmer zugefügt hat, sondern für jegliche Verstöße gegen die Rechte des Arbeitnehmers, da er nicht nur dem Arbeitnehmer, sondern auch dem Staat gegenüber verpflichtet ist.[435]

Neben dem Arbeitsgesetzbuch existieren ähnlich wie im deutschen Arbeitsrecht noch fast 40 Nebengesetze, die die Rechte und Pflichten von Arbeitnehmern und Arbeitgebern regeln. Sie betreffen unter anderem das Kündigungsrecht, den Mindestlohn, den Schutz von Arbeitnehmeransprüchen im Falle der Arbeitgeber-Insolvenz, die Kontrolle der Arbeitsbedingungen, die Sozialkassen, die Arbeitsförderung, die Leiharbeit, sowie die Beschäftigung von Behinderten.[436]

c) Andere Rechtsquellen

Neben den gesetzlichen Rechtsquellen existieren im polnischen Arbeitsrecht noch weitere Rechtsquellen, vgl. Art. 9 KP, die eine unterschiedliche Rolle im polnischen Arbeitsrechtssystem spielen. Diese unterscheidet sich teils stark von der

---

434 Sieg/Prujszczyk, ArbR, Rn. 11; Florek, Prawo Pracy, § 4 Rn. 36.

435 Florek, Prawo Pracy, § 4 Rn. 39.

436 Sieg/Prujszczyk, ArbR, Rn. 12.

entsprechenden Rolle im deutschen Arbeitsrechtsystem. Relevanz für die vorliegende Arbeit haben insbesondere Tarifverträge bzw. das Fehlen der selbigen im polnischen Arbeitsrechtssystem sowie die so genannten Entgeltordnungen, auf die im Folgenden noch näher einzugehen sein wird. Generell lässt sich aber bereits an dieser Stelle sagen, dass das polnische Arbeitsrechtssystem auf gesetzlichen und nicht außergesetzlichen Grundlagen basiert.[437]

2. *Regulierungsinstrumente des DelPracU*

a) *Gesetz als Haupt-Regulierungsinstrument*

Wie bereits erwähnt stützt sich der polnische Gesetzgeber im DelPracU ausschließlich auf eine Rechtsquelle um Arbeitsbedingungen auf nach Polen entsandte Arbeitnehmer zu erstrecken – das Gesetz -, wohingegen der deutsche Gesetzgeber im AEntG den Schwerpunkt deutlich auf die Erstreckung tarifvertraglicher Normen legt. Grund hierfür ist, dass dem Tarifrecht in Polen, anders als in Deutschland, eine nur sehr geringe Bedeutung zukommt. Im Folgenden soll den Gründen hierfür nachgegangen werden.

b) *Das polnische Tarifsystem*

Auch wenn das kollektive Arbeitsrecht in Polen durchaus Parallelen zum deutschen kollektiven Arbeitsrecht aufweist, hat es sich anders als das kollektive Arbeitsrecht in Deutschland in den letzten Jahrzehnten zu einem Nebenschauplatz im polnischen Arbeitsrechtssystem entwickelt, weshalb es auch im DelPracU keine Rolle spielt.

aa) Rechtliche Grundlagen

Gesetzliche Regelungen zum kollektiven Arbeitsrecht in Polen finden sich sowohl im polnischen Arbeitsgesetzbuch als auch in einigen Nebengesetzen.

Das polnische Kollektivarbeitsrecht wurde nach der Demokratisierung Polens im Jahr 1991 in drei Gesetzen geregelt: dem Gesetz über die Gewerkschaften[438], dem Gesetz über die Arbeitgeberorganisationen[439] sowie dem Gesetz über

---

437 SN, Urteil vom 02.12.2010 – II PK 126/10, LEX Nr. 794785; Baran/*Baran*, Outline, S. 86.

438 Ustawa z dnia 23 maja 1991 r.o związkach zawodowych, Dz. U. 1991 Nr. 55 Poz. 234 (Gesetz vom 23. Mai 1991 über die Gewerkschaften, BGBl. 1991 Nr. 55 Pos. 234).

439 Ustawa z dnia 23 maja 1991 r. o organizacjach pracodawców, Dz. U. 1991 Nr. 55 Poz. 235 (Gesetz vom 23 Mai 1991 über die Arbeitgeberorganisationen, BGBl. 1991 Nr. 55 Pos. 235).

Kollektivstreitigkeiten[440]. Zudem ist zur Vervollständigung im elften Abschnitt des polnischen Arbeitsgesetzbuches im Jahr 1994 ein Abschnitt über das Tarifrecht eingefügt worden. In den Artt. 238 – 241^{30} KP wurde ein neues Modell kollektivrechtlicher Regelungen eingeführt, das nach dem Wandel ein neues Verständnis des Tarifrechts im Allgemeinen vermitteln wollte.[441]

Anders als im deutschen kollektiven Arbeitsrecht ist demnach eine Vielzahl gesetzlicher Regelungen vorhanden. Insbesondere das Tarifrecht enthält mit über 60 Vorschriften weit mehr Regelungen als das deutsche TVG dessen Inhalt sich auf lediglich 13 Normen beschränkt. Das Gesetz über die Gewerkschaften enthält 49 Artikel, das Gesetz über Arbeitgeberorganisationen 21 Artikel, und das Gesetz über Kollektivstreitigkeiten 29 Artikel.

bb) Entwicklung

Um das System des Tarifrechts in Polen darstellen zu können, ist es wichtig zwei Phasen zu unterscheiden. Zunächst soll die Zeit des Sozialismus näher beleuchtet werden und anschließend die Zeit nach dem Umbruch, verbunden mit dem Eintritt Polens in die Europäische Union. Vor diesem Hintergrund lassen sich mehrere Gründe für die geringe Bedeutung des Tarifrechts in Polen nennen.

(1) Spuren des Sozialismus

Sucht man nach den Ursachen für die geringe Bedeutung des kollektiven Arbeitsrechts im heutigen Polen, so gilt es zunächst zu berücksichtigen dass das heutige polnische Arbeitsrecht im Allgemeinen immer noch stark gefärbt ist von den sozialistischen Spuren die nach dem Zweiten Weltkrieg das polnische Rechtssystem prägten.

Anders als in den westeuropäischen demokratischen Staaten, die eine langjährige Entwicklung des Tarifrechts verzeichnen können, konnte eine solche Entwicklung im sozialistischen Polen nicht stattfinden. Hauptursache hierfür war die Tatsache, dass im sozialistischen Polen der Staat als Arbeitgeber fungierte und es einen Sozialen Dialog nicht geben konnte. Denn dadurch fehlte es schlicht an gegensätzlichen Kräften unter den Marktteilnehmern. Erst der im Jahr 1989 beginnende soziale und wirtschaftliche Umbruch führte dazu dass die Rolle des Staates als Hauptakteur bei der Schaffung von Arbeitsbedingungen angezweifelt wurde. Schritt für Schritt wurde der

440 Ustawa z dnia 23 maja 1991 r. o rozwiązywaniu sporów zbiorowych, Dz. U. 1991 Nr. 55 Poz. 236 (Gesetz vom 23 Mai 1991 über die Kollektivstreitigkeiten, BGBl. 1991 Nr. 55 Pos. 236).

441 Wratny, Nowe zakłady, S. 11.

Grundsatz durchbrochen dass der Staat das Monopol bei der Schaffung von Arbeitsbedingungen innehatte. Dies führte dazu dass man zunehmend davon Abstand nahm einseitig Arbeitsbedingungen zu schaffen, hin zu Tarifverhandlungen in der die Sozialpartner eine tragende Rolle spielen sollten.[442]

Die andere Ursache lag schlicht im System der sozialistischen Gesellschaft. Dessen Ideologie gründete sich in wirtschaftlicher Hinsicht schwerpunktmäßig auf die Anpassung der Produktionsmittel und den Plancharakter des Staatshaushaltes. Die Planwirtschaft basierte auf der Vorstellung dass die Abstimmung zwischen Angebot und Nachfrage, die Verteilung von Ressourcen und von Investitionsgütern auf Produktionsbetriebe, die Produktion von Investitions- und Konsumgütern sowie die Verteilung der Konsumgüter durch eine zentrale Instanz koordiniert und reguliert werden könne. Als Instrument für die Abstimmung dienten in die Zukunft reichende Planvorgaben. Die Handlungs- und Bewegungsfreiheit von Individuen bildete hingegen in der zentral verwalteten Wirtschaft einen latenten Störfaktor den der Staat zurückzudrängen suchte. Dadurch war die Position der Parteien des Arbeitsverhältnisses klar bestimmt und stand nicht zur Disposition, ebenso wenig wie die Funktion von Gewerkschaften.[443] Zusätzlich wurde im Sozialismus das Tarifrecht vom Staat bewusst und willentlich in einem schlechten Licht dargestellt, so dass es keine Chance hatte realisiert zu werden. Hauptgrund war, dass der sozialistische Staat versuchte, der Bevölkerung ein Bild von der konfliktlosen Entfaltung der sozialistischen Gesellschaft zu vermitteln. Dazu passte weder der Gedanke dass Arbeitnehmer eigenständig an der Gestaltung ihrer Rechte mitwirken sollten, noch dass sie ihre Rechte gewaltsam durchsetzen sollten.[444]

Diese Thesen wurden im Laufe der Jahre oft hinterfragt und konnten letztlich den massiven Gegenbewegungen angesichts der schlechten wirtschaftlichen und sozialen Lage des Landes im Jahr 1980 nicht mehr standhalten. So wurden sie schließlich im Jahr 1980 im Zuge massiver Arbeiterbewegungen, die nach einer Änderung im Land verlangten, verworfen.[445] Im Anschluss daran dauerte es jedoch noch eine ganze Weile bis Polen sich von den sozialistischen Strukturen befreien und eine Änderung im System herbeiführen konnte, die bis heute im Gange ist.

---

442 Góździewicz, in: FS Jackowiak, 66; ders., in: Zródła Prawa Pracy, 23, 24.

443 Góździewicz, in: FS Jackowiak, 66, 67.

444 Kosc, Recht und Sittlichkeit, S. 181.

445 Góździewicz, in: FS Jackowiak, 66, 67.

(2) Bedeutung des Tarifrechts heute

Nach dem Zusammenbruch des Sozialismus schien es zunächst so, als würde sich Polen auch im Bereich des Arbeitsrechts an westliche Standards annähern und als könnte ein sozialer Dialog mit dem Ziel kollektivrechtlicher Übereinkünfte in Form von Tarifverträgen entstehen. Das staatliche Normsetzungsmonopol wurde durchbrochen und der Weg für einen sozialen Dialog geebnet.[446]

Allerdings standen in der neuen Gesellschaft der Entwicklung von Tarifverträgen noch schwerwiegende rechtliche Hindernisse im Weg, da die rechtlichen Umwälzungen nur mühsam von statten gingen. So galten noch bis ins Jahr 1994 hinein die aus dem Jahr 1987 geltenden rechtlichen Vorschriften für Tarifverträge. Erst reichlich spät wurden diesbezüglich neue Vorschriften eingeführt, was die Entwicklung des polnischen Tarifrechts deutlich hemmte. Die alten Vorschriften passten nicht mehr zum neuen System der sozialen Marktwirtschaft. Abgesehen von der nur langsamen Umwälzung bestehen auch nach der Änderung der einschlägigen Vorschriften Bedenken gegen die derzeit geltende Rechtslage. Denn auch den neuen Vorschriften schien die Anpassung an das neue System nicht vollends geglückt zu sein; sie sind auch heute noch wenig flexibel.[447] Denn auch wenn die betreffenden Vorschriften seitdem mehrmals modifiziert wurden, so wurde das grundlegende System aus dem Jahr 1994 nicht mehr geändert. Erst im Jahr 1996 wurde beispielsweise der normative Charakter von Tarifverträgen gesetzlich festgelegt.[448] Die Änderungen erfolgten demnach nur langsam und etappenweise. Auch wenn im Jahr 1996 formal Novellierungen im elften Abschnitt des KP eingeführt und die Voraussetzungen für einen sozialen Dialog geschaffen wurden, führte dies nur zu einer kurzzeitigen Belebung der tarifrechtlichen Praxis, hat jedoch wider Erwarten nicht die gewünschte Folge mit sich gebracht dass sich in Polen das Modell des tarifrechtlichen Arbeitsrechts etabliert.

Zusätzlich zum sozialistischen Hintergrund und der nur langsamen Flexibilisierung der entsprechenden gesetzlichen Regelungen, schmälert in letzter Konsequenz die Tatsache dass durch diese Entwicklung bis heute fast alle bedeutenden Arbeitsbedingungen im polnischen Arbeitsrecht gesetzlich normiert sind, die Rolle kollektiver Vereinbarungen im polnischen Arbeitsrechtssystem. Die wesentlichen Arbeitsbedingungen sind gesetzlich normiert und bieten dem Arbeitnehmer grundsätzlich einen vergleichsweise hohen Schutz,

---

446 Góździewicz, in: FS Jackowiak, 66.

447 Stelina, in: FS Lewandowski, 93, 95, 105.

448 Stelina, in: FS Lewandowski, 93, 96.

weshalb die Notwendigkeit tarifvertraglicher Regelungen in der Praxis, besonders auch aus Sicht von Arbeitgebern, nicht besteht. Hinsichtlich der Lohnfestsetzungen greifen polnische Arbeitgeber auf das Instrument der Entgeltordnung zurück.[449]

Vor diesem Hintergrund entwickelten sich auch die Aufgaben der Tarifpartner im polnischen Arbeitsrechtssystem anders als dies in Deutschland der Fall war.

cc) Gewerkschaften

(1) Geschichte

Ähnlich wie in Deutschland bildeten sich Gewerkschaften in Polen schon früh. Die ersten Gewerkschaften entwickelten sich bereits nach dem Ersten Weltkrieg mit dem vorrangigen Ziel, eine Erhöhung der Löhne durchzusetzen. Gesetzliche Regelungen bestanden damals jedoch noch nicht. Die Gewerkschaften agierten mithin nicht aufgrund einer gesetzlichen Grundlage, vielmehr beruhte deren Handeln auf Praxis.[450]

Erst nach dem Zweiten Weltkrieg entstand langsam der Begriff der gewerkschaftlichen Organisation und wurde das Recht der Gewerkschaften zum ersten Mal gesetzlich normiert. Das Gesetz über die Gewerkschaften aus dem Jahr 1949 verlieh den Gewerkschaften jedoch nur wenige Befugnisse und ließ lediglich Zusammenschlüsse auf betrieblicher Ebene zu.[451] Im sozialistischen Polen existierten keine unabhängigen Gewerkschaften die die Rechte der Arbeitnehmer wahrnehmen konnten, da die Gewerkschaften in der Nachkriegszeit streng durch den Staat reglementiert und kontrolliert wurden. Im Sozialismus wurde den Gewerkschaften vor allem eine politische Funktion zugesprochen. Sie waren lediglich Anhängsel und Werkzeuge der jeweils herrschenden Partei und übten die Funktion eines Wächters über die öffentliche Ordnung aus. Die Intention dahinter war, dass die Gewerkschaften dem Arbeitervolk die Ideen der Parteien übermitteln sollten. Sie waren in keiner Weise Vertreter der Interessen der Arbeitnehmer. Ihre Funktion unterschied sich also deutlich von der heute herrschenden Idee des Sozialen Dialoges und der Rechtssetzung. Allerdings gab

---

449 Florek, Prawo Pracy, § 37 Rn. 444., Stelina, in: FS Lewandowski, 93, 103; näher zu den Entgeltordnungen siehe unten Teil 3 C. II. 2. b) ee) (6).

450 Walczak, in: System Prawa TOM V, S. 448; Hajn, Przedstawicielstwo, S. 28; näher zur Entwicklung der Gewerkschaften in Polen seit der Zeit des Sozialismus Seweryński, Polish Labour Law, S. 59 ff.

451 Hajn, Przedstawicielstwo, S. 28.

es auch keinen Vertragspartner mit dem man hätte Tarifverhandlungen führen können, da erst die Öffnung des Marktes und die Privatisierung in Polen echte Arbeitgeber hervorbrachten.[452]

Gegen die Gleichschaltung der Gewerkschaften durch den Staat regte sich schließlich heftiger Widerstand. So begann sich ab dem Jahr 1980 mit der Gewerkschaft NSZZ (Niezależny Samorządny Związek Zawodowy) „Solidarnosc" eine starke Bewegung als Gegenwehr gegen die sozialistischen Strukturen und für die Demokratisierung zu engagieren. Als zweite starke Vereinigung entstand die OPZZ (Ogólnopolskie Porozumienie Związków Zawodowych).[453] Beide Gewerkschaften trugen maßgeblich zum politischen und gesellschaftlichen Wandel in Polen bei.

Nach dem Umbruch begann sich das Bild der Gewerkschaften allgemein nach und nach zu ändern, und es entstanden zum ersten Mal echte Gewerkschaften mit dem Ziel der Interessenvertretung von Arbeitnehmern. Deren Entwicklung wurde jedoch aufgrund der nur unzulänglichen gesetzlichen Regelungen geschwächt.[454] Im Jahr 1991 wurde zwar ein neues Gesetz über die Gewerkschaften eingeführt, dieses hat jedoch nur unwesentlich die Vorgängervorschriften geändert, weshalb die sozialistischen Grundstrukturen immer noch enthalten sind.[455]

(2) Stand heute

Nach der Wende waren die großen polnischen Gewerkschaften nicht in der Lage ihre starke Position zu behalten und mussten mit den Jahren einen massiven Mitgliederschwund verzeichnen. Dies führte dazu dass Polen heute zu den Ländern in der EU mit dem geringsten gewerkschaftlichen Organisationsgrad zählt. Der Grund hierfür liegt vor allem darin dass in Polen kleine und mittlere Betriebe vorherrschen in denen keine Gewerkschaften vorhanden sind. Ferner führte die recht hohe Arbeitslosigkeit in Polen dazu dass polnische Arbeitnehmer vom Beitritt zu einer Gewerkschaft absahen.[456] Im Jahr 2010 waren nur 15% aller Arbeitnehmer in einer Gewerkschaft. In 60% aller Betriebe in Polen gibt es keine Gewerkschaft.[457] Aufgrund der vielen kleinen Unternehmen wird die

452 Stelina, in: FS Lewandowski, 93, 94; Wratny/Bednarski, Związki zawodowe, S. 30; Wratny, Związki zawodowe.

453 Góździewicz, in: FS Jackowiak, 66, 70 f.; Wratny/Bednarski, Związki zawodowe, S. 34f.

454 Stelina, in: FS Lewandowski, 93, 95, 105.

455 Hajn, Przedstawicielstwo, S. 34.

456 Chwalisz, Transformation, S. 180 f.

457 Seweryński, in: FS Szubert, 81, 89; näher zu den rückläufigen Zahlen der letzten Jahre Stegemann, Gewerkschaften, S. 447 f.; Chwalisz, Transformation, S. 70 ff.

Mindestanzahl an Arbeitnehmern für einen Gewerkschaftszusammenschluss oftmals nicht erreicht.[458]

Hinzu kommt dass die Rolle der Gewerkschaften, bedingt durch die Geschichte Polens, sich von der der Gewerkschaften in Deutschland unterscheidet. Zwar variieren die Aufgaben auf den ersten Blick nicht gravierend. Ebenso wie in Deutschland haben die Gewerkschaften in Polen hauptsächlich zwei Aufgaben: auf der einen Seite Tarifverhandlungen, auf der anderen Seite das Streikrecht.[459] Polnische Gewerkschaften haben jedoch mangels Tarifpartner keine Möglichkeit Tarifverhandlungen durchzuführen. Hinzu kommt dass sie nicht so viele Rechte haben wie beispielsweise deutsche Gewerkschaften, um sich gegenüber dem Arbeitgeber durchzusetzen. Zudem wird ihre Wirkungsmacht erheblich durch die vom Arbeitgeber in den Betrieben festzulegenden Entgeltordnungen geschwächt.[460] Dies führt dazu dass Gewerkschaften in Polen heute weniger Interessenvertreter der Arbeitnehmer darstellen und Normsetzungsbefugnisse ausüben als vielmehr Mittler und Hilfsorgane des Staates sind, der mittels zahlreicher gesetzlicher arbeitnehmerschützender Regelungen den Arbeitnehmern vermeintlich ausreichend Schutz bietet.[461] Sie gelten zwar nach der polnischen Rechtsordnung unabhängig von ihrer gewerkschaftlichen Zugehörigkeit als Repräsentanten aller Arbeitnehmer, üben jedoch keine Normsetzungsfunktion aus.[462] Die Sozialpartner spielen innerhalb des Gesetzgebungsverfahrens eine größere Rolle. Ihnen steht unter gewissen Voraussetzungen die Möglichkeit zu, Gesetzesentwürfe zu beurteilen und ihre Meinung dazu zu äußern. Zudem dürfen sie eigene Gesetzesvorschläge unterbreiten, wodurch zwar ein kleiner Grad der Beeinflussung ermöglicht wird. Eine entscheidende Mitwirkung ist aber nicht gestattet.[463] Hinzu kommt dass die Beziehungen zwischen den Sozialpartnern stark angespannt sind. Die polnischen Arbeitgeber werden teilweise immer noch mit dem Staat assoziiert und werden daher nicht als Partner, sondern als Gegner angesehen.[464]

458 Seweryński, in: FS Szubert, 81, 90.
459 Wratny/Bednarski, Związki zawodowe, S. 47.
460 Walczak, in: System Prawa TOM V, S. 454; Hajn, Przedstawicielstwo, S. 40.
461 Florek, Ochrona, S. 111, 114; Lewandowski, in: FS Jackowiak, 80, 82.
462 Góździewicz, in: FS Jackowiak, 66, 72; Szurgacz, ZIAS 1995, 183, 191.
463 Pisarczyk, EuZA 2009, 178, 179; Szurgacz, ZIAS 1995, 183, 191.
464 Pisarczyk, EuZA 2009, 178, 182 f.

dd) Arbeitgeberorganisationen

Auch hinsichtlich der Arbeitgeberorganisationen in Polen lassen sich im Vergleich zu Deutschland Unterschiede verzeichnen, deren Ursprung wieder im Sozialismus zu suchen ist.

Arbeitgeber organisationen gab es im sozialistischen Polen nicht. Anders als in Deutschland mussten diese in den sozialistischen Ländern im Zuge des Überganges von der Plan- zur Marktwirtschaft, ebenso wie die rechtlichen Rahmenbedingungen, neu geschaffen werden. Dies geschah in Polen im Jahr 1991.[465] Zuvor gab es keine gesetzlichen Regelungen betreffend die Arbeitgeber organisationen. Grund hierfür war dass vor dem Übergang zur Marktwirtschaft aufgrund des staatlichen Monopols private Arbeitgeber auf dem polnischen Arbeitsmarkt lediglich eine untergeordnete Rolle spielten und sich nicht in Zusammenschlüssen organisierten. Ebenso wenig agierten sie als Tarifpartner bei Tarifvertragsschlüssen.[466] Erst nach dem Übergang, als der Staat sich langsam zurückzog, entstanden Arbeitgeber im arbeitsrechtlichen Sinne.[467] Den Arbeitgeber organisationen in Polen ist es aufgrund ihres späten Entstehens nicht gelungen mit den Gewerkschaften mitzuhalten. Sie waren lange Zeit aufgrund ihrer Struktur und Organisation den Gewerkschaften unterlegen.[468]

Doch auch wenn die rechtlichen Grundlagen für den Zusammenschluss von Arbeitgebern nach der Wende vorlagen, hielten die Arbeitgeber sich zurück und zeigten nur geringes Interesse. Dies lag unter anderem daran dass sie den Eindruck hatten ihre Interessen würden im Rahmen der bestehenden Strukturen nur unzureichend geschützt. Wie auch die Gewerkschaften übernehmen Arbeitgeberverbände heute in Polen hauptsächlich Koordinierungs- und Dienstleistungsfunktionen ohne wirklich an Kollektivverhandlungen teilzunehmen.[469]

ee) Tarifverträge

Unabhängig von den geschaffenen rechtlichen Grundlagen und gesetzlich vorgeschriebenen Kompetenzen kollektivrechtlicher Vereinbarungen ist die tatsächliche Bedeutung von Tarifverträgen in Polen begrenzt, was bei Stimmen in der Literatur vermehrt Bedenken aufwirft.[470] Diese geringe Bedeutung ist auch

---

465 Birk, in: FS Jackowiak, S. 37, 38.

466 Birk, in: FS Jackowiak, S. 37, 39.

467 Stelina, in: FS Lewandowski, 93, 94; Wratny/Bodnarski, Związki zawodowe, S. 20.

468 Birk, in: FS Jackowiak, 37, 44; Hajn, in: Zródła prawa pracy, 39, 42; Szurgacz, ZIAS 1995, 183, 192.

469 Chwalisz, Transformation, S. 165 ff.

470 Walczak, KP, Art. 77^1, 3; Florek, in: Wynagrodzenie za pracę, 41, 44.

der Grund weshalb kollektivrechtliche Regelungen auch im DelPracU keinen Niederschlag gefunden haben.

Der wohl wichtigste Grund für die geringe Bedeutung kollektivrechtlicher Vereinbarungen ist der Mangel an Gewerkschaften bei vielen polnischen Arbeitgebern. Hinzu kommt der Unwille von Arbeitgebern sich kollektivrechtlich zu einigen, sowie der gesetzlich begrenzte Anwendungsbereich von Tarifverträgen. Schließlich führt auch die durch das Gesetz statuierte zusätzliche Möglichkeit für polnische Arbeitgeber, Arbeitsbedingungen im Betrieb einseitig durch spezielle Entgelt- und Arbeitsordnungen festzulegen dazu, dass das polnische Tarifvertragssystem deutlich in seiner Bedeutung geschwächt wird.[471] Im Folgenden sollen die oben genannten Punkte ausführlicher dargestellt werden, wobei vorab zunächst wieder der sozialistische Hintergrund wichtig wird.[472]

(1) Tarifverträge zur Zeit des Sozialismus

Auch wenn Tarifverträge im polnischen Arbeitsrecht eine lange Geschichte als Mittel zur Gestaltung arbeitsrechtlicher Fragestellungen haben, wurde dieses Instrumentarium in Polen nicht immer genutzt und tatsächlich als Mittel zum Fortschritt gesehen.[473] Zu Zeiten des Sozialismus wurde die Funktion der Tarifverträge als Mittel zur Gestaltung von Arbeitsverhältnissen stark eingegrenzt. Es zählte nur das Recht das der Staat vorgab, wohingegen die Bedeutung von Tarifverträgen bewusst geschwächt wurde. Der Staat fungierte nicht nur als Arbeitgeber sondern auch als Wächter über den Inhalt von Tarifverträgen.[474] Der Arbeitsminister prüfte ob ein Tarifvertrag mit den Grundsätzen der Planwirtschaft vereinbar war. Seine Entscheidung war nicht anfechtbar.[475] Zudem war der zulässige Inhalt von Tarifverträgen begrenzt. Es durfte tarifvertraglich nur das geregelt werden, was mit den Eigenheiten der Branche zu tun hatte, und das nur auf betrieblicher Ebene. Lohnfestsetzungen waren nicht möglich. Somit konnte der Tarifvertrag nicht wirksam auf die arbeitsrechtliche Entwicklung in Polen einwirken.[476]

471 Florek, in: FS Szubert, 49, 64; Walczak, in: FS Szubert.

472 Ausführlich zur Entwicklung der Tarifverträge in Polen seit der Zeit des Sozialismus siehe Seweryński, Polish Labour Law, S. 122 ff.; Szubert, Układy.

473 Lewandowski, in: FS Jackowiak, 80.

474 Lewandowski, in: FS Jackowiak, 80, 86.

475 Lewandowski, in: FS Jackowiak, 80, 84; Wratny, in: Polskie prawo pracy w transformacji, S. 43.

476 Lewandowski, in: FS Jackowiak, 80, 84; Kohl/Platzer, Mittelosteuropa, S. 53.

So kam es dass Tarifverträge sich allgemein in den sozialistischen Ländern nur wenig entwickeln konnten. Anders sah es in Ländern mit demokratischen Systemen wie etwa Deutschland aus, die die soziale Marktwirtschaft realisierten. In diesen Ländern dienten Tarifverträge nicht nur als Mittel um Arbeitsbedingungen zu schaffen, sondern auch als wichtiges Instrument um Arbeitsbedingungen, besonders Lohnvorschriften, an den sich wandelnden Arbeitsmarkt flexibel anzupassen.[477] Dank der Sozialpartner in diesen Ländern, die bereits früh begannen sich zu organisieren, und den Dreh- und Angelpunkt für das Vorhandensein von Tarifverträgen bildeten, konnten sich dort schon früh Tarifverträge entwickeln und durchsetzen.

(2) Nach dem Umbruch

Nach dem Zusammenbruch des Sozialismus und der Neugestaltung der gesetzlichen arbeitsrechtlichen Regelungen in Polen gewannen Tarifverträge mehr an Bedeutung – ihr Regelungsbereich wurde erweitert und machte sie elastischer hinsichtlich der Spezifizität sowie den Bedürfnissen und Möglichkeiten der Arbeitgeber.[478] Es entstand der Wunsch danach die Ideologie des omnipotenten Gesetzgebers mit steifen gesetzlichen Vorgaben aufzugeben, hin zu mehr Flexibilisierung und einem Sozialen Dialog.[479] Auch im polnischen Arbeitsrechtssystem ist der Tarifvertrag nunmehr als Instrument zum Schutz der Arbeitnehmerinteressen anerkannt und dient zumindest formal neben der Gesetzgebung als wichtigstes Instrument zur Schaffung von Arbeitsbedingungen.[480] Dennoch ist die tatsächliche Bedeutung von Tarifverträgen im polnischen Arbeitsrecht heute gering, da der Schwerpunkt bei der Schaffung von Arbeitsbedingungen bei gesetzlichen Regulierungen bleibt.[481] Darüber hinaus kommt den auf betrieblicher Ebene geschlossenen Tarifverträgen mehr Bedeutung zu als den überbetrieblichen Tarifverträgen.[482] So werden oftmals tarifvertraglich keine neuen Regelungen geschaffen sondern die Regelungen des KP lediglich wiederholt. Insofern füllen die Tarifverträge, anders als im deutschen Recht, teils eine reine

477 Góździewicz, in: FS Szubert, 69, 72.

478 Salwa, in: FS Jackowiak, 125, 130; Kohl/Platzer, Mittelosteuropa, S. 53; Wratny, in: Polskie prawo pracy w transformacji, 43, 48.

479 Stelina, in: FS Lewandowski, 93.

480 Florek, in: FS Szubert, 49, 51.

481 Pisarczyk, in: FS Szubert, 167; Góździewicz, in: Aktualne Problemy, 37, 47; Szurgacz, ZIAS 1995, 183, 194 f.

482 Pisarczyk, EuZA 2009 S. 178, 179.

Informationsfunktion aus.[483] Mangels des Vorhandenseins verhandlungsbereiter Tarifpartner spielen Tarifverträge nur eine unbedeutende Rolle.

(3) Zahlen und Fakten

Nach der Einführung des neuen 11. Abschnittes des KP betreffend Tarifverträge im Jahr 1994 wurden in Polen ca. 13.000 betriebliche sowie 130 überbetriebliche Tarifverträge registriert.

Im Jahr 1998 war die Zahl der Firmentarifverträge bereits auf 8.600 zurückgegangen.[484], wobei die Zahl der überbetrieblichen Tarifverträge zunächst konstant blieb. Im Jahr 2002 waren ca. 150 überbetriebliche Tarifverträge registriert.[485] Im Jahr 2006 gab es etwa 8.500 betriebliche Tarifverträge in Polen die circa 5% aller Arbeitnehmer erfassten.[486]

Die aktuellen Zahlen der letzten Jahre spiegeln den steten Rückgang wieder. Im Jahr 2012 waren in Polen 170 überbetriebliche Tarifverträge registriert.[487] Davon wurden nicht einmal 400.000 Arbeitnehmer, vorwiegend im öffentlichen Sektor, erfasst.[488] Ähnlich sieht es bei betrieblichen Tarifverträgen aus. Trotz des anfänglichen starken Impulses der nach dem Jahr 1989 auftrat begrenzte sich deren Bedeutung auf den öffentlichen Sektor und hat den privaten Sektor nicht wirklich erfasst.[489] Im Jahr 2014 waren in Polen 174 überbetriebliche Tarifverträge sowie 2.500 betriebliche Tarifverträge registriert. Insgesamt werden nur ca. 20 – 25% aller Arbeitnehmer in Polen von tarifrechtlichen Regelungen erfasst.[490]

Unter den überbetrieblichen Tarifverträgen haben nur wenige branchenbezogenen Charakter (darunter im Energiesektor, Kohlebergbau, Metall, Ferntransport, Rüstungs- und Luftfahrtindustrie). Der Großteil hat regionalen Charakter. Die Gewerkschaft Solidarnosc beispielsweise gründet sich auf eine regionale Struktur, wohingegen branchenbezogene Strukturen unwesentlich sind.[491]

---

483 Kohl/Platzer, Mittelosteuropa, S. 153 f.

484 Kohl/Platzer, Mittelosteuropa, S. 152.

485 Kohl/Platzer, Mittelosteuropa, S. 152.

486 Stelina, in: FS Lewandowski, 93, 97.

487 http://www.dialog.gov.pl/ponadzakladowe-uklady-zbiorowe-pracy/; zuletzt abgerufen am 27.11.2017.

488 Walczak, in: FS Szubert, 304, 309; Hajn, in: Aktualne problemy, 62.

489 Walczak, in: FS Szubert, 304, 310; Stelina, in: FS Lewandowski, 97.

490 Ausführlich zur Entwicklung Stegemann, Gewerkschaften, S. 444 ff.

491 Stelina, in: FS Lewandowski, 93, 98; Hajn, Przedstawicielstwo, S. 48 f.

(4) Anwendungsbereich

In Polen finden sich Tarifverträge fast ausschließlich im öffentlichen Sektor, wohingegen der private Sektor weitgehend von Tarifverhandlungen frei blieb.[492] Der Anwendungsbereich von Tarifverträgen und die Befugnisse der Tarifvertragsparteien waren in Polen von Anfang an eng umgrenzt, was deren Entwicklung im Wege stand und das Interesse der Tarifparteien sich zu engagieren schmälerte.[493] Anders als im deutschen Recht besteht im polnischen Tarifrecht für den Arbeitgeber die Möglichkeit, die Anwendung tarifvertraglicher Regelungen für die Dauer von bis zu drei Jahren auszusetzen, wenn er sich in finanziellen Schwierigkeiten befindet, Art. 241^{27} KP. Hinzu kommt, dass auch der Regelungsbereich von Tarifverträgen begrenzt ist. So dürfen Tarifverträge nach Art. 9 § 2 KP keine ungünstigeren Regelungen treffen als die Gesetze es vorgeben.[494] Ferner dürfen im Öffentlichen Dienst die Löhne gemäß Art. 77^3 KP ausschließlich durch Rechtsverordnung durch den Arbeitsminister festgelegt werden. Außerdem werden nach Art. 239 Abs. 3 KP bestimmte Personengruppen vom tarifvertraglichen Anwendungsbereich ausgeschlossen. Dies sind neben Beamten auch Arbeitnehmer im Öffentlichen Dienst. Schließlich regelt Art. 241^{26} Abs. 2 KP, dass die Lohnbedingungen für leitende Angestellte nicht in einem betrieblichen Tarifvertrag geregelt werden dürfen.[495] Diese Vorschriften führten dazu dass sowohl Gewerkschaften als auch Arbeitgeberverbände kein Interesse daran haben, Kollektivvereinbarungen zu treffen.

Im polnischen Recht werden Tarifverhandlungen daher lediglich als Ergänzung zur Gesetzgebung gesehen, nicht aber als adäquater Ersatz. In der Praxis werden hauptsächlich unwesentliche Bestandteile des Lohnes tarifvertraglich geregelt, ebenso wie die Arbeitszeit, soweit sie nicht in speziellen Arbeitsordnungen festgelegt ist. Im Übrigen gelten gesetzliche Regelungen. Besonders ab dem Jahr 1989 stieg die polnische Gesetzgebung stark an, wohingegen dies bei kollektivrechtlichen Regelungen nur bedingt der Fall war.[496]

(5) Erstreckung tarifvertraglicher Normen auf Außenseiter

Die Richtlinie 96/71/EG lässt nicht jede Erstreckung kollektivrechtlicher Regelungen auf entsandte Arbeitnehmer zu. Sie erfasst nur die Erstreckung

---

492 Walczak, KP, Art. 77^1, 3; Stelina, in: FS Lewandowski, 93, 97.

493 Pisarczyk, in: Hajn, Przedstawicielstwo, 233 ff.; Wratny/Walczak, Układy zbiorowe, Wprowadzenie Rn. 3; Kohl/Platzer, Mittelosteuropa, S. 95.

494 Walczak, KP, Art. 77^1, 4.

495 Walczak, in: FS Szubert, 304, 308.

496 Florek, in: FS Szubert, 49, 59.

allgemeinverbindlicher Tarifverträge oder Schiedssprüche im Sinne des Art. 3 Abs. 8, also von Regelungen die von allen in den jeweiligen geographischen Bereich fallenden und die betreffende Tätigkeit oder das betreffende Gewerbe ausübenden Unternehmen einzuhalten sind.
Das polnische Arbeitsrecht verfügt zwar über ein dem deutschen System ähnliches System der Allgemeinverbindlicherklärung. Dieses spielt im polnischen Arbeitsrecht aber nur eine untergeordnete Rolle und wird nicht auf entsandte Arbeitnehmer angewandt.

(a) Tarifbindung

Im polnischen Tarifrecht repräsentieren die Gewerkschaften anders als im deutschen Tarifrecht alle Arbeitnehmer unabhängig von ihrer Gewerkschaftszugehörigkeit.[497] Daher gilt ein Tarifvertrag gem. Art. 239 § 1 KP nicht nur für tarifgebundene Arbeitnehmer sondern für alle Arbeitnehmer des vertragschließenden Arbeitgebers, es sei denn im Tarifvertrag wurde etwas anderes bestimmt.[498] Insofern unterscheidet sich die Bindungswirkung von der doppelten Tarifbindungswirkung des deutschen Tarifvertragsrechts.

(b) Allgemeinverbindlicherklärung in Polen

Ähnlich wie mit der Allgemeinverbindlicherklärung nach § 5 TVG im deutschen Recht besteht auch im polnischen Arbeitsrecht die Möglichkeit tarifliche Normen auf Außenseiter zu erstrecken. Dies ist geregelt in Art. 241^{18} KP. Der Arbeitsminister kann auf gemeinsamen Antrag der Tarifvertragsparteien eines überbetrieblichen Tarifvertrages bei Bestehen eines öffentlichen Interesses diesen durch Rechtsverordnung auch auf Arbeitnehmer erstrecken, die bei einem nicht tarifgebundenen Arbeitgeber beschäftigt sind, sofern dessen wirtschaftliche Tätigkeit der des tarifgebundenen Arbeitgebers ähnelt. Weiteres Erfordernis für die Erstreckung ist die Einholung von Stellungnahmen des Arbeitgebers, einer betrieblichen Gewerkschaftsorganisation und der Kommission für Tarifverträge.

Diese Norm greift aber nur bei Arbeitgebern mit Sitz in Polen und ist nicht von Art. 3 Abs. 8 RL 96/71/EG erfasst. Im polnischen Recht gibt es keine überbetrieblichen Tarifverträge die die Voraussetzungen von Art. 3 Abs. 8 RL 96/71/EG erfüllen, weshalb diese Regelung im DelPracU nicht kodifiziert wurde.[499] Ebenso

497 Florek, Prawo Pracy, § 35 Rn. 422; Galicki, Reprezentatywność, S. 29; Lewandowski, in: FS Jackowiak, 80, 81; Kaczyński, PiP 1996 Nr. 7, 25 ff.

498 Florek, Prawo Pracy, § 37 Rn. 449.

499 Florek, Prawo Pracy, § 37 Rn. 449; Florek/*Skoczyński*, Art. 67^1, S. 356 f.

wie der Abschluss überbetrieblicher Tarifverträge, spielt die Allgemeinverbindlicherklärung von Tarifverträgen im polnischen Arbeitsrechtssystem keine große Rolle. Daher kam eine diesbezügliche Umsetzung der Richtlinie 96/71/EG durch tarifvertragliche Vorschriften in Polen nicht in Frage.[500]

(6) Entgeltordnungen als zusätzliche Rechtsquelle

Einer der Hauptgründe für die geringe Bedeutung von tarifrechtlichen Reglungen in der polnischen Rechtspraxis ist die seit dem Jahr 1996 gesetzlich festgelegte Pflicht des Arbeitgebers, Entgeltregelungen im Betrieb in einer so genannten Entgeltordnung („Regulamin wynagradzania“) nach Art. 77^2 KP festzulegen.[501] Diese Pflicht besteht in Betrieben mit mehr als 50 Arbeitnehmern (Regelung ab dem 01.01.2017). Bis zum Jahr 2002 bestand diese Verpflichtung bereits ab einer Zahl von 5 Arbeitnehmern, danach wurde sie auf 20 Arbeitnehmer erhöht.[502] Die nochmalige starke Erhöhung der Arbeitnehmerzahl sollte dazu dienen, die Stellung der Gewerkschaften und deren Rechtssetzungsbefugnisse im Bereich der Zahlungspolitik zu stärken.[503] Nach Art. 77^2 § 1 KP legt ein Arbeitgeber der mindestens 50 Arbeitnehmer beschäftigt die Entgeltbedingungen in einer Entgeltordnung fest, insofern er nicht tariflich gebunden ist. Bei Betrieben mit einer Arbeitnehmerzahl zwischen 20 und 50 ist die Festlegung einer Entgeltordnung fakultativ. Insofern im Betrieb eine Gewerkschaft besteht, muss die Entgeltordnung im Einvernehmen mit der Gewerkschaft festgelegt werden. Allerdings besteht keine Registrierungspflicht wie beim Tarifvertrag. Aus diesem Grund ist dies eine für den Arbeitgeber angenehmere Variante gegenüber dem Abschluss eines Tarifvertrages.[504]

Die Entgeltordnung stellt eine Rechtsquelle im Sinne des Art. 9 KP dar, hat also normativen Charakter. Durch das gegenüber einem Tarifvertrag einfachere Zustandekommen hat sich die Entgeltordnung nach Art. 77^2 KP im Laufe der Zeit als Alternative zum Tarifvertrag herauskristallisiert und damit der sowieso schon schwachen Stellung des polnischen Kollektivrechts Vorschub geleistet. Die Entgeltordnungen entwickelten sich damit als Surrogat zum Tarifvertrag.[505]

---

500 Sobczyk, KP, Art. 67^1 KP Rn. 10; Florek, in: FS Szubert, 49, 64.

501 Wratny, KP, Art. 77^2 Rn. 1; Góździewicz, in: Aktualne problemy, 37, 48.

502 Walczak, KP, Art. 77^2, Rn. 6; Florek, PiZS 2016 Nr. 3, 10 ff.

503 Wratny, KP, Art. 77^2 Rn. 17.

504 Florek, in: FS Jackowiak, 48, 58.

505 Walczak, KP, Art. 77^1, 5.; ders., KP, Art. 77^2, 2.; Swiątkowski, KP, Art. 77^2 Rn. 4, 8; Wratny, KP, Art. 77^2 Rn. 1; Stelina, in: FS Lewandowski, 93, 98.

c) *Zusammenfassung*

Der polnische Gesetzgeber verwendet als Instrument zur Erstreckung arbeitsrechtlicher Mindestarbeitsbedingungen auf aus dem Ausland nach Polen entsandte Arbeitnehmer ausschließlich gesetzliche Vorschriften. Tarifrechtliche Bestimmungen spielen nicht nur im DelPracU sondern allgemein im polnischen Arbeitsrechtssystem kaum eine Rolle. Dafür sind verschiedene Gründe zu nennen.

Zum einen beruht die geringe Bedeutung auf dem Umstand dass keine verhandlungsbereiten Tarifparteien vorhanden sind. Die polnischen Gewerkschaften spielten zwar eine entscheidende Rolle im Prozess der Demokratisierung Polens vor dem Jahr 1989. Mittlerweile hat sich aber ihre Bedeutung extrem verringert. Die Anzahl ihrer Mitglieder ist stark zurückgegangen und konstant rückläufig. Nachdem die Gewerkschaften der sozialistischen Zeit mehr staatliche Marionetten darstellten als unabhängige Vertreter der Arbeitnehmerinteressen, haben viele Arbeitnehmer noch heute kein großes Vertrauen zu Gewerkschaften.[506]

Auf der anderen Seite fehlt es an Arbeitgeberorganisationen, mit denen Gewerkschaften Tarifverhandlungen führen könnten.[507] Auch wenn Polens Unternehmen nach dem Umbruch einer extensiven Privatisierung unterlagen, verlangsamte sich dieser Prozess in den Jahren 2010 und kam schließlich im Jahr 2014 ganz zum Erliegen. Dies führte dazu dass Staatsunternehmen auch heute noch einen großen Teil der polnischen Wirtschaft ausmachen und einige Wirtschaftssektoren stark dominieren, und dies mit steigender Tendenz. Insgesamt befinden sich in Polen derzeit mehrere Hundert Unternehmen in staatlicher Hand, darunter einige der größten Firmen in Zentral- und Osteuropa. Die aktuelle polnische Regierung strebt sogar einen noch stärkeren Einfluss von Staatsunternehmen an.[508] Diese sozialistischen Spuren reichen bis in das heutige demokratische Polen hinein. Arbeitgeberverbände verstehen sich noch immer primär als wirtschaftliche Interessenvertretung und weniger als Sozialpartner und Tarifvertragspartei.[509] Polnische Arbeitgeber schließen zudem nur ungern überbetriebliche Tarifverträge ab. Ihnen wurden durch den Gesetzgeber alternative Möglichkeiten gegeben, Arbeitsbedingungen festzulegen, weshalb sie kein Bedürfnis zu Tarifverhandlungen verspüren.[510]

---

506 Kozek/Ostrowski, in: Instytucjonalizacja, S. 103.

507 Stelina, in: FS Lewandowski, 93, 100; Schulten/Bispinck/Schäfer, Mindestlöhne, S. 149.

508 Kommission, Country Report S. 10.

509 Schulten/Bispinck/Schäfer, Mindestlöhne, S. 150.

510 Seweryński, in: FS Szubert, 81,92; Stelina, in: FS Lewandowski, 93, 97, 99 f.; Hajn, Przedstawicielstwo, S. 40 f.; Wratny/Bednarski, Związki zawodowe, S. 52.

Zu der Skepsis gegenüber Tarifverhandlungen tragen die aktuellen gesetzlichen Regelungen bei. Zum einen ist traditionell bedingt ein Großteil der Arbeitnehmerschutzvorschriften im polnischen Arbeitsrecht bereits durch Gesetze abgedeckt, weshalb zusätzliche tarifvertragliche Regelungen nicht erforderlich erscheinen. Zum anderen sind die Tarifparteien in ihrer Tarifautonomie beschränkt, da der Regelungsbereich von Tarifverträgen immer noch begrenzt ist.

Aus den oben genannten Gründen mangelt es heute an tarifvertraglichen Regelungen im polnischen Arbeitsrechtssystem. Hinzu kommt dass auf dem polnischen Arbeitsmarkt kleine und mittlere Unternehmen dominieren. Diese schließen überwiegend betriebliche Tarifverträge ab. Überbetriebliche Tarifverträge haben in Polen daher, im Gegensatz zu Deutschland, nur geringe Bedeutung.[511] Es fehlte nach dem Umbruch an Tarifpartnern die überbetriebliche Tarifverträge abschlossen, da Gewerkschaften nur gering in den Betrieben vertreten und keine Arbeitgeber organisationen vorhanden waren.[512] In den meisten polnischen Betrieben gibt es keine Gewerkschaften. Zudem fehlt es generell am Interesse einer Gewerkschaft beizutreten, an Streikbereitschaft und Streikerfahrung.[513] Daher ist die Zahl der Mitglieder in den letzten Jahren erheblich gesunken.[514] Die Gewerkschaften in Polen ziehen es vor auf die staatliche Gesetzgebung einzuwirken anstatt selbst Normsetzungsfunktionen zu erfüllen und Tarifverhandlungen zu führen. Die Ersetzung von Tarifverträgen durch Regelungen wie etwa den Entgeltordnungen stellt nach Meinung zahlreicher Stimmen in der polnischen Rechtsliteratur jedoch keinen adäquaten Ersatz für das Vorhandensein kollektivrechtlicher Regelungen dar, sondern vielmehr eine Bedrohung für die historische Entwicklung der Rechtsquellen im polnischen Recht. Die Arbeitsbedingungen werden in den meisten Fällen mangels des Vorhandenseins von Gewerkschaften in den polnischen Betrieben einseitig

---

511 Stelina, in: FS Lewandowski, 93, 100; Hajn, Przedstawicielstwo, S. 48; Florek, in: Hajn, Przedstawicielstwo, 203; Wratny, in: Nowe układy zbiorowe, 11, 13; Wratny/Bednarski, Związki zawodowe, S. 44, 51; Schulten/Bispinck/Schäfer, Mindestlöhne, S. 150, 152; Kohl/Platzer, Mittelosteuropa, S. 152.

512 Florek, in: FS Jackowiak, S. 48; Góździewicz, in: Aktualne problemy, 37, 48; Hajn, in: Aktualne problemy, 51, 62; Nowak, Wynagrodzenie, S. 83.

513 Schulten/Bispinck/Schäfer, Mindestlöhne, S. 152f.

514 Walczak, KP, Art. 77^1, 3.; Kozek/Ostrowski, in: Instytucjonalizacja, 102; Wratny/Walczak, Układy zbiorowe, Wprowadzenie Rn. 3; Schulten/Bispinck/Schäfer, Mindestlöhne, S. 161.

vom Arbeitgeber festgelegt.[515] So wurde der Tarifvertrag, wenn auch laut Gesetz eine wesentliche Quelle der Arbeitnehmerrechte, in der Praxis die Ausnahme, da in der Mehrzahl der Arbeitsverhältnisse die Entgeltbedingungen in Entgeltordnungen festgelegt sind.[516] Ferner besteht keine Möglichkeit die Regelungen von Entgeltordnungen ähnlich einer Allgemeinverbindlicherklärung im Tarifvertragsrecht auf andere Betriebe zu erstrecken. Dies führt zum einen dazu dass die Entgeltordnungen keine Anwendung auf nach Polen entsandte Arbeitnehmer finden, zum anderen führt dies auch innerhalb des nationalen Gefüges zu unterschiedlichen Vergütungspraxen.

Aufgrund mangelhafter Kontrollen kommt hinzu dass Arbeitgeber in Polen häufig ihre gesetzlichen und vertraglichen Pflichten ignorieren. Aus Angst vor einem Verlust des Arbeitsplatzes wird dies aber von der Belegschaft oft nicht geltend gemacht.[517]

Diese Entwicklung wurde in der polnischen Rechtsliteratur in den letzten Jahren kritisch beäugt und nach Lösungsmöglichkeiten gesucht. Eine Ausweitung der Tarifvertragsautonomie könne wieder vermehrt zur Gründung von Gewerkschaften führen.[518] Unter den jetzigen Bedingungen würde die Gestaltung gemeinsamer branchenbezogener Interessen erschwert.[519] Es stellt sich mithin die Frage ob der Staat seine Rolle nicht eingrenzen und einen Teil seiner Legitimation im Bereich des Arbeitnehmerschutzes zugunsten der Stärkung tarifrechtlicher Vereinbarungen abgeben sollte.[520] Dies wird immerhin bestärkt durch die polnische Verfassung, nach deren Art. 59 KRP Koalitionen das Recht zum Abschluss kollektiver Arbeitsverträge haben. Dieses Recht würde praktisch leerlaufen wenn faktisch alles durch Gesetze geregelt würde.[521] Die noch aus den 80er Jahren stammende Gesetzgebung ermöglicht keinen wirklichen Sozialen Dialog.[522] Selbst die gesetzlichen Reformen in der ersten Hälfte des 20. Jahrhunderts haben an der kollektivrechtlichen Praxis in Polen nicht viel geändert, sie blieb bis heute verhalten.[523] Die Beibehaltung des derzeitigen Status Quo wäre

515 Florek, in: FS Szubert, 49, 67 f.; Stelina, in: FS Lewandowski, 93, 98; Walczak, in: System Prawa Pracy, Band V, S. 456.
516 Walczak, FS Szubert, 304, 310.
517 Nowak, Godziwe wynagrodzenie, S. 171.
518 Florek, in: FS Szubert, 49, 64 f.
519 Seweryński, in: FS Szubert, 85, 89.
520 Florek, in: FS Szubert, 49, 66.
521 Florek, in: FS Szubert, 49, 59.
522 Hajn, Przedstawicielstwo, S. 50 ff.
523 Wratny, in: Nowe układy zbiorowe, 39, 42.

nachteilig für den polnischen Arbeitsmarkt, da dadurch die Anpassung von Unternehmen an den sich ständig wandelnden Arbeitsmarkt erschwert wird. Dies gilt besonders hinsichtlich der Organisation und Arbeitskosten, die für die Wettbewerbsfähigkeit unerlässlich sind. Eine Umwandlung stellt sich allerdings als schwierig dar, wenn es keine Tarifverträge gibt die die Arbeitnehmer auffangen würden.[524]

Die Beschäftigungsbedingungen von denen in der Entsenderichtlinie die Rede ist sind demnach hauptsächlich in gesetzlichen Vorschriften enthalten. Eine Erstreckung von Tarifverträgen auf nach Polen entsandte Arbeitnehmer findet nicht statt. Eine Art Allgemeinverbindlicherklärung findet sich in der Vorschrift des Art. 241^{18} ArbG, der aber nur Arbeitgeber umfasst die auf dem Hoheitsgebiet Polen eine Arbeitsstätte haben.[525]

III. Vergleich und Analyse

Bei einem Vergleich der Gesetze wird deutlich dass sie sich hinsichtlich ihrer Regulierungsinstrumente klar unterscheiden.

Der deutsche Gesetzgeber legt den Schwerpunkt auf die Erstreckung von Mindestarbeitsbedingungen durch Tarifvertrag und erstreckt diese mittels zweier Instrumente auf nach Deutschland entsandte Arbeitnehmer, der Allgemeinverbindlicherklärung nach § 5 TVG und der Rechtsverordnung nach § 7, 7a AEntG. Beides sind staatliche Instrumente, mit denen aber kollektivrechtliche Regelungen erstreckt werden. Dies macht es besonders unter praktischen Gesichtspunkten für ausländische Arbeitgeber die ihre Arbeitnehmer nach Deutschland entsenden schwierig, bei der Vielzahl an tarifrechtlichen Regelungen die für sie relevanten anwendbaren Vorschriften festzulegen. Bei gesetzlichen Vorschriften stellt sich dies einfacher dar. Auf der anderen Seite ist der Tarifvertrag aber gegenüber dem Gesetz ein flexibleres Instrument um den Arbeitsmarkt zu regeln. Zudem werden im Tarifvertrag Arbeitsbedingungen durch Parteien geschaffen die näher an der Materie dran sind als der Gesetzgeber; er erlaubt durch tarifrechtliche Lohngitter eine feinere Abstufung und Anpassung an Besonderheiten der Branchen und Regionen.

Mangels tarifrechtlicher Regelungen im polnischen Arbeitsrecht regelt der polnische Gesetzgeber hingegen Entsendesachverhalte durch im Vergleich zu Tarifvorschriften weniger flexible gesetzliche Vorschriften. Da ein großer Teil der Arbeitnehmer die nach Polen entsendet werden aus Hochlohnländern

524 Florek, in: FS Szubert, 49, 66; Seweryński, Polish Labour Law, S. 228 ff.

525 Becker/Baron von Maydell/Szurgacz/*Florek*, S. 161, 169.

stammt, kann man davon ausgehen dass die gesetzlichen Mindestarbeitsbedingungen auf diese keine Anwendung finden. In diesem Fall sind sie ungünstiger als die Arbeitsbedingungen, die diese Arbeitnehmer mitbringen.

Die unterschiedliche Wahl der Mittel ist vor allem historisch, sowie durch wesentliche Unterschiede bei Funktion, Organisation und Struktur der Sozialpartner in beiden Ländern bedingt.[526] In Deutschland förderte der deutsche Gesetzgeber die Normsetzungsfunktion der Tarifvertragsparteien viel mehr als dies in Polen der Fall war. Angesichts der Tatsache dass Deutschland vor allem entsandte Arbeitnehmer aus Niedriglohnländern wie Polen aufnimmt, auf die dann die tarifrechtlichen Mindestarbeitsbedingungen Anwendung finden, erhält so das deutsche Tarifrecht eine sehr große Reichweite. Das Festhalten des polnischen Gesetzgebers am staatlichen Gesetzgebungsmonopol führte über die Jahre dazu dass der polnische Arbeitsmarkt sich nur langsam entwickeln konnte und noch immer mit sozialistischen Strukturen verflochten bleibt. Dies zeigt dass tarifliche Regelungen sich aufgrund ihrer Flexibilität positiv auf einen nationalen Arbeitsmarkt auswirken können. In Bezug auf die Entsendung von Arbeitnehmern nach Polen spielt das polnische System allerdings keine entscheidende Rolle, da die polnischen gesetzlichen Arbeitsbedingungen nicht häufig zur Anwendung kommen.

Auf der anderen Seite kann die Erstreckung tarifrechtlicher Arbeitsbedingungen auf ausländische Arbeitnehmer auch ein Nachteil sein. In Anbetracht dessen dass nationale kollektivrechtliche Vereinbarungen an branchenspezifische und/oder regionale Besonderheiten angepasst sind, besteht die Gefahr dass sie den speziellen Bedürfnissen ausländischer Arbeitnehmer die für eine begrenzte Zeit ins Ausland entsandt werden, nicht gerecht werden. Diese Gefahr ist bei überregionalen branchenübergreifenden gesetzlichen Regelungen möglicherweise geringer. Unter arbeitnehmerschutzrechtlichen Gesichtspunkten ist die Erstreckung tarifrechtlicher Regelungen daher kritisch zu sehen, was eher dafür spricht dass der deutsche Gesetzgeber damit schlichtweg andere Ziele verfolgte.

D. Inhalt der Normen der Entsende-Gesetze

Nachdem festgestellt wurde wie die beiden Länder Arbeitsbedingungen auf aus dem Ausland entsandte Arbeitnehmer erstrecken, soll im Folgenden untersucht und verglichen werden um welche Arbeitsbedingungen es sich handelt und inwiefern diesbezüglich die Vorgaben der Entsenderichtlinien eingehalten

526 Stegemann, Gewerkschaften, S. 470.

wurden. Bei näherer Betrachtung der beiden Gesetze zeigt sich zunächst, dass beide Länder den Kern der Arbeitsbedingungen aus Art. 3 Abs. 1 RL 96/71/EG nahezu wortgleich übernommen haben. Der polnische Gesetzgeber hat von der Möglichkeit, auch weitere Arbeitsbedingungen auf nach Polen entsandte Arbeitnehmer zu erstrecken, keinen Gebrauch gemacht hat, sondern lediglich die durch die RL 96/71/EG vorgegebenen Arbeitsbedingungen übernommen.[527] Der deutsche Gesetzgeber hingegen hat von der in Art. 3 Abs. 10 RL 96/71/EG vorgesehenen Möglichkeit weitere Arbeitsbedingungen einzubeziehen Gebrauch gemacht und auch die deutschen Regelungen zu den Urlaubskassen in der Baubranche auf ausländische Arbeitgeber erstreckt.

I. Allgemeines

Ebenso wie das AEntG nennt auch das DelPracU nicht konkret die auf aus dem Ausland entsandten Arbeitnehmer anzuwendenden Vorschriften im Gesetzestext sondern verweist lediglich allgemein auf die landesspezifischen Vorschriften.

1. Kern der Arbeitsbedingungen

Wie bereits dargestellt wurde hat der polnische Gesetzgeber den Kern der Mindestarbeitsbedingungen in Polen ausschließlich gesetzlich geregelt.[528]

Bis auf die Regelungen zu Mindestlohn und Leiharbeit befinden sich alle Vorschriften im KP. Der Mindestlohn wurde in einem Mindestlohngesetz[529] im Jahr 2002 festgesetzt. Und auch die Vorschriften zur Leiharbeit wurden mit dem Leiharbeitsgesetz[530]erst nachträglich im Zuge der Vorbereitung des Eintritts Polens in die EU im Jahr 2003 geschaffen, da das Institut der Leiharbeit der polnischen Rechtsordnung vormals fremd war.[531] So finden sich Vorschriften zur Arbeitszeit im ersten, zweiten und vierten Abschnitt des KP, sowie zu Pausen im

527 Wąź, MOPR Nr. 10 2016, 511, 512.

528 Siehe oben Teil 3 C. II. 2.

529 Ustawa z dnia 10 października 2002 r. o minimalnym wynagrodzeniu za pracę, Dz. U. 2002 Nr. 200 Poz. 1679 (Gesetz vom 10. Oktober 2002 über den Mindestlohn, BGBl. 2002 Nr. 200 Pos. 1679).

530 Ustawa z dnia 9 lipca 2003 r. o zatrudnianiu pracowników tymczasowych, Dz. U. 2003 Nr. 166 Poz. 1608 (Gesetz vom 9. Juli 2003 über die Beschäftigung von Leiharbeitnehmern, BGBl. 2003 Nr. 166 Pos. 1608).

531 Hajn/Mitrus, Labour Law, S. 153 f.; nähere Ausführungen zur Leiharbeit in Polen siehe auch Baran, Outline, S. 222 ff.

dritten Abschnitt. Der Mindesturlaub ist ebenfalls im ersten Abschnitt geregelt. Vorschriften zu Überstundenzuschlägen, Hygiene- und Sicherheitsvorschriften, Vorschriften zu Mutterschutz und Elternzeit, sowie zur Arbeit von Minderjährigen sind im fünften Abschnitt des KP geregelt. Vorschriften zu Diskriminierung befinden sich im Abschnitt 2a.

In Deutschland werden neben anderen Mindestarbeitsbedingungen vor allem Mindestlöhne tarifvertraglich geregelt. So bestehen derzeit in 15 Branchen allgemeinverbindliche Mindestlohn-Tarifverträge die über das AEntG auch auf aus dem Ausland nach Deutschland entsandte Arbeitnehmer Anwendung finden.[532]

2. Schwierigkeiten bei Anwendung des Günstigkeitsprinzips

Nach Art. 3 Abs. 7 RL 96/71/EG haben günstigere Beschäftigungs- und Arbeitsbedingungen für entsandte Arbeitnehmer Vorrang. Dabei stellt sich die Frage, wie genau der Günstigkeitsvergleich durchgeführt werden soll. Die Richtlinie gibt hier keine Maßstäbe vor und überlässt das Verfahren den Mitgliedsstaaten.[533] Die besondere Schwierigkeit bei einem Günstigkeitsvergleich von verschiedenen Rechtsordnungen liegt darin dass teils fundamental unterschiedliche Rechtsordnungen miteinander verglichen werden müssen.[534]

a) Deutschland

aa) Objektive Beurteilung

Bislang ist im deutschen Recht nicht eindeutig geklärt wie ein Günstigkeitsvergleich zwischen verschiedenen Rechtsordnungen durchgeführt werden soll, da es insofern keine rechtlichen Vorgaben gibt.[535] Im Laufe der Zeit haben sich hierzu aber bestimmte Methoden herausgebildet. Zunächst ist festzuhalten dass nach ganz überwiegender Meinung beim Günstigkeitsvergleich das Individualinteresse des Arbeitnehmers ausschlaggebend ist, wobei zur Ermittlung

532 Siehe Verzeichnis des Bundesministeriums für Arbeit und Soziales der für allgemeinverbindlich erklärten Tarifverträge, Stand: 1. Juli 2017, S. 5; abrufbar unter https://www.bmas.de/SharedDocs/Downloads/DE/PDF-Publikationen-DinA4/arbeitsrecht-verzeichnis-allgemeinverbindlicher-tarifvertraege.pdf?__blob=publicationFile, zuletzt abgerufen am 09.11.2017.

533 Velikova, Arbeitnehmerentsendung, S. 178.

534 Görres, Arbeitnehmerentsendung, S. 162; Junker, Internat. ArbR, S. 96 ff.; Velikova, Arbeitnehmerentsendung, S. 31.

535 Deinert, Internat. ArbR, § 9 Rn. 58.

objektiv-hypothetische Kriterien heranzuziehen sind.[536] Zur Durchführung eines Günstigkeitsvergleichs ist daher die Frage zu beantworten, wie ein verständiger Arbeitnehmer unter Berücksichtigung der Anschauungen seines Berufsstandes und der Verkehrsanschauung die einander gegenüberstehenden Bestimmungen einschätzen würde.[537]

bb) Relevante Vergleichsgruppen

Dabei stellt sich zunächst die Schwierigkeit, zu ermitteln, welche Kriterien überhaupt in den Vergleich einzustellen sind.

(1) Gesamtvergleich

Zunächst könnte man in Betracht ziehen, die gesamten Systeme gegenüberzustellen und zu vergleichen. Ein Vorteil dieser Methode besteht darin, dass beide Regelungswerke jeweils als Einheit begriffen werden, in der gegenseitige Abhängigkeitsverhältnisse existieren und eine systematische Einordnung einzelner Normen durchgeführt werden kann.[538] Allerdings ist diese Methode in der Praxis im Rahmen der grenzüberschreitenden Arbeitnehmerentsendung kaum durchführbar. Sie bietet zwar die breiteste Beurteilungsgrundlage, hätte aber zur Folge, dass die kompletten Arbeitsrechtssysteme von Herkunfts- und Empfangsstaat miteinander verglichen werden müssten.[539]

(2) Einzelvergleich

Weiter kommt in Betracht, lediglich einzelne Normen der verschiedenen Rechtsordnungen, die konkret in Frage kommen, zu vergleichen. Auch die Richtlinie 96/71/EG bezieht sich schließlich jeweils auf einzelne konkrete Arbeitsbedingungen. Bei dieser Methode werden jedoch einzelne Bestimmungen aus ihrem Umfeld und aus ihrem Zusammenhang herausgepickt, die unter Umständen aber nicht isoliert betrachtet werden können. Dieses Rosinenpicken könnte zu einem System führen das so von keiner der beiden Rechtsordnungen gewollt war.[540]

---

536 Görres, Arbeitnehmerentsendung, S. 158; Deinert, Internat. ArbR, § 9 Rn. 60, Junker, Internat. ArbR, S. 276; Schlachter, NZA 2000, 57, 61.

537 Görres, Arbeitnehmerentsendung, S. 158; Junker, Internat. ArbR, S. 276.

538 Görres, Arbeitnehmerentsendung, S. 159; Borgmann, Entsendung, S. 112 f.

539 Belling, Günstigkeitsprinzip, S. 178; Görres, Arbeitnehmerentsendung, S. 159; Deinert, Internat. ArbR, § 9 Rn. 58; Velikova, Arbeitnehmerentsendung, S. 31; Schlachter, NZA 2000, 57, 61.

540 Görres, Arbeitnehmerentsendung, S. 159; Deinert, Internat. ArbR, § 9 Rn. 58; Junker, Internat. ArbR, S. 269; Velikova, Arbeitnehmerentsendung, S. 31 f.; Schlachter, NZA 2000, 57, 61; Birk, RdA 1989, 201, 206.

(3) Sachgruppenvergleich

Im Gruppenvergleich werden bestimmte miteinander zusammenhängende Normkomplexe verglichen. Es wird also jeweils ein bestimmter abzugrenzender Teilbereich des nationalen Arbeitsrechts des Herkunftsstaates mit dem entsprechenden Normkomplex des Empfangsstaates verglichen. Der Vorteil dieser von der herrschenden Meinung in Deutschland vertretenen Methode liegt darin dass sie Kompensationsmöglichkeiten bietet, da es möglich ist, eine für den Arbeitnehmer ungünstige Bestimmung innerhalb einer Vergleichsgruppe durch eine andere für ihn günstigere Norm auszugleichen.[541] Hierzu stellt man Normgruppen gegenüber die in einem offensichtlichen objektiven inneren Zusammenhang stehen, die also einen sachlich zusammenhängenden Regelungskomplex bilden.[542] Dieser Zusammenhang besteht wenn die einzelne Bestimmung keine selbständige Existenz führt, sondern mit anderen wesensverwandten Normen eine Einheit bildet; die Vorschriften müssen so zusammenhängen dass die eine ohne die andere keine vollständige Regelung ergibt.[543] Nachteil an dieser Vorgehensweise ist jedoch, dass in den Günstigkeitsvergleich auch Bestimmungen eingestellt werden die über die in der RL 96/71/EG genannten Bedingungen hinausgehen.[544]

b) Polen

Ebenso wie das AEntG schreibt auch das polnische DelPracU nicht vor, nach welchen Kriterien genau bestimmt werden soll, welche Normen für entsandte Arbeitnehmer günstiger sein sollen.[545] Dies stellt vor allem in der Praxis wiederholt Arbeitgeber, die ihre Arbeitnehmer ins Ausland entsenden wollen, vor Schwierigkeiten. Dies äußert sich insbesondere auch bei der Bestimmung der genauen Lohnhöhe samt der relevanten Lohnbestandteile, da sich hier von Land zu Land oftmals Unterschiede ergeben.

Entsprechende Kriterien zur Feststellung, welche Normen jeweils günstiger für die entsandten Arbeitnehmer sind, fehlen.[546]

---

541 Görres, Arbeitnehmerentsendung, S. 160; Deinert, Internat. ArbR, § 9 Rn. 58; Junker, Internat. ArbR, S. 272; Velikova, Arbeitnehmerentsendung, S. 32 ff; Schlachter, NZA 2000, 57, 61.

542 Görres, Arbeitnehmerentsendung, S. 161; Junker, Internat. ArbR, S. 269.

543 Junker, Internat. ArbR, S. 270.

544 Görres, Arbeitnehmerentsendung, S. 163.

545 SN, Urteil vom 04.12.2007 – I PK 137/07, OSNP 2009 Nr. 1–2, Pos. 8; SN, Urteil vom 04.02.2011 – II PK 187/10, OSNP 2012 Nr. 7–8, Pos. 89; Sobczyk, Art. 9 Rn. 20; Walczak/Wojewódka, Prawo pracy, § 24 S. 37.

546 Vgl. Walczak/*Wojciechowski*, KP, Art. 67^1 Pkt. 4.

c) Zusammenfassung

Wie sich aus den oben genannten Erwägungen ergibt ist ein internationaler Günstigkeitsvergleich äußerst kompliziert, in der Praxis schwer durchführbar und führt nicht immer zu gerechten und zufriedenstellenden Ergebnissen. Es entsteht eine erhebliche Rechtsunsicherheit. In der Praxis führen diese Schwierigkeiten zu dem weitergehenden Problem dass entsendende Arbeitgeber oft nicht wissen welche Vorschriften anwendbar sind, insbesondere wenn die Vorschriften häufig wechseln. Sehen sie dadurch von einer Entsendung ab, sind sie insofern in ihrer Dienstleistungsfreiheit beschränkt.[547]

Der Gruppenvergleich scheint im Rahmen der Feststellung der für entsandte Arbeitnehmer günstigeren Arbeitsbedingungen das am besten geeignete Mittel zur Durchführung eines Günstigkeitsvergleichs zu sein, auch wenn der Günstigkeitsvergleich in der Entsendepraxis ganz allgemein viele Arbeitgeber vor hohe Schwierigkeiten stellt.

II. Mindestlohnbestimmungen

Relevant wird die Frage nach der Methode des Günstigkeitsvergleichs besonders bei der Bestimmung der für den entsandten Arbeitnehmer geltenden Lohnhöhe, da in der Praxis häufig Schwierigkeiten bei der Festlegung der Vergütungsbestandteile auftreten. Eine der wichtigsten Vorgaben die die Richtlinie 96/71/EG macht ist die Plicht entsendender Arbeitgeber, ihren Arbeitnehmern mindestens die im Aufnahmestaat geltenden Mindestlöhne zu zahlen. Der Begriff der Mindestlohnsätze wird hierbei gemäß Art. 3 Abs. 1 RL 96/71/EG durch die Rechtsvorschriften und/oder Praktiken des Mitgliedsstaats bestimmt in dessen Hoheitsgebiet der Arbeitnehmer entsandt wird. Nachdem die Höhe des (Mindest-)Lohnes zudem als einer der wichtigsten Indikatoren für das Maß des Arbeitnehmerschutzes angesehen wird, sollen nachfolgend die jeweils in Deutschland und Polen einschlägigen Vorschriften hierzu dargestellt und analysiert werden.

Was in diesem Zusammenhang, ähnlich wie bei der Bestimmung des Arbeitnehmerbegriffes[548], Probleme aufwirft, ist das Fehlen einer allgemeingültigen Definition des Mindestlohnbegriffes. Es besteht keine EU-rechtliche Definition des Begriffs Mindestlohn. Dadurch kann es dazu kommen dass EU-weit zwischen den Mitgliedsstaaten ein unterschiedliches Verständnis vorliegt, welche

547 Görres, Arbeitnehmerentsendung, S. 164.

548 Zu der Problematik siehe oben Teil 3 B. II. 2. a).

Anteile den Mindestlohn genau ausmachen. Die Nichtanerkennung bestimmter Bezüge im Aufnahmestaat, der nach den Vorgaben der Entsenderichtlinie für die Bestimmung maßgeblich sein soll, kann damit zu einer zusätzlichen finanziellen Belastung ausländischer Arbeitgeber führen. Dies kann wiederum eine verringerte Wettbewerbsfähigkeit und eine Einschränkung ihrer Dienstleistungsfreiheit mit sich bringen.

Im Folgenden sollen die jeweiligen nationalen Mindestlohnbestimmungen in Polen und Deutschland betrachtet werden. Wie oben bereits ausgeführt[549] finden sich Mindestlohnbestimmungen im deutschen Recht verstärkt in tarifrechtlichen Regelungen, wobei seit 01.01.2015 auch gesetzliche Regelungen im deutschen Mindestlohngesetz (MiLoG) normiert wurden. In Polen gibt es mangels der bereits oben ausgeführten Schwäche des polnischen Tarifrechts keine relevanten tarifvertraglichen Lohnregelungen. Der Mindestlohn wird im polnischen Mindestlohngesetz und durch Verordnungen des Ministerrates festgesetzt.

1. *Europäischer Rahmen*

a) *Europarechtliche Vorgaben*

Die Richtlinie 96/71/EG gibt lediglich vor dass die Mindestlohnsätze des Aufnahmelandes auf aus dem Ausland entsandte Arbeitnehmer Anwendung finden und stellt klar dass der Begriff der Mindestlohnsätze durch den Aufnahmestaat bestimmt wird, Art. 3 Abs. 1 RL 96/71/EG. Art. 153 Abs. 5 AEUV nimmt die Regelung des Mindestlohnes von den Kompetenzen der EU aus. Dies macht insofern Sinn, als es kaum möglich ist, angesichts der unterschiedlich entwickelten Wirtschafts- und Gesellschaftsordnungen der EU-Mitgliedsländer einen einheitlichen Mindestlohnsatz festzulegen.

Die Richtlinie 96/71/EG differenziert ferner nach gesetzlichen und tarifvertraglichen Mindestlohnregelungen. Tarifliche Mindestlohnbedingungen werden nach der Richtlinie aber nur in der Bauwirtschaft erstreckt, wobei die Richtlinie eine Erstreckung auch in anderen Branchen ausdrücklich offen lässt, Art. 3 Abs. 10 RL 96/71/EG. Deutschland hat im Gegensatz zu Polen von dieser Möglichkeit Gebrauch gemacht und mit der Gesetzesänderung durch das Tarifautonomiestärkungsgesetz[550] die Möglichkeit der Erstreckung tarifvertraglicher Arbeitsbedingungen durch Rechtsverordnung für alle Branchen geöffnet.

---

549 Siehe oben Teil 3 C I., sowie D. I. 1.

550 Gesetz zur Stärkung der Tarifautonomie (Tarifautonomiestärkungsgesetz) vom 11. August 2014, BGBl. 2014 I Nr. 39, S. 1348.

In der Entsendepraxis stellt sich vor allem die Frage, welche Lohnbestandteile unter den Mindestlohnsatz fallen. Nach der europäischen Rechtsprechung können nur Bestandteile der Vergütung, die das Verhältnis zwischen der Leistung des Arbeitnehmers auf der einen und der ihm hierfür erbrachten Gegenleistung auf der anderen Seite nicht verändern, bei der Bestimmung des Mindestlohns berücksichtigt werden.[551] Einigkeit besteht daher darin, dass Entgelt für Überstunden, Beiträge für zusätzliche betriebliche Altersversorgungssysteme, Erstattungen für infolge der Entsendung tatsächlich entstandene Kosten sowie Qualitätsprämien und Schmutz-, Erschwernis- oder Gefahrenzulagen nicht als Bestandteile des Mindestlohns berücksichtigt werden. Auch Akkordprämien sowie Zulagen für Nacht-, Schicht- und Feiertagsarbeit werden nicht auf den Mindestlohn angerechnet. Abzustellen ist auf den Bruttolohn.[552]

Wird lediglich die Normalleistung vergütet, wird Anrechenbarkeit bejaht. Dies trifft etwa auf Urlaubs- und Weihnachtsgeld zu.[553]

Voraussetzung sei außerdem dass die Vorschriften zwingend und transparent seien, so dass entsendende Unternehmer sich leicht darüber informieren könnten. Unter dieser Voraussetzung sei auch die Einteilung der Arbeitnehmer in Lohngruppen, die im Aufnahmestaat auf der Grundlage verschiedener Kriterien angewandt werden wie etwa der Qualifikation, der Ausbildung und Erfahrung der Arbeitnehmer und der Art der von ihnen ausgeübten Tätigkeit zulässig.[554]

b) *Völkerrechtliche Bestimmungen*

Zwar legt das EU-Recht keine Mindestlohnregelungen fest. Betrachtet man hingegen das Völkerrecht, finden sich dort rechtliche Vorgaben für die Gestaltung

---

551 EuGH, Urteil vom 07.11.2013- C-522/12 (Isbir), EuGH, Urteil vom 14.04.2005, C-341/02 (Kommission/Deutschland); KommEU/*Rebhahn,* RL 96/71/EG, Art. 3 Rn. 18, 23; Bayreuther, EuZA 2014, 189, 194.

552 EuGH, Urteil vom 14.04.2005 – C-341/02 (Kommission/Deutschland); EuGH, Urteil vom 07.11.2013 – C-522/12 (Isbir).

553 Boecken/*Schumacher,* Entsenderichtlinie, Rn. 231; EuGH, Urteil vom 07.11.2013- C-522/12 (Isbir), EuGH, Urteil vom 14.04.2005, C-341/02 (Kommission/Deutschland); KommEU/*Rebhahn,* RL 96/71/EG, Art. 3 Rn. 18, 23; Bayreuther, EuZA 2014, 189, 194.

554 EuGH, Urteil vom 12.02.2015 – C-396/13 (Sähköalojen), NZA 2015, 345; KommEU/*Rebhahn,* RL 96/71/EG, Art. 3 Rn. 17; Bayreuther, EuZA 2015, 346 ff.; Franzen, NZA 2015, 338 ff.

des Mindestlohns. Insbesondere der für Deutschland bindenden Europäischen Sozialcharta (ESC) sind Vorgaben für die nationale Mindestlohngestaltung zu entnehmen. Nach Art. 4 S. 1 Nr. 1 ESC verpflichten sich die Vertragsparteien, das Recht der Arbeitnehmer auf ein Arbeitsentgelt anzuerkennen welches ausreicht, um ihnen und ihren Familien einen angemessenen Lebensstandard zu sichern. Der Ausschuss der Europäischen Sozialcharta (ECSR) betrachtet dann einen Lohn als unangemessen, wenn er unter die Grenze von 60 % des Durchschnittsnettolohnes eines Staates fällt.[555] Danach würde aber beispielsweise das Mindestlohnniveau in Deutschland deutlich über 8,84 Euro liegen.[556]

2. *Deutschland*

Mindestlohnrelevante Regelungen finden sich im deutschen Recht sowohl im Gesetz als auch in Tarifverträgen. Wie oben bereits ausgeführt[557] haben tarifvertragliche Festsetzungen in Deutschland eine lange Tradition. Die zunehmend nachlassende Tarifbindung hat aber den deutschen Gesetzgeber dazu veranlasst, Mindestlohnregelungen im Mindestlohngesetz (MiLoG)[558] zu erlassen. Dieses trat am 01.01.2015 in Kraft. Nach der Gesetzesbegründung zum MiLoG hat die Beschäftigung zu niedrigen Löhnen in Deutschland in den vergangenen Jahren stark zugenommen. Nach Angaben des Statistischen Bundesamtes arbeiteten im Jahr 2001 noch 17,4 % der Beschäftigten für einen Lohn, der weniger als 2/3 des Medianbruttolohnes betrug, im Jahr 2010 waren es bereits 21,7 %.[559]

a) *Funktion des Mindestlohns in Deutschland*

Vorab stellt sich die Frage, welche Funktion Mindestlohnbestimmungen in der deutschen Rechtsordnung haben. Nach der Gesetzesbegründung zum MiLoG sollen durch die Einführung eines flächendeckenden gesetzlichen Mindestlohns Arbeitnehmer vor unangemessen niedrigen Löhnen geschützt und zugleich ein Beitrag zu fairen und funktionierenden Wettbewerbsbedingungen sowie zur Stabilität der sozialen Sicherungssysteme geleistet werden.[560]

---

555 Fischer-Lescano/Preis;/Ulber, Mindestlohn, S. 46; Nassibi, Lohndumping, S. 101; Körner, NZA 2011, 425, 428.

556 Fischer-Lescano/Preis/Ulber, Mindestlohn, S. 47.

557 Teil 3 C. I. 1.

558 Gesetz zur Regelung eines allgemeinen Mindestlohns vom 11.08.2014, BGBl. I S. 1348.

559 BT-Drs. 18/1558, S. 27; Picker, RdA 2014, 25, 26; https://www.destatis.de/DE/PresseService/Presse/Pressekonferenzen/2012/niedriglohn/begleitmaterial_PDF.pdf?__blob=publicationFile.

560 BT-Drs. 18/1558, S. 26; Riechert/Nimmerjahn, MiLoG, Einf., Rn. 55.

aa) Schutz der Arbeitnehmer

Einer der wesentlichsten Aspekte bei der Betrachtung der Funktion des Mindestlohnes ist sicherlich der Schutz der Arbeitnehmer. Nur unter diesem Aspekt kann auch ein Eingriff in die wirtschaftliche Betätigungsfreiheit des Arbeitgebers gerechtfertigt sein.

Grundsätzlich ist es Ausfluss der zivilrechtlichen Vertragsfreiheit dass auch die Vertragsparteien im Arbeitsverhältnis, Arbeitnehmer und Arbeitgeber, die Bedingungen des Arbeitsverhältnisses frei aushandeln und damit auch die Höhe der Vergütung frei bestimmen können.[561] Es ist jedoch dann nötig, in die Vertragsfreiheit einzugreifen, wenn die Angemessenheit des Vertragsverhältnisses nicht mehr gewährleistet ist. Dies ist dann der Fall wenn eine Vertragspartei ihre Interessen nicht gleichgewichtig in die Verhandlungen einbringen kann. Dies ist aber gerade häufig der Fall bei Arbeitnehmern, da der einzelne Arbeitnehmer typischerweise stärker auf das Arbeitsverhältnis angewiesen ist, als der Arbeitgeber auf den einzelnen Arbeitnehmer. Daher hat der Staat es sich zur Aufgabe gemacht, dieses Ungleichgewicht zu beheben.[562] Indem der gesetzliche Mindestlohn die strukturelle Unterlegenheit des Arbeitnehmers bei der Verhandlung von Arbeitsentgelten teilweise ausgleicht, dient er demnach dem Schutz des Arbeitnehmers. Der gesetzliche Mindestlohn zielt aber nach der Gesetzesbegründung zum MiLoG im Unterschied zum Tarifvertrag nicht darauf ab, einen umfassenden Schutz der Arbeitnehmer sicherzustellen. Vielmehr soll er lediglich verhindern dass Arbeitnehmer zu unangemessenen Löhnen beschäftigt werden und dem Arbeitnehmer ein existenzsicherndes Monatseinkommen garantieren.[563] Diesem Zweck vermag jede dem Arbeitnehmer verbleibende Vergütungszahlung des Arbeitgebers zu dienen, unabhängig davon, zu welcher Tageszeit, unter welchen Umständen oder in welcher Qualität die Arbeit erbracht wurde.[564]

---

561 Picker, RdA 2014, 25, 26.

562 BVerfG, 23.11.2006 – 1 BVR 1909/06, NJW 2007, 286; BVerfG, 26.06.1991 – 1 BvR 779/85, BVerfGE 84, 212, 229; BVerfG, 28.01.1992 – 1 BvR 1025/82, 1 BvL 16/83, 1 BvL 10/91, BVerfGE 85, 191, 213; Thüsing/*Thüsing*, MiLoG, Einl. Rn. 9, 32; Riechert/Nimmerjahn, MiLoG, Einf. Rn. 60; Fischer-Lescano/Preis/Ulber, Mindestlohn, S. 84; Bieback/*Kocher*, Mindestlöhne, S. 45; Bieback, RdA 2000, 207.

563 BT-Drs. 18/1558, S. 28; BAG, Urteil vom 21.12.2016 – 5 AZR 374/16, AP MiLoG § 1 Nr. 3 = NJW 2017, 1050; BAG, Urteil vom 25.05.2016 – 5 AZR 135/16, AP MiLoG § 1 Nr. 1 = NJW 2016, 3323; Riechert/Nimmerjahn, MiLoG, Einf. Rn. 56, 63.

564 Sittard, RdA 2015, 99, 102.

Der gesetzliche Mindestlohn bewegt sich in Deutschland damit in einem Maß über der Grenze der Sittenwidrigkeit aber unterhalb der Grenze der Angemessenheit.[565] In Deutschland wird dabei ganz überwiegend die Meinung vertreten, der Arbeitnehmer müsse von seiner Arbeit leben können. Der Arbeitslohn müsse daher jedenfalls das Existenzminimum des Arbeitnehmers sichern. In der Sicherung des Existenzminimums, legitimiert aus Art. 1 Abs. 1 GG i.V.m. dem Sozialstaatsprinzip aus Art. 20 Abs. 1 GG, sieht man überwiegend einen legitimen Zweck, der den mit der Einführung eines gesetzlichen Mindestlohns verbundenen Eingriff in die Koalitions-, Vertrags- und Berufsfreiheit der Betroffenen rechtfertigen kann.[566]

Dabei soll jedoch die Erstreckung von Mindestentgeltsätzen unterschiedlicher Lohngruppen nicht mehr der Existenzsicherung dienen, weshalb dieses Vorgehen des Gesetzgebers häufig Anlass zu Kritik gegeben hat. In der Erstreckung auch unterschiedlicher Lohngruppen nach dem AEntG werde vielmehr wieder das Ziel der Abschottung des deutschen Arbeitsmarktes verwirklicht, weniger das des Arbeitnehmerschutzes.[567]

Zudem wurde die finanzielle Belastung des Arbeitgebers auch unter einem weiteren Gesichtspunkt vielfach kritisiert. So wird in Frage gestellt ob es tatsächlich Aufgabe des einzelnen Arbeitgebers sei, dem Arbeitnehmer ein gerechtes Leben zu verschaffen, und nicht vielmehr Aufgabe der Sozialkassen bzw. des Staates. Dieser sei als einziger der Adressat des aus der verfassungsrechtlichen Menschenwürdegarantie und dem Sozialstaatsprinzip abgeleiteten Existenzgewährleistungsanspruches. Der Staat sollte Niedriglöhne als Ergebnis freier Preisbildung akzeptieren und die Arbeitnehmer durch zusätzliche staatliche Leistungen unterstützen.[568] Die Existenzsicherung obliege dem Staat, nicht dem Arbeitgeber. Dieser schulde zwar als Vertragspartner des Arbeitnehmers sicherlich eine Gegenleistung für die empfangene Arbeitsleistung, nicht aber die Alimentierung des Arbeitnehmers.[569]

Nach anderer Ansicht sei der Staat nur als subsidiäre Stütze zu sehen. Soziale Transferleistungen sollten grundsätzlich subsidiär und das letzte Mittel sein,

565 Zeising/Weigert, NZA 2015, 15, 16.

566 BVerfG, 09.02.2010 – 1 BvL 1, 3, 4/09, BVerfGE 125, 175; Picker, RdA 2014, 25, 28; Sodan/Zimmermann, NJW 2009, 2003; Willemsen/Sagan, NZA 2008, 1216, 1220.

567 Löwisch in: Freiheit und Wettbewerb, S. 231.

568 Picker, RdA 2014, 25, 28.

569 Riechert/Nimmerjahn, MiLoG, Einf. Rn. 59; Thüsing, in: FS Bepler, S. 557; Picker, RdA 2014, 25, 28 f.; Bayreuther, NJW 2007, 2022, 2025.

Bürger in ihrer Existenz zu sichern.[570] Dem kann entgegengebracht werden dass diese Last jedoch zumindest nicht auf den Arbeitgeber abgewälzt werden kann.

Kritisch zu betrachten ist zudem ebenfalls die Geeignetheit des gesetzlichen Mindestlohns, den Schutz der Arbeitnehmer zu fördern. Sicherlich scheint zunächst ein Schutz hergestellt zu werden wenn vom Gesetzgeber eine unterste Entgeltgrenze für Arbeitsverhältnisse geschaffen wird. Dieser Schutzzweck liefe aber dann ins Leere, wenn die Einführung eines Mindestlohns zum Wegfall von Beschäftigung führen würde, die bisher niedriger entlohnt wurde.[571] Gerade kleinere Unternehmen wären möglicherweise gezwungen ihren Arbeitnehmerbestand zu verringern, um die vom Staat auferlegten finanziellen Pflichten tragen zu können.

Nach den bisherigen Untersuchungen in der Vergangenheit scheint sich diese Gefahr jedoch nicht zu verwirklichen. So hat sich gezeigt, dass die Beschäftigungseffekte von Mindestlöhnen eher neutraler Natur sind.[572]

bb) Schutz des Wettbewerbs

Als weitere Funktion des Mindestlohns nennt der Gesetzgeber den Schutz des Wettbewerbs vor unangemessener Unterbietung.[573] Denn der einzelne Arbeitgeber, der in der Regel gegenüber dem Arbeitnehmer in einer stärkeren Position sei und den Arbeitslohn frei bestimmen könne, kann unter Umständen seinerseits wirtschaftlichen Sachzwängen unterliegen. Wenn er seinen Arbeitnehmern höhere Löhne zahlt als seine Konkurrenten, kann er möglicherweise seine Produkte und Dienstleistungen nicht mehr zu wettbewerbsfähigen Preisen auf den Märkten anbieten und wird von niedriger entlohnenden Konkurrenten immer mehr vom Markt verdrängt. Dieser Lohnunterbietungswettbewerb kann zum einen innerhalb eines Staates, besonders im Niedriglohnsektor, stattfinden, zum anderen aber auch im grenzüberschreitenden Wettbewerb bei der kurzfristigen Entsendung von Arbeitnehmern im Rahmen der Erbringung von Dienstleistungen. Mit der Einführung des gesetzlichen Mindestlohns, der sowohl für inländische als auch für aus dem Ausland entsandte Arbeitnehmer eine unterste Entgeltgrenze festlegt, würden die Arbeitsentgelte in zulässiger Weise gesetzlich teilkartelliert und der Lohnunterbietungswettbewerb zwischen den Unternehmern insoweit eingeschränkt.[574]

---

570 Fischer-Lescano/Preis/Ulber, Mindestlohn, S. 154; Waltermann, NZA 2013, 1041, 1042 f.; Bepler, in: FS Richardi, 189, 201.

571 Riechert/Nimmerjahn, MiLoG, Einf. Rn. 101.

572 Riechert/Nimmerjahn, MiLoG, Einf. Rn. 102 ff.

573 BT-Drs. 18/1558, S. 28.

574 Riechert/Nimmerjahn, MiLoG, Einf. Rn. 72; MünchKomm/*Müller-Glöge*, MiLoG, § 1 Rn. 1; Wank, RdA 2015, 88.

cc) Schutz der sozialen Sicherungssysteme

Das MiLoG verfolgt schließlich auch sozialstaatliche Ziele. Nach der Gesetzesbegründung soll durch die Einführung eines flächendeckenden gesetzlichen Mindestlohns zugleich ein Beitrag zur Stabilität der sozialen Sicherungssysteme geleistet werden.[575] Denn der Mindestlohn trage dazu bei dass der Wettbewerb zwischen den Unternehmen nicht zu Lasten der Arbeitnehmer durch die Vereinbarung immer niedrigerer Löhne, sondern um die besseren Produkte und Dienstleistungen stattfinde. Das Fehlen eines Mindestlohns könne ein Anreiz sein, einen Lohnunterbietungswettbewerb zwischen den Unternehmen auch zu Lasten der sozialen Sicherungssysteme zu führen, weil nicht existenzsichernde Arbeitsentgelte durch staatliche Leistungen der Grundsicherung für Arbeitsuchende aufgestockt werden können. Der Mindestlohn schütze damit auch die finanzielle Stabilität der sozialen Sicherungssysteme.[576] Der Staat sei berechtigt, die steuerfinanzierten Aufwendungen der Grundsicherung gegen zweckwidrige Mitnahmeeffekte zu schützen.[577]

b) Regelungssystematik

Im deutschen Arbeitsrechtssystem, insbesondere auch im AEntG, spielen tarifrechtliche Lohnregelungen eine weitaus bedeutendere Rolle als dies bei gesetzlichen Lohnregelungen der Fall ist.

aa) Tarifrechtliche Mindestlohnregelungen

Zwar waren bereits lange vor Erlass des MiLoG in Deutschland in den meisten Branchen Mindestlohnregelungen vorhanden, diese waren aber ausschließlich tarifvertraglich geregelt.[578] Primäres Instrument zur Erzielung gerechter Löhne war bisher in Deutschland der Tarifvertrag. Dieser ist darauf angelegt, die strukturelle Unterlegenheit der einzelnen Arbeitnehmer beim Abschluss von Arbeitsverträgen durch kollektives Handeln auszugleichen und damit ein annähernd gleichgewichtiges Aushandeln der Löhne und Arbeitsbedingungen zu ermöglichen. Damit stellte er auch aus Sicht des deutschen Gesetzgebers jahrelang ein wirksames Äquivalent für einen gesetzlichen Mindestlohn dar.[579] Auch nach Erlass des MiLoG hat sich zunächst wenig an der Bedeutung tarifrechtlicher Lohnregelungen im deutschen

---

575 BT-Drs. 18/1558, S. 28; Riechert/Nimmerjahn, MiLoG, Einf., Rn. 55.
576 BT-Drs. 18/1558, S. 28.
577 Riechert/Nimmerjahn, MiLoG, Einf. Rn. 79.
578 Thüsing/*Thüsing*, MiLoG, Einl., Rn. 44.
579 Schulten/Bispinck/Schäfer, Mindestlöhne, S. 269; Picker, RdA 2014, 25, 27.

Arbeitsrecht geändert, weshalb die Erstreckung tarifrechtlicher Mindestlohnregelungen im AEntG den Schwerpunkt darstellt. Hierbei wird nicht nur eine unterste Grenze angegeben, sondern tarifrechtliche Lohngitter als Maß festgelegt, die nach unterschiedlichen Kriterien variieren. Nach § 5 Nr. 1 AEntG können Mindestentgeltsätze nach Art der Tätigkeit, Qualifikation der Arbeitnehmer und Regionen differieren. Es können demnach auch zwei oder mehr Entgeltgruppen geregelt und auf entsandte Arbeitnehmer angewendet werden.[580] Die Erstreckung war bei Erlass des AEntG zunächst auf wenige von der Richtlinie 96/71/EG vorgegebene Branchen beschränkt. Durch die Verordnung für zwingende Arbeitsbedingungen im Baugewerbe[581] wurde der Baumindestlohntarifvertrag vom 01.09.1999 für allgemein verbindlich erklärt. Dies war der erste deutschlandweite Mindestlohn, der durch den eingeschränkten Anwendungsbereich des AEntG allerdings ein branchenspezifischer Mindestlohn blieb.[582] Mit der zurückgehenden Tarifbindung nahmen jedoch zugleich Beschäftigungsverhältnisse zu bei denen Arbeitnehmer nicht angemessen am Erwirtschafteten teilhatten, da in nicht tarifgebundenen Betrieben die Löhne signifikant niedriger waren als in tarifgebundenen.[583] Nach und nach wurde das AEntG deshalb hinsichtlich des Anwendungsbereiches erweitert und schließlich die Möglichkeit eröffnet, Mindestlöhne in allen Branchen auf entsandte Arbeitnehmer zu erstrecken.

Die Einführung des MiLoG in Deutschland spielt daher im Rahmen der grenzüberschreitenden Entsendung von Arbeitnehmern zumindest keine entscheidende Rolle. Die meisten maßgeblichen tarifvertraglichen Bestimmungen in Deutschland übersteigen den gesetzlichen Mindestlohn und gehen daher nach § 1 Abs. 3 MiLoG den gesetzlichen Bestimmungen vor.

bb) Gesetzliche Mindestlohnregelungen (MiLoG)

(1) Hintergrund der Entstehung des MiLoG

In Deutschland wurde erstmals im Jahr 2015 durch das Tarifautonomiestärkungsgesetz[584] ein allgemeiner gesetzlicher Mindestlohn im Mindestlohngesetz (MiLoG)[585] etabliert. Ab dem 01.01.2015 hatte jeder Arbeitnehmer in

---

580 EuGH, Urteil vom 12.02.2015 – C-396/13 (Sähköalojen), NZA 2015, 345; Däubler, TVG, § 5 Anh. 2, § 5 Rn. 5; ErfK/*Schlachter*, AEntG, § 5 Rn. 2.

581 BGBl. 1999 I, S. 1894.

582 Thüsing/*Thüsing*, MiLoG, Einl., Rn. 48.

583 BT-Drs. 18/1558, S. 26; Fischer-Lescano/Preis/Ulber, Mindestlohn, S. 66.

584 Gesetz zur Stärkung der Tarifautonomie (Tarifautonomiestärkungsgesetz) vom 11. August 2014, BGBl. 2014 I Nr. 39, S. 1348.

585 Gesetz zur Regelung eines allgemeinen Mindestlohns vom 11.08.2014, BGBl. I S. 1348.

Deutschland Anspruch auf mindestens 8,50 Euro brutto pro Stunde. Ab dem 01.01.2017 wurde der Betrag auf 8,84 Euro erhöht. Deutschland war mit der Schaffung eines Mindestlohngesetzes im Vergleich zu den anderen Ländern der EU spät dran.[586] In 21 der 28 EU-Mitgliedsländer bestanden bereits derartige Regelungen, in den meisten Ländern auch schon seit Längerem.[587] Staaten ohne gesetzliche Lohnvorgaben zeichnen sich aber dadurch aus, dass sie durch eine relativ hohe Tarifbindung ein funktionierendes System der tarifvertraglichen Entgeltsicherung aufweisen. In Österreich und Italien beispielsweise liegt die Tarifbindung bei nahezu 100%.[588] Staatliche Lohnfestsetzung war der deutschen freiheitlichen, marktwirtschaftlich verfassten Rechts- und Wirtschaftsordnung bisher fremd, da sie grundsätzlich den Arbeitsvertrags- und den Tarifvertragsparteien vorbehalten war.[589] Staatliche Mindestentgeltregelungen waren, soweit vorhanden, eher als Ergänzung und Hilfe für das Tarifvertragssystem konzipiert.[590] Im deutschen Wirtschafts- und Arbeitssystem ist es grundsätzlich Aufgabe der Tarifvertragsparteien, Mindestlöhne festzulegen.[591] Die Ordnung des Arbeitslebens durch Tarifverträge ist in den letzten Jahren in Deutschland jedoch deutlich zurückgegangen, weshalb ein Handeln des Gesetzgebers nötig war.[592] Es sei zwar grundsätzlich Aufgabe der Tarifvertragsparteien, die strukturelle Unterlegenheit der einzelnen Arbeitnehmer beim Abschluss von Arbeitsverträgen auf kollektiver Ebene auszugleichen und damit ein annähernd gleichgewichtiges Aushandeln der Löhne und Arbeitsbedingungen zu ermöglichen. Den Tarifvertragsparteien sei durch Art. 9 Abs. 3 GG aufgegeben, die Arbeits- und Wirtschaftsbedingungen in eigener Verantwortung und im Wesentlichen ohne staatliche Einflussnahme zu gestalten. Die Tarifautonomie verfolge damit den im öffentlichen Interesse liegenden Zweck, durch eine sinnvolle autonome Ordnung des Arbeitslebens den Arbeitnehmern eine angemessene Teilhabe am Erwirtschafteten zu sichern.[593] Jedoch habe sich die Arbeitswelt in einer modernen Industrie- und Dienstleistungsgesellschaft zunehmend fragmentiert, bedingt etwa durch die Auflösung traditioneller Branchengrenzen und die zunehmende internationale Mobilität

586 Riechert/Nimmerjahn, MiLoG, Einf., Rn. 1.

587 Thüsing/*Thüsing*, MiLoG, Einl., Rn. 55; Fischer-Lescano/Preis/Ulber, Mindestlohn, S. 68; Sittard, Tarifnormerstreckung, S. 482.

588 Sittard, Tarifnormerstreckung, S. 483.

589 Picker, RdA 2014, 25.

590 Fischer-Lescano/Preis/Ulber, Mindestlohn, S. 63 f.

591 Bepler, in: FS Richardi, S. 193.

592 BT-Drs. 18/1558, S. 26; Schulten/Bispinck/Schäfer, Mindestlöhne, S. 271; Picker, RdA 2014, 25, 27.

593 BT-Drs. 18/1558, S. 26.

von Arbeitskräften, was den Tarifvertragsparteien die Aufgabe der Ordnung des Arbeitslebens strukturell erschwert habe.[594] Teilweise ist in der Literatur die Sprache von einem regelrechten Arbeits- und Tarifvertragsversagen im Niedriglohnsektor.[595] Insbesondere diesen kennzeichne dieses strukturelle Versagen der Tarifautonomie, da kleine Dienstleistungsbetriebe mit leicht austauschbaren Arbeitnehmern zu einem äußerst geringen Organisationsgrad der Niedriglohnbeschäftigten führten. Tarifverträge existierten hier häufig nicht.[596] Ein erheblicher Teil des deutschen Arbeitsmarktes, insbesondere in den neuen Bundesländern, zeichnet sich dadurch aus, dass bestimmte Branchen oder Gebiete keiner tarifvertraglichen Regelung unterliegen. In diesen Bereichen des Arbeitsmarktes versagen tarifgestützte Mindestlöhne, da es entweder an Tarifverträgen fehlt oder die Tarifbindung so gering ist dass eine hinreichende Repräsentativität der Tarifvertragsparteien nicht gewährleistet ist.[597]

Hinzu kommt, dass die Mitgliederzahlen der Koalitionen sowohl auf Arbeitgeber-, als auch Arbeitnehmerseite zunehmend sinken. Dadurch schwächt sich zum einen die unmittelbare und zwingende Wirkung von Tarifverträgen kraft beiderseitiger Tarifbindung deutlich ab, zum anderen fällt mehr und mehr die Möglichkeit weg, nach den allgemeinen Regeln gerade in problematischen Branchen Lohnsicherung über den Weg der Allgemeinverbindlicherklärung herbeizuführen.[598]

(2) Verfassungsmäßigkeit

Bereits vor Inkrafttreten des deutschen Mindestlohngesetzes wurden Stimmen laut, die dessen Verfassungsmäßigkeit in Frage stellten.

(a) Eingriff in Tarifautonomie?

Geäußert wurden zunächst Bedenken hinsichtlich eines Eingriffes in die grundrechtlich geschützte Tarifautonomie der Tarifvertragsparteien. Das Grundrecht aus Art. 9 Abs. 3 GG gewährt gleich mehrere Rechte. Individuell garantiert es das Recht, zur Wahrung und Förderung der Arbeits- und Wirtschaftsbedingungen Vereinigungen zu bilden, diesen beizutreten und in diesen zu verbleiben, sowie an der Koalitionstätigkeit teilzunehmen.[599] In kollektiver Hinsicht schützt Art. 9 Abs. 3 GG die Freiheit der Koalitionen, zu bestehen, sich organisatorisch

---

594 BT-Drs. 18/1558, S. 26, 28; Riechert/Nimmerjahn, MiLoG, Einf. Rn. 110.

595 Riechert/Nimmerjahn, MiLoG, Einf. Rn. 55, 66.

596 Picker, RdA 2014, 25, 27.

597 Fischer-Lescano/Preis/Ulber, Mindestlohn, S. 81.

598 Bepler, in: FS Richardi, S. 195.

599 ErfK/*Linsenmaier*, GG, Art. 9 Rn. 30.

auszugestalten und sich im Hinblick auf die Wahrung und Förderung der Arbeits- und Wirtschaftsbedingungen zu betätigen, insbesondere Tarifverträge abzuschließen.[600] Die Möglichkeit zur Regelung von Arbeitsbedingungen in Tarifverträgen, insbesondere von Mindestlohnregelungen, ist das wichtigste Instrument der Tarifvertragsparteien in Deutschland. Durch die gesetzliche Festsetzung flächendeckenden Mindestlohns hat der Staat in diese Möglichkeit eingegriffen. Er hat den Tarifvertragsparteien die Aufgabe abgenommen und zugleich die Möglichkeit genommen, untergesetzliche Tariflohnregelungen zu vereinbaren. Zugleich hat er Tarifverträge mit Mindestlohnregelungen unter der gesetzlichen Entgeltgrenze verdrängt.[601]

Dagegen lässt sich anführen dass die Koalitionen zwar eine Rechtssetzungsbefugnis, aber kein Rechtssetzungsmonopol haben, da dieses stets beim Staat verbleibt.[602] Der deutsche Gesetzgeber bleibt nach Art. 74 Abs. 1 Nr. 12 GG befugt, das Arbeitsrecht zu regeln. Ferner hat der Staat mit Setzung einer unteren Entgeltgrenze keinen starken Eingriff in die Tarifautonomie verübt. Die Tarifvertragsparteien sind immer noch frei, übergesetzliche Mindestlohnvereinbarungen zu treffen und sonstige Arbeitsbedingungen zu regeln.[603] Im Übrigen gibt es im deutschen Raum kaum Tarifverträge, die untergesetzliche Mindestlohnregelungen treffen; insofern werden somit nur wenige verdrängt. Nach einer Untersuchung des Wirtschafts- und Sozialwissenschaftlichen Instituts der Hans-Böckler-Stiftung waren im Jahr 2013 nur noch in 10 % der tariflichen Vergütungsgruppen Stundenlöhne von unter 8,50 Euro anzutreffen, und zwar in acht Branchen: der Logistik, dem Friseurhandwerk, dem Bewachungsgewerbe, dem Gebäudereinigerhandwerk, dem Fleischerhandwerk, dem Erwerbsgartenbau und dem Hotel- und Gaststättengewerbe.[604] Schließlich war der Eingriff unter dem Gesichtspunkt des Arbeitnehmerschutzes verhältnismäßig. Wie bereits erwähnt, hat der Einfluss der Tarifvertragsparteien in den letzten Jahren stetig

---

600 BVerfG, 26.06.1991 – 1 BvR 779/85, AP GG Art. 9 Nr. 117 = NZA 1991, 809; BVerfG, 26.03.2014 – 1 BvR 3185/09, NJW 2014, 1874; ErfK/*Linsenmaier*, GG, Art. 9 Rn. 39.

601 Zeising/Weigert, NZA 2015, 15, 17; Löwisch, NZA 2014, 948; Picker, RdA 2014, 25; Sodan/Zimmermann, NJW 2009, 2001; Willemsen/Sagan, NZA 2008, 1216.

602 BVerfG, 24.04.1996 – 1 BvR 712/86, BVerfGE 94, 268 = NZA 1996, 1157; BVerfG, 03.04.2001 – 1 BvL 32/97, BVerfGE 103, 293 = NZA 2001, 777; BVerfG, 29.12.2004 – 1 BvR 2283/03, NZA 2005, 153; Picker, RdA 2014, 25, 27 f.

603 Fischer-Lescano/Preis/Ulber, Mindestlohn, S. 158.

604 Fischer-Lescano/Preis/Ulber, Mindestlohn, S. 110.

nachgelassen. Insoweit kann man sagen dass ein etwaiger Eingriff in die Tarifautonomie gerechtfertigt ist.

(b) Eingriff in Berufsfreiheit der Unternehmer?

Als weiteres Argument gegen die Verfassungsmäßigkeit des gesetzlichen Mindestlohns ließe sich anbringen, dass die Festlegung eines Mindestlohns in die unternehmerische Berufsfreiheit der Arbeitgeber eingreife. Diese könnten die Löhne mit ihren Arbeitnehmern nicht mehr frei aushandeln.[605]

Auch dieser Eingriff lässt sich aber mit dem Argument des Arbeitnehmerschutzes rechtfertigen.[606] Wie oben bereits dargestellt, ist der Arbeitnehmer aufgrund der Vertragsdisparität schutzwürdiger als der Arbeitgeber.

(3) Weitere Probleme

Schließlich werden auch noch weitere Bedenken gegen die Einführung eines gesetzlichen Mindestlohnes angeführt. So heißt es, ein einheitlicher Mindestlohn könnte für die berufliche und wirtschaftliche Entwicklung von Arbeitnehmern hinderlich sein. Würde ein flächendeckender, einheitlicher, gesetzlicher Mindestlohn festgelegt der nicht nach Qualifikation und Qualität der Arbeitsleistung differenziere, gäbe es keine Anreize für Arbeitnehmer, sich Berufsausbildungs- und Weiterqualifikationsmaßnahmen zu unterziehen. Ferner könne der einheitliche Mindestlohn bei der Lohnbildung zu einem Sog nach unten dergestalt führen, dass das Lohnniveau in Deutschland insgesamt absinke.[607]

cc) Zusammenfassung

Auch wenn Bedenken hinsichtlich des MiLoG geäußert wurden, sind diese im Ergebnis nicht haltbar. Die gesetzliche Festlegung einer branchenübergreifenden unteren Lohngrenze entspricht der gängigen Praxis in den meisten Staaten der EU.

Für das Entsenderecht entfaltet die Einführung des MiLoG in Deutschland insofern wenig Bedeutung als die wichtigsten entsenderelevanten Branchen bereits tarifrechtlich übergesetzlich geregelt wurden und insofern dem MiLoG vorgehen.

c) Lohnbildungsfaktoren

Abschließend soll die Frage erörtert werden, wie die Lohnhöhe im deutschen Arbeitsrechtssystem festgelegt wird. Bis zum Jahr 2015 war die Höhe des Entgelts

605 Zeising; Weigert, NZA 2015, 15, 20; Bayreuther, NJW 2007, 2022.

606 BVerfG, 23.10.2013 – 1 BvR 1842/11, 1 BvR 1843/11, BVerfGE 134, 204 = NJW 2014, 46; Zeising; Weigert, NZA 2015, 15, 20.

607 Bepler, in: FS Richardi, S. 198.

zwischen den Arbeitsvertragsparteien grundsätzlich frei vereinbar soweit das Arbeitsverhältnis keinem Tarifvertrag unterlag. Der Vertragsfreiheit waren lediglich durch §§ 134, 138 BGB und §§ 305 ff. BGB Grenzen gesetzt. Diese stellten allerdings insofern kein taugliches Mittel dar, als sie beispielsweise nicht den vom deutschen Gesetzgeber kritisierten Unterbietungswettbewerb, sondern lediglich einzelne Verstöße gegen die vertragliche Leistungsgerechtigkeit verhindern konnten.[608]

Ein so genannter Lohnwucher wird nach der Rechtsprechung erst dann angenommen wenn ein auffälliges Missverhältnis zwischen Leistung und Gegenleistung vorliegt. Dies kann dann der Fall sein wenn das Entgelt um mehr als ein Drittel des marktüblichen Lohnes unterschritten wird.[609] Bei der Prüfung ist der Wert der Leistung des Arbeitnehmers nach ihrem objektiven Marktwert zu beurteilen. Ausgangspunkt sind dabei in der Regel die Tariflöhne des jeweiligen Wirtschaftszweiges.[610]

Auch bei der Festlegung und Anpassung des gesetzlichen Mindestlohns orientiert sich der deutsche Gesetzgeber an den Tariflöhnen. Ein Arbeitsentgelt von 8,50 Euro brutto je Stunde ermögliche es einem alleinstehenden Beschäftigten, bei durchschnittlicher Wochenarbeitszeit ein Monatseinkommen oberhalb der Pfändungsfreigrenze des § 850 c Abs. 1 Satz 1 ZPO zu erzielen. Die Pfändungsfreigrenze stelle ein auf die Situation des Arbeitnehmers zugeschnittenes pauschaliertes Existenzminimum dar, welches ihm einen moderaten Selbstbehalt sichere. Über die regelmäßige Anpassung des Mindestlohns entscheidet eine Mindestlohnkommission, die sich bei ihren Entscheidungen insbesondere an der Entwicklung der Tariflöhne orientiert.[611]

Tarifvertraglich ausgehandelten Löhnen wird von Verfassung und Gesetzes wegen eine Richtigkeitsgewähr eingeräumt. Sowohl das Grundgesetz als auch der Gesetzgeber gehen davon aus dass die in frei ausgehandelten Tarifverträgen vereinbarten Arbeitsentgelte den Besonderheiten der Branche Rechnung tragen und wirksam sind.[612] Nach § 9 Abs. 2 MiLoG hat die Mindestlohnkommission im Wege einer Gesamtabwägung insbesondere zu prüfen ob der Mindestlohn geeignet ist, zu einem angemessenen Mindestschutz für Arbeitnehmer beizutragen sowie faire und funktionierende Wettbewerbsbedingungen

608 Ulber, AEntG, § 2 Rn. 16; Picker, RdA 2014, 25, 32.
609 BAG 24.03.2004 – 5 AZR 303/03, NZA 2004, 971, 972; BAG, 22.04.2009 – 5 AZR 436/08, NZA 2009, 837; Picker, RdA 2014, 25, 32.
610 BAG, 24.03.2004 – 5 AZR 303/03 – NZA 2004, 971, 972; Picker, RdA 2014, 25, 32.
611 BT-Drs. 18/1558, S. 28; Riechert/Nimmerjahn, MiLoG, Einf. Rn. 60.
612 BAG, 24.03.2004 – 5 AZR 303/03 – NZA 2004, 971, 973.

zu gewährleisten. Nach der Gesetzesbegründung sind faire und funktionierende Wettbewerbsbedingungen dann gewährleistet, wenn der Mindestlohn geeignet ist, einem Verdrängungswettbewerb über Lohnkosten entgegenzuwirken, dem insbesondere kleine und mittlere Unternehmen nicht standhalten können. Der Wettbewerb zwischen Unternehmen solle um die besseren Dienstleistungen und Produkte und nicht um die niedrigsten Arbeitsentgelte stattfinden. Dabei seien auch die konjunkturelle Lage und die Produktivität zu berücksichtigen. Ebenfalls soll die Mindestlohnkommission den Erhalt sozialversicherungspflichtiger Beschäftigung berücksichtigen.[613]

3. *Polen*

Nachdem die Systematik der Mindestlohnvorschriften des deutschen AEntG dargestellt wurde, sollen nun die Parallelvorschriften des DelPracU herausgearbeitet, analysiert und den deutschen Vorschriften gegenübergestellt werden.

Anders als im AEntG basieren die polnischen Mindestlohnvorschriften ausschließlich auf Gesetz und orientieren sich hauptsächlich an der Preis- und Lohnentwicklung des Landes. Eine Einbeziehung der Sozialpartner findet nur ganz am Rande statt. Anders als in Deutschland besteht in Polen kein tarifrechtliches System branchenbezogener Mindestlöhne. Der Arbeitslohn wird in den Art. 77^1 - 93 KP geregelt. Er kann durch Tarifverträge, betriebliche Entgeltordnungen oder Individualarbeitsvertrag festgelegt werden. Der Mindestlohn wird im polnischen Mindestlohngesetz vom 10.10.2002 (Ustawa o minimalnym wynagrodzeniu za pracę – im Folgenden MinWynU)[614] geregelt.

a) *Zahlen und Fakten*

Der Mindestlohn in Polen wurde erstmals für das Jahr 2003 gesetzlich auf 800,00 PLN (ca. 200,00 EUR. 1 EUR entspricht etwa 4,23 PLN, Stand 13.11.2017) festgesetzt, was damals 36,3% des Durchschnittslohns ausmachte. In den letzten Jahren ist der Mindestlohn zwar konstant gestiegen, es blieb jedoch mehr oder weniger bei diesem Verhältnis zum Durchschnittslohn. Es waren stets zwischen 35% und 40%, im Jahr 2016 41%.[615] Für das Jahr 2017 wurde der Mindestlohn per

---

613 BT-Drs. 18/1558, S. 38.

614 Ustawa z dnia 10 października 2002 r. o minimalnym wynagrodzeniu za pracę, Dz. U. 2002 Nr. 200 Poz. 1679 (Gesetz vom 10. Oktober 2002 über den Mindestlohn, BGBl. 2002 Nr. 200 Pos. 1679).

615 Klos, in: Minimalne wynagrodzenie, 11, 13; Liszcz, Prawo Pracy, Rn. 686.

Verordnung des Ministerrates[616] auf 2000,00 PLN festgesetzt, was in etwa 500,00 EUR entspricht.

Im Jahr 2004 erhielten 4,2 % der Arbeitnehmer in Polen den Mindestlohn[617], im Jahr 2017 waren es ca. 10–15%[618].

b) Rechtliche Grundlagen des Mindestlohns

aa) Erste Regelungen

Der Mindestlohn in Polen wurde erstmals im Jahr 1956 legislativ festgesetzt.[619] Im sozialistischen Polen waren die maßgeblichen Akte in diesem Bereich jedoch keine Gesetze sondern Beschlüsse des Ministerrates. In der gesamten Zeit des Sozialismus gab es keinen Akt mit Gesetzesrang, der Einzelheiten und Voraussetzungen des Mindestlohns regelte. Der Staat entschied einseitig und eigenmächtig über die einzelnen Bedingungen. In einer Situation in der es an starken und vor allem vom Staat unabhängigen Gewerkschaften mangelte und der Staat in der Rolle als Arbeitgeber agierte, konnte er sich frei an seinen eigenen gesellschaftlichen und wirtschaftlichen Bedürfnissen orientieren.[620]

Zu Anfang stellte der Mindestlohn den Gesamtlohn für die ausgeübte Arbeitszeit dar, der jedem Arbeitnehmer garantiert wurde.[621] Jedoch bereits im Jahr 1977 unterlag diese Definition einem grundlegenden Wandel, in dem die Löhne als niedrigste Stufe festgesetzt und dazu genutzt wurden, abgestufte Entgelttabellen zu erschaffen.[622] In der Realität füllte der Mindestlohn jedoch nicht seine wichtigste soziale Funktion aus, sondern wurde zum Hauptwerkzeug gemacht, um den Anstieg der Löhne im öffentlichen Sektor zu hemmen. Er hatte für den Schutz der Arbeitnehmer keinen wirklichen Wert.[623] Im Jahr 1987 wurde

---

616 Rozporządzenie Rady Ministrów z dnia 9 września 2016 r. w sprawie wysokości minimalnego wynagrodzenia za pracę w 2017 r., Dz. U. 2016 Poz. 1456 (Verordnung des Ministerrates vom 9 September 2016 betreffend die Höhe des Mindestlohnes im Jahr 2017, BGBl. 2016 Pos. 1456).

617 Schulten/Bispinck/Schäfer, Mindestlöhne, S. 161.

618 Kommission, Country Report S. 23.

619 Borkowska, Wynagrodzenie godziwe, S. 91; Skóra, in: Funkcja ochronna, S. 3.

620 Walczak, KP, Art. 77², B.2.; Nowak, Godziwe wynagrodzenie, S. 147; Liszcz, Prawo pracy, S. 317; Seweryński, Wynagrodzenie, S. 152; Skóra, in: Funkcja ochronna, S. 4.

621 Skóra, in: Funkcja ochronna, S. 3.

622 Nowak, Godziwe wynagrodzenie, S. 147; Skóra, in: Funkcja ochronna, S. 3 f.

623 Nowak, Godziwe wynagrodzenie, S. 149; Skóra, in: Funkcja ochronna, S. 4.

zum ersten Mal ein System der jährlichen Anpassung des Mindestlohns an den Anstieg des Preisindex eingeführt.[624]

bb) Nach dem Wandel

Erst ab dem Jahr 1991 wurde ein System eingeführt, in dem der Mindestlohn unter Einbeziehung der Sozialpartner festgelegt wurde.[625] Nach dem Umbruch entwickelte sich langsam eine andere Denkweise in Bezug auf das System des Mindestlohns. Mit dem Rückzug des Staates wurde auch dessen Macht bei der Lohnpolitik geschwächt. Arbeitgeber und Arbeitnehmer konnten zunehmend individuell Löhne bestimmen. Die Situation auf dem Arbeitsmarkt indes war zu dieser Zeit schwierig. Der Arbeitsmarkt war, bedingt durch den vollständigen Umbruch der Strukturen, von Arbeitslosigkeit geprägt. Dies führte zunächst dazu dass Arbeitgeber angesichts der schwachen wirtschaftlichen Arbeitsmarktlage die Löhne noch mehr senkten.[626] Im Jahr 1990 wurde schließlich vom Arbeitsminister eine recht lückenhafte Lohnverordnung erlassen und die bis dahin geltenden Vorschriften modifiziert.[627] Fortan war der Arbeitsminister für die Festlegung der Mindestlohnhöhe zuständig. Erst mit der Novellierung des KP im Jahr 1996 jedoch wurden weitere Einzelheiten eingeführt: die generelle Kompetenz des Arbeitsministers zum Verordnungserlass, die Kompetenz des Gesetzgebers für den Mindestlohn und die Pflicht zum angemessenen Lohn.[628] Die neuen Regelungen haben jedoch nicht klargestellt, wie der Mindestlohn bestimmt werden soll.[629]

Auch wenn bereits im Jahr 1999 von einem Mindestlohngesetz die Rede war, dauerte es noch drei Jahre bis es schließlich im Jahr 2002 erlassen wurde.

cc) Mindestlohnrelevante Regelungen heute

Die heute in Polen geltenden Mindestlohnregelungen finden sich hauptsächlich im polnischen Mindestlohngesetz (MinWynU), das zum 01.01.2003 in Kraft trat. Zeitgleich wurde Art. 64 Abs. 4 KRP in die polnische Verfassung aufgenommen, wonach der Mindestlohn alleine durch Gesetz geregelt werden kann. Im polnischen Recht finden sich gleich mehrere Vorschriften betreffend den Arbeitslohn

---

624 Borkowska, Wynagrodzenie godziwe, S. 91 f.
625 Borkowska, Wynagrodzenie godziwe, S. 92.
626 Nowak, Godziwe wynagrodzenie, S. 150.
627 Nowak, Godziwe wynagrodzenie, S. 151.
628 Nowak, Godziwe wynagrodzenie, S. 152.
629 Nowak, Godziwe wynagrodzenie, S. 153.

im Allgemeinen; diese verteilen sich über mehrere Gesetze. Im Folgenden werden die Rechtsquellen des Arbeitslohnes im polnischen Arbeitsrecht dargestellt.

(1) Verfassungsrechtliche Vorgaben

Anders als im deutschen Recht hat der polnische Gesetzgeber sogar verfassungsrechtlich klargestellt, dass der Mindestlohn zwingend durch Gesetz zu bestimmen ist. Gemäß Art. 65 Abs. 4 KRP bestimmt zwingend ein Gesetz entweder die Höhe des Mindestlohns oder alternativ die Art der Festlegung. Die Vorschrift legt jedoch keine weiteren Kriterien zur Bestimmung der Höhe des Mindestlohns fest.

(2) Regelungen im polnischen Arbeitsgesetzbuch

Im polnischen Arbeitsgesetzbuch finden sich mehrere Regelungen zum Arbeitslohn im Allgemeinen und zum Mindestlohn im Speziellen.

Gemäß Art. 77^1 KP werden die Bedingungen der Zuerkennung des Arbeitsentgelts und andere im Zusammenhang mit der Arbeit stehenden Leistungen in Übereinstimmung mit den Vorschriften des elften Abschnitts des KP und vorbehaltlich der Art. 77^2 – 77^5 KP in Tarifverträgen festgelegt. Wie sich aus dieser Vorschrift ergibt, sollte nach der Intention des polnischen Gesetzgebers der Tarifvertrag durchaus Grundlage arbeitslohnrelevanter Regelungen sein.[630] Erfasst werden nach dem Wortlaut des Gesetzes aber nur „Bedingungen der Zuerkennung des Arbeitsentgelts“, nicht die Festlegung von Mindestlohnvorschriften.

Art. 77^2 KP regelt die bereits oben erwähnten Entgeltordnungen, die der Arbeitgeber ab einem Arbeitnehmerbestand von 50 im Betrieb zu erlassen hat. Gemäß Art. 77^2 Abs. 3 KP gelten sie in Betrieben ohne Tarifbindung bis zur Erstreckung eines Tarifvertrags und werden gemäß Abs. 4 einseitig vom Arbeitgeber festgelegt. Lediglich in dem Fall dass im betreffenden Betrieb eine betriebliche Gewerkschaftsorganisation tätig ist, muss die Entgeltordnung mit ihr abgestimmt werden.

Eine weitere wichtige arbeitslohnrelevante Vorschrift findet sich in Art. 78 KP. Gemäß Art. 78 Abs. 1 KP ist das Arbeitsentgelt so zu bestimmen dass es insbesondere der Art der ausgeübten Arbeit und den zu ihrer Ausübung erforderlichen Qualifikationen entspricht; es hat ferner die Quantität und die Qualität der ausgeübten Arbeit zu berücksichtigen. Diese Kriterien sind jedoch nicht abschließend, wie sich aus der Aussage „insbesondere“ erschließt.[631]

---

630 Sobczyk, KP, Art. 77^1 Rn. 1; Wratny, KP, Art. 77^1 Rn. 1; Walczak, in: FS Szubert, 304, 306.

631 Sobczyk, Art. 78 Rn. 1.

Zum Mindestlohn finden sich Regelungen in Art. 10 KP und Art. 13 KP. Art. 10 Abs. 2 KP schreibt vor dass der Staat die Höhe des Mindestlohns bestimmt. Nach Art. 13 KP hat jeder das Recht auf einen angemessenen Lohn, dessen Bedingungen durch die Vorschriften des Arbeitsrechts und durch die Entgeltpolitik des Staates, insbesondere durch die Festlegung eines Mindestentgeltes, bestimmt werden.

(3) Das polnische Mindestlohngesetz

Die Vorgaben des polnischen Gesetzgebers wurden mit dem polnischen Mindestlohngesetz (MinWygU[632]) verwirklicht, das am 01.01.2003 in Kraft getreten ist.[633] Für das Jahr 2003 hatte es einen Mindestlohn von monatlich 800,00 PLN bestimmt, was in etwa 200,00 Euro entspricht. Auf der Grundlage von Art. 2 Abs. 1 MinWynU entscheidet jährlich der Rat des Sozialen Dialoges über die Anpassung des Mindestlohnes in Polen, wobei er sich an verschiedenen Kriterien orientiert. Er setzt sich aus Mitgliedern von Arbeitgeber organisationen, Gewerkschaften und der Regierung zusammen, ermöglicht also auf den ersten Blick eine Teilhabe durch die Sozialpartner. In den Jahren 1994 – 2015 erfolgte die Festsetzung durch die Dreiseitige Kommission, deren Aufgaben und Ziele sich vom aktuellen Rat unterschieden. Nach Art. 2 Abs. 5 MinWynU erfolgt die Festsetzung des jährlichen Mindestlohns auf Vorschlag des Ministerrates bis zum 15. Juni jeden Jahres; erfolgt hingegen innerhalb von 30 Tagen keine Einigung im Rat des Sozialen Dialoges, bestimmt der Ministerrat gem. Art. 2 Abs. 5 MinWynU eigenmächtig durch Verordnung bis zum 15. September eines jeden Jahres die Höhe des Mindestlohnes; so auch geschehen in den vergangenen Jahren, weshalb eine wirkliche Teilhabe der Sozialpartner nicht stattgefunden hat. Auf Grundlage von Art. 2 Abs. 5 MinWygU wurden seit dem Jahr 2003 mehrere Verordnungen vom Ministerrat erlassen. Ab dem 01.01.2017 beträgt der Mindestlohn in Polen laut Verordnung des Ministerrates vom 09.09.2016 2000,00 PLN[634], das entspricht etwa 500,00 Euro monatlich. Gemäß Art. 7 Abs. 1 MinWynU ist der Arbeitgeber verpflichtet, den Arbeitslohn gegebenenfalls bis

---

632 Ustawa z dnia 10 października 2002 r. o minimalnym wynagrodzeniu za pracę, Dz. U. 2002 Nr. 200 Poz. 1679 (Gesetz vom 10. Oktober 2002 über den Mindestlohn, BGBl. 2002 Nr. 200 Pos. 1679).

633 Wratny, PiZS 2003 Nr. 6, 2 ff.

634 Rozporządzenie Rady Ministrów z dnia 9 września 2016 r. w sprawie wysokości minimalnego wynagrodzenia za pracę w 2017 r., Dz. U. 2016 Poz. 1456 (Verordnung des Ministerrates vom 9 September 2016 betreffend die Höhe des Mindestlohnes im Jahr 2017, BGBl. 2016 Pos. 1456).

zur Höhe des Mindestlohns aufzustocken. Tut er dies nicht, droht ihm gem. Art. 8e) MinWynU ein Bußgeld bis zu 30.000 PLN.

Das MinWynU beinhaltet insgesamt 26 Vorschriften. Anfangs enthielt es noch keine Vorschriften zu den Kriterien zur Bestimmung der Höhe des Mindestlohns. Der Gesetzgeber hatte sich lediglich darauf beschränkt, den Mindestlohn für das Jahr 2003 festzulegen. Der Betrag von 800,00 PLN war nur unwesentlich höher als der im Jahr zuvor vom Arbeitsminister verordnungsrechtlich festgelegte.[635] Das MinWynU in der aktuellen Fassung sieht keine Ausnahmen in seinem Anwendungsbereich vor, enthielt jedoch bis zum Jahr 2017 eine Regelung nach der Arbeitnehmern im ersten Jahr der Beschäftigung nur 80% des Mindestlohnes gesetzlich zustanden. Diese 80%-Regelung war vormals häufig auf Kritik gestoßen und wurde schließlich vom polnischen Gesetzgeber zum 01.01.2017 aufgehoben. Hintergrund der ursprünglichen Regelung war die Intention des polnischen Gesetzgebers, Arbeitgeber verstärkt dazu zu motivieren, junge Menschen ohne Arbeitserfahrung einzustellen.[636]

c) Definition und Funktion des Mindestlohns in Polen

aa) Funktion

Anders als im deutschen Recht spielen wettbewerbsrechtliche und sozialversicherungsrechtliche Aspekte scheinbar keine Rolle im Rahmen der Bestimmung der Funktion des polnischen Mindestlohns. Vielmehr dient der Mindestlohn dazu, die wichtigste Funktion des Arbeitsrechts, den Schutz des Arbeitnehmers, zu verwirklichen.[637] In der Literatur haben sich zu den Funktionen des Arbeitslohnes im Allgemeinen verschiedene Thesen entwickelt. So wird die Meinung vertreten dass die wichtigste Funktion des Arbeitslohns die Motivationsfunktion sei[638], gefolgt von der Alimentierungsfunktion[639], deren Realisierung aber Bedenken hervorruft da der polnische Standard nicht dem europäischen Begriff von Art. 4 ESC entspräche.[640] Dritte Funktion ist die Marktfunktion, die besagt, dass die Höhe des Arbeitslohns den Arbeitsmarkt gestaltet.[641] Vierte Funktion ist schließlich

635 Nowak, Godziwe wynagrodzenie, S. 156.

636 Wratny, KP, Art. 13 Rn. 4; Liszcz, Prawo Pracy, Rn. 684.

637 Walczak, in: Studia 2012, 109, 110; Skóra, in: Funkcja ochronna, S. 3; früher: Seweryński, Wynagrodzenie za pracę; Swieczicki, Prawo wynagrodzenia.

638 Walczak, in: Studia 2012, 109, 115.

639 Walczak, in: Studia 2012, 109, 120.

640 Walczak, in: Studia 2012, 109, 121; Wratny, in: Europejska Karta społeczna, 39.

641 Walczak, in: Studia 2012, 109, 121.

die Teilhabefunktion, was bedeutet dass die Arbeitnehmer die Lohngebung mitgestalten können, wie es in der Mehrzahl der europäischen Länder der Fall ist. In Polen ist diese Funktion hingegen nicht verwirklicht, da die Gesetzgebung diese vollständig ausübt. Nicht zuletzt wegen der Entgeltordnungen besteht in der Realität kein wirklicher Dialog zwischen Arbeitgeber und Arbeitnehmer.[642]

Der Mindestlohn soll ursprünglich die unterste Schwelle der Angemessenheit bilden, nach deren Überschreitung überhaupt erst eine Differenzierung möglich und auch erforderlich sein soll. Darüber hinaus übt er eine soziale Funktion aus, die erfordert dass man bei der Festlegung der Höhe die Bedürfnisse des Arbeitnehmers und seiner Familie beachtet.[643] Der Lohn sollte nicht nur für den Arbeitnehmer sondern auch für seine Familienmitglieder reichen. Untersuchungen in den 90er Jahren zeigten jedoch dass nicht einmal ¼ der Unterhaltungskosten einer vierköpfigen polnischen Familie gedeckt wurden.[644] Nach anderer Ansicht soll die Familiensituation unberücksichtigt bleiben und der Lohn sich lediglich an der ausgeführten Arbeit orientieren.[645]

bb) Definition

Eine gesetzliche Definition des Arbeitslohnes existiert im polnischen Arbeitsrecht nicht. Das Gesetz legt aber verschiedene Kriterien fest anhand derer der Arbeitslohn bestimmt werden soll.[646] Nach Rechtsprechung und Literatur wird der Arbeitslohn definiert als eine verpflichtende, regelmäßig wiederkehrende Leistung des Arbeitgebers mit Geldwert, die zugunsten des Arbeitnehmers im Rahmen des Arbeitsverhältnisses im Austausch für die von ihm erbrachte Arbeit geleistet wird.[647] Zudem müssen gem. Art. 78 KP bei Festlegung der Höhe Qualität und Quantität berücksichtigt werden sowie die Art, Qualifikation und Schwere der Arbeit.[648] In Art. 13 KP sind weitere Kriterien festgelegt. Danach hat der Arbeitnehmer das Recht auf ein angemessenes Entgelt für seine Arbeit. Art. 13 KP definiert hingegen nicht, was unter einem angemessenen Lohn zu

642 Walczak, in: Studia 2012, 109, 122.
643 Nowak, Godziwe wynagrodzenie, S. 94; Barzycka-Banaszczyk, Prawo Pracy, S 206.
644 Nowak, Godziwe wynagrodzenie, S. 157; Borkowska, Wynagrodzenie godziwe, S. 93.
645 Małysz, Wynagrodzenie, S. 29.
646 Sobczyk, KP, Art. 78 Rn. 3; Nowak, Wynagrodzenie, S. 15.
647 Florek, Prawo Pracy, § 22 Rn. 261; Stelina, Prawo Pracy, § 46 Rn. 332; Skóra, in: Ochronna funkcja, S. 3.
648 SN, Beschluss vom 30.12.1986 – III PZP 42/86, OSNP 1987 Nr. 8, Pos. 106; Swiątkowski, Polskie prawo pracy, S. 247; Skóra, in: Ochronna funkcja, S. 3; Nowak, Wynagrodzenie, S. 15.

verstehen ist.[649] In der polnischen Rechtsliteratur beschreibt man einen angemessenen Lohn als gerechten, geeigneten Lohn.[650] Der Mindestlohn stellt im polnischen Recht den niedrigsten Lohn dar, den ein Arbeitnehmer, der die einfachsten Arbeiten ausführt, im Arbeitsverhältnis erlangen kann.[651] Unter Heranziehung von Art. 13 KP müssen die Begriffe des Mindestlohns und angemessenen Lohnes übereinstimmen, denn der Mindestlohn darf nicht niedriger sein. Was angemessen im Sinne des Art. 13 KP ist, ist vom Gesetz jedoch nicht vorgegeben. Nach der Rechtsprechung müssen nicht nur Art, Qualität und Aufwand der Arbeit entsprechend Art. 78 KP berücksichtigt werden, sondern auch die Notwendigkeit, dem Arbeitnehmer und seiner Familie einen angemessenen Lebensstandard zu sichern. Diese Vorgaben sind Art. 4 Abs. 1 ESC entnommen, der zwar von Polen nicht ratifiziert wurde aber zur Bestimmung der Definition des Mindestlohns als Orientierung herangezogen werden soll. Zudem soll auch die generelle Verfassung des Staatshaushaltes berücksichtigt werden. Insbesondere diese spiele eine entscheidende Rolle bei der Bestimmung des angemessenen Lebensstandards, da sie direkten Einfluss auf den durchschnittlichen Lebensstandard der Einwohner habe.[652] Einigkeit besteht darin dass der Mindestlohn nicht nur den Arbeitnehmer sondern auch dessen Familie versorgen können muss.[653] Der angemessene Lohn im Sinne von Art. 13 KP ist ein Lohn, der dem Arbeitnehmer unter den Gegebenheiten des Landes unter Beachtung der allgemeinen Lohnbedingungen des Landes, den sozialversicherungsrechtlichen Leistungen und Lebensstandards anderer gesellschaftlicher Gruppen ein respektables Lebensniveau garantiert.[654]

Die Zusammensetzung des Mindestlohns ergibt sich aus Art. 6 Abs. 5 MinWynU. Es werden lediglich die in Art. 6 Abs. 5 MinWynU genannten Bestandteile ausgenommen. Das sind Jubiläumsprämien, Rentenabfindungen, Überstundenzuschläge sowie Nachtarbeitszuschläge.[655]

649 Walczak, KP, Art. 13, 1; Skoczyński, PiZS 1997 Nr. 4, 11 ff.

650 Swiątkowski, KP, Art. 13 Rn. 1; Sobczyk, KP, Art. 13 Rn. 2.

651 Borkowska, Wynagrodzenie godziwe, S. 85.

652 SN, Urteil vom 29.05.2006 – I PK 230/05, OSNP 2007 Nr. 11–12, Pos. 155; Walczak, KP, Art. 13, 1.

653 Wratny, KP, Art. 13 Rn. 1; Sobczyk, KP, Art. 13 Rn. 1.

654 Liszcz, Prawo Pracy, Rn. 686.

655 Wratny, KP, Art. 13 Rn. 5; Stelina, Prawo pracy, § 49 Rn. 345; Barzycka-Banaszczyk, Prawo Pracy, S. 206; Liszcz, Prawo Pracy, Rn. 684; Skóra, in: Ochronna funkcja, S. 6.

d) Lohnfestsetzungsverfahren

Wie oben bereits beschrieben, wird der Mindestlohn jährlich neu durch den Rat des Sozialen Dialoges, in der Praxis jedoch häufig alleine durch den Ministerrat festgelegt.[656] Das MinWynU gibt zur Festsetzung einige Kriterien vor.

aa) Verfahren

Gemäß Art. 2 Abs. 1 MinWynU ist die Höhe des Mindestlohns jährlich aufgrund von Verhandlungen des Rates des Sozialen Dialoges zu bestimmen. Dies geschieht auf Vorschlag des Ministerrates, den dieser jährlich bis zum 15.06. dem Rat des Sozialen Dialoges unterbreitet. Daraufhin hat der Rat innerhalb von 30 Tagen die Höhe des Mindestlohns für das kommende Jahr zu bestimmen. Kommt keine Einigung zustande, entscheidet der Ministerrat eigenständig bis 15.09. eines jeden Jahres über die Höhe des Mindestlohns.

bb) Kriterien

Sowohl der Rat des Sozialen Dialoges als auch der Ministerrat sind beim Entscheidungsprozess an bestimmte, durch das MinWynU zwingend vorgegebene Kriterien gebunden.

Gemäß Art. 5 Abs. 1 MinWynU ist die Höhe des Mindestlohns so zu bestimmen, dass die Höhe des Mindestlohns im jeweiligen Jahr mindestens genauso ansteigt wie der für das Jahr vorausgesagte Preisindex. Der Mindestlohn ist also jeweils abhängig vom BIP und Preisindex[657] und dem Durchschnittseinkommen in Polen. Art. 5 Abs. 4 MinWynU, der im Jahr 2005 eingeführt wurde[658], bestimmt zudem eine Erhöhung, für den Fall dass in dem Jahr in dem der Mindestlohn neu verhandelt wird der Mindestlohn niedriger ist als die Hälfte des durchschnittlichen Lohns.

Die gesetzlichen Vorschriften geben jedoch keine Zielvorgaben bzw. Maximalwerte des Mindestlohns vor.[659] Ziel des MinWynU (seit 2005) ist die stufenweise Erhöhung des Mindestlohns bis zu 50% des Durchschnittseinkommens unter Berücksichtigung des BIP-Wachstums.[660]

---

656 Früher: Seweryński, Wynagrodzenie za pracę, Swieczicki, Prawo wynagrodzenia.

657 Klos, in: Minimalne wynagrodzenie, 11, 12; Schulten/Bispinck/Schäfer, Mindestlöhne, S. 159.

658 Klos, in: Minimalne wynagrodzenie, 11, 12.

659 Klos, in: Minimalne wynagrodzenie, 11, 12.

660 Klos, in: Minimalne wynagrodzenie, 11, 12, 14; Schulten/Bispinck/Schäfer, Mindestlöhne, S. 161.

e) *Zusammenfassung*

Der Mindestlohn in Polen wird durch den Staat festgelegt.[661] Anders als im deutschen Recht hat der polnische Gesetzgeber verschiedene Vorgaben gesetzlich festgelegt. So die Vorgabe dass der Mindestlohn bzw. die Kriterien der Festlegung vom Staat zu bestimmen und gesetzlich festzulegen sind. Eine der wichtigsten Vorschriften diesbezüglich besagt dass jeder Arbeitnehmer das Recht auf einen angemessenen Lohn hat, wobei jedoch nicht definiert ist, was unter einem angemessenen Lohn zu verstehen ist. Tarifrechtliche Vorschriften spielen im polnischen Lohnfestsetzungsverfahren wenn überhaupt nur eine unbedeutende Nebenrolle, nämlich wenn sie die Rahmenbedingungen des Arbeitsentgeltes festlegen. Dieses System, verbunden mit der Pflicht des Arbeitgebers, ab einer bestimmten Anzahl an Arbeitnehmern Entgeltordnungen im Betrieb einzuführen, trägt zusätzlich deutlich zur Schwächung tarifrechtlicher Verhandlungen und Vereinbarungen in Polen bei.

Von tarifrechtlichen Lohnregelungen würden in Polen ohne Erstreckung ohnehin nur wenige Arbeitnehmer profitieren. Dies liegt zum einen daran dass nur wenige der kleinen Betriebe in Polen über Gewerkschaften verfügen die einen Tarifvertrag schließen könnten.[662] Hinzu kommt dass im Öffentlichen Dienst die Löhne gemäß Art. 77[3] KP ausschließlich durch Rechtsverordnung durch den Arbeitsminister festgelegt werden. Ferner werden nach Art. 239 Abs. 3 KP bestimmte Personengruppen vom tarifvertraglichen Anwendungsbereich ausgeschlossen. Dies sind neben Beamten auch Arbeitnehmer im Öffentlichen Dienst. Schließlich regelt Art. 241[26] Abs. 2 KP, dass die Lohnbedingungen für leitende Angestellte nicht in einem betrieblichen Tarifvertrag geregelt werden dürfen.[663]

Ein weiterer wichtiger Hinderungsgrund für die Stärkung der Festlegung von Arbeitsbedingungen in kollektivrechtlichen Vereinbarungen ist die Möglichkeit für den Arbeitgeber, Lohnregelungen in so genannten Entgeltordnungen festzulegen.[664] Problematisch ist dabei dass die Entgeltordnungen nicht in einem einvernehmlichen Dialog zwischen den Sozialpartnern, sondern einseitig durch den Arbeitgeber festgelegt werden.[665] Die Möglichkeit, Entgeltordnungen im Betrieb einseitig zu erlassen, führt dazu dass die Bedeutung tarifvertraglicher Übereinkünfte deutlich in den Hintergrund tritt.

---

661 Siehe ausführlich auch Baran, System prawa pracy, S. 448 ff.

662 SN, Urteil vom 14.02.2006 - III PK 109/05; Nowak, Godziwe wynagrodzenie, S. 183.

663 Walczak, in: FS Szubert, 304, 308.

664 Ausführlich hierzu siehe oben Teil 3 C. II. 2. b) ee) (6).

665 Walczak, in: Studia 2010, 97 ff.; Walczak, MoPr 2003 Nr. 14, 1, 5.

Nach Stimmen in der Literatur ist durch den Mindestlohn in Polen auch heute aufgrund der aktuellen wirtschaftlichen und gesellschaftlichen Marktsituation eine angemessene Entlohnung nicht vorhanden und auch in den nächsten Jahren noch nicht absehbar.[666] Die derzeitige Situation wird dadurch verstärkt dass der Widerstand gegen diesen Missstand bei den Arbeitnehmern nicht allzu groß ist. Dies wird zurückgeführt auf die immer noch teils vorherrschende sozialistische Denkweise „Besser irgendeine Arbeit, als gar keine", die Arbeitnehmer in Polen häufig davon abhält ihre ihnen eigentlich zustehenden Rechte geltend zu machen.[667]

Diese Entwicklung hat in der polnischen Rechtsliteratur Bedenken hervorgerufen. Mangels entsprechender Entgelttabellen fehle es den Arbeitnehmern an Motivation.[668] Zudem sei das polnische System zur Festsetzung des Mindestlohns ein unflexibles, eng umgrenztes System, das wenig Verhandlungsspielraum lässt. Durch die Orientierung an oben benannten Kriterien bleibe kein Raum zur Wahrnehmung anderer Werte und Kriterien zur Mindestlohnbemessung, wie etwa die Verfassung des Staatshaushaltes, Erfordernisse der wirtschaftlichen Entwicklung, die jeweilige Produktivität und das Erfordernis ein hohes Niveau an Beschäftigung zu erhalten.[669]

Hinzu kommt dass Arbeitgeber vermehrt zivilrechtliche Verträge schließen, für die das MinWynU nicht gilt. Erforderlich wären demnach Vorschriften, die mehr Flexibilität bei der Bestimmung des Mindestlohns erlaubten.[670] Der Mindestlohn in seiner jetzigen Form und den Kriterien der Zusammensetzung erfülle nicht die Kriterien des angemessenen Lohnes im Sinne von Art. 13 KP, liege vielmehr häufig sogar unterhalb des Existenzminimums.[671]

4. *Vergleich und Analyse*

Vergleicht man die beiden Arbeitnehmergesetze in Bezug auf die wesentlichsten Vorschriften, nämlich die Regelungen zur Erstreckung der nationalen Mindestlöhne auf aus dem Ausland entsandte Arbeitnehmer, wird zunächst vor allem deutlich, welch unterschiedliche Bedeutung und Auswirkungen sie haben. Im

---

666 So auch der Bericht der Kommission, S. 25; Małysz, Wynagrodzenie, S. 29; Góździewicz, in: Wynagrodzenie za pracę, 63, 69.

667 Nowak, Godziwe wynagrodzenie, S. 171.

668 Walczak, in: FS Szubert, 304, 315, 322; ders., in: Studia 2012, 109, 118.

669 Klos, in: Minimalne wynagrodzenie, 11, 18.

670 Klos, in: Minimalne wynagrodzenie, 11, 16f.

671 Liscz, Prawo Pracy, Rn. 686; Goral, in: Zarys systemu Bd. I, S. 642; Schulten/Bispinck/Schäfer, Mindestlöhne, S. 161; Skóra, in: Funkcja ochronna, S. 7.

polnischen System bewirkt die Erstreckung der Vorschriften einen Mindestschutz, der jedoch im polnischen Entsenderecht nur eine geringe Relevanz aufweist. Dies rührt daher dass die Mehrheit der nach Polen entsandten Arbeitnehmer aus einem Hochlohnland wie etwa Deutschland entsandt werden und somit auf diesen Schutz nicht angewiesen ist. Nach der Günstigkeitsregel des Art. 3 Abs. 7 RL 96/71/EG behalten sie in der Regel ihre einheimischen Lohnsätze, die für sie günstiger sind als die polnischen Mindestlohnsätze.

Mehr Relevanz weisen daher die deutschen Mindestlohnsätze für nach Deutschland entsandte Arbeitnehmer auf, die größtenteils aus Niedriglohnländern wie etwa Polen stammen. Hier stehen ausländische Arbeitgeber vor allem vor der praktischen Schwierigkeit, die für ihre Arbeitnehmer jeweils geltenden Mindestlohnsätze zu bestimmen.

Nicht nur die Bestimmung der relevanten Vorschriften bereitet ausländischen Arbeitgebern in der Entsendepraxis Schwierigkeiten. Speziell in Bezug auf den Mindestlohn stellt sich zudem die Frage, welche Bestandteile in diesen einzurechnen sind. Vorgaben hierzu bestehen lediglich in der europäischen Rechtsprechung.[672] Gemäß Artikel 3 Absatz 1 lit. c) RL 96/71/EG müssen die Mitgliedsstaaten dafür sorgen dass den entsandten Arbeitnehmern mindestens die im Empfangsland geltenden Mindestlöhne gezahlt werden. Dies gilt ebenso für Überstundensätze, jedoch nicht für zusätzliche betriebliche Altersversorgungssysteme. Gemäß Art. 3 Abs. 7 RL 96/71/EG gelten Entsendungszulagen die die entsendenden Arbeitgeber ihren Arbeitnehmern zahlen dann als Bestandteile des Mindestlohns, wenn sie nicht als Erstattung für infolge der Entsendung tatsächlich entstandene Kosten wie z.B. Reise-, Unterbringungs- und Verpflegungskosten gezahlt werden. Weitere Einzelheiten gibt die Richtlinie nicht vor. Die genaue Zusammensetzung des Mindestlohns wird gem. Art. 3 Abs. 1 RL 96/71/EG nach dem Recht des Mitgliedsstaates bestimmt, in das der Arbeitnehmer entsandt wird, wobei die Definition nach dem EuGH aber nicht zu einer Behinderung des freien Dienstleistungsverkehrs zwischen den Mitgliedsstaaten führen darf.[673]

Auch die Anwendung der Einteilung der Arbeitnehmer nach Lohngruppen je nach Qualifikation und Ausbildung auf entsandte Arbeitnehmer ist unter diesem Gesichtspunkt problematisch, auch wenn die neueste europäische Rechtsprechung sie für zulässig erklärt hat.[674] Eine solche Anwendung erschwert grenzüberschreitende Dienstleistungen, da die Dienstleistungserbringer aus

---

672 Siehe oben Teil 3 D. II. 1.

673 EuGH, 7.11.2013- C-522/12, NZA 2013, 1359, Rn. 37 (Isbir).

674 EuGH, 12.2.2015-C-396/13, NZA 2015, 345, 347 (Sähköalojen).

anderen Mitgliedsstaaten ihre Arbeitnehmer für die Zeit der Arbeitsleistung im Aufnahmestaat praktisch völlig in die Entgeltstruktur des zwingenden Tarifvertrages einordnen müssen. Dies kann Entsendeunternehmen von Entsendungen abhalten.[675] Es verursacht einen erheblichen Aufwand und kann von ausländischen Unternehmen ohne spezielle Kenntnisse des einschlägigen Tarifvertragsrechts kaum geleistet werden.[676] Aufgrund der Vielzahl der Rechtsordnungen ist es für einen entsendenden Unternehmer schwierig, eine klare Definition herauszufiltern.[677] Diese Vorgehensweise ist nach Stimmen in der Literatur insgesamt schwer praktikabel und würde den Wortlaut des Begriffs des Mindestentgeltsatzes im Sinne von Artikel 3 Abs. 1c) RL 96/71/EG erheblich strapazieren. Vorzugswürdiger sei es, beispielsweise lediglich die unterste Entgeltstufe des jeweiligen Tarifvertrages auf entsandte Arbeitnehmer anzuwenden.[678] Ferner wird kritisch gesehen dass der EuGH eine für die Aufnahmestaaten recht großzügige Auslegung des Begriffs des Mindestlohns entwickelt hat. Wenn Mitgliedsstaaten mit höherem Lohnniveau diesen nutzten, könnten sie vor allem personalträchtige Dienstleistungen erschweren, die Unternehmen mit einem niedrigeren Lohnniveau erbringen möchten.[679]

Die Bestandteile des Mindestlohns werden im deutschen MiLoG nicht geregelt, was ausländischen Unternehmern die Einordnung erschwert.[680] Nach dem EuGH werden vom Arbeitgeber gezahlte Zulagen und Zuschläge, abgesehen vom Bauzuschlag, nicht als Bestandteile des Mindestlohns berücksichtigt. Hierzu zählen insbesondere Mehrarbeitszuschläge, Nachtzuschläge, Sonn- und Feiertagszuschläge, Auslösungen und Erschwerniszuschläge. Diese würden das vom Tarifvertrag definierte Verhältnis von Lohn und Arbeit beeinträchtigen. Es könnten nur Leistungen berücksichtigt werden, die dieses Verhältnis nicht beeinträchtigten.[681] Will also der Arbeitgeber nur die eigentliche vertragsgemäße Arbeitsleistung an sich honorieren, kann eine Anrechnung auf den Mindestlohn stattfinden. Soll dagegen ein darüber hinausgehender oder anderer Zweck verfolgt werden, findet keine Anrechnung statt.[682] Die Nichtberücksichtigung

---

675 KommEU/*Rebhahn*, RL 96/71/EG, Art. 3 Rn. 17.

676 Franzen, NZA 2015, 338, 339 f.

677 Dzienisiuk, Glosa, S. 5.

678 Franzen, NZA 2015, 338, 339.

679 Franzen, NZA 2015, 338, 341.

680 Bayreuther, NZA 2014, 865, 866.

681 EuGH, 14.4.2005 – C-341/02, AP RL 96/71/EG Nr. 1 = NZA 2005, 573 (Kommission/Deutschland).

682 Spielberger/Schilling, NJW 2014, 2897, 2899; Bayreuther, NZA 2014, 865, 868.

von Zulagen und Zuschlägen kann jedoch zu höheren Lohnkosten führen als denen, die deutsche Arbeitgeber für ihre Arbeitnehmer tragen müssten. Dies kann Arbeitgeber mit Sitz in anderen Mitgliedsstaaten daran hindern, ihre Dienste in Deutschland anzubieten. Zwar ist der Empfangsstaat berechtigt, den Mindestlohnsatz für entsandte Arbeitnehmer zu bestimmen, er darf aber nach dem EuGH beim Vergleich dieses Satzes nicht seine eigene Lohnstruktur aufzwingen.[683]

Der polnische Gesetzgeber hat insofern die Festlegung der Mindestlohnhöhe für ausländische Arbeitgeber vereinfacht, als er bestimmte Vorgaben in das MinWynU aufnahm. So sind nach Art. 6 MinWynU lediglich Jubiläumsprämien, Rentenabfindungen, Überstunden- und Nachtzuschläge bei der Berechnung des Mindestlohns ausgenommen, wobei Nachtzuschläge erst im Jahr 2016 in das Gesetz aufgenommen wurden. Alle anderen Zuschläge, also auch das Urlaubs- und Weihnachtsgeld, sind Bestandteil des Mindestlohns. Insofern hat er sich an die Grundsätze des europäischen Gesetzgebers angenähert, was die Rechtsanwendung in der Praxis vereinfacht.

Nach der Intention des polnischen Gesetzgebers bewirkt die Festlegung eines Mindestlohns vor allem den Schutz der Arbeitnehmer. Betrachtet man hingegen die deutschen Vorschriften, tritt die ursprüngliche Intention, die Vorgabe eines gewissen Mindeststandards für nach Deutschland entsandte Arbeitnehmer, zunächst in den Hintergrund. Die Erstreckung der nationalen Mindestlohnvorschriften auf vornehmlich aus Niedriglohnländern entsandte Arbeitnehmer bewirkt vielmehr dass der deutsche Arbeitsmarkt dadurch nach außen hin abgeschottet wird. Zudem stellt sich die Frage, ob nicht durch dieses Hindernis eher ein Rückgang solcher Entsendungen zu erwarten ist mit der ganz gegensätzlichen Folge dass Arbeitnehmer aus dem Ausland mangels Beschäftigung ihres Arbeitsplatzes verlustig werden. Das ursprüngliche Ziel des europäischen Gesetzgebers, der Schutz entsandter Arbeitnehmer, würde so am Ende ad absurdum geführt.

Wirft man hingegen einen Blick auf die Situation inländischer Arbeitnehmer, so scheint es dem deutschen Gesetzgeber besser gelungen zu sein, ein Schutzkonzept durch Mindestlöhne zu errichten, als dies in Polen der Fall ist. Dies obwohl beide Gesetzgeber diesbezüglich unterschiedliche Ziele verfolgten und der deutsche Gesetzgeber bei Schaffung des MiLoG neben dem Arbeitnehmerschutz auch wirtschaftliche Interessen im Blick hatte. Daneben war es

683 EuGH, 14.4.2005 – C-341/02, AP RL 96/71/EG Nr. 1 = NZA 2005, 573 (Kommission/Deutschland).

seine Intention, ein Existenzminimum für Arbeitnehmer zu sichern. Dagegen hatte der polnische Gesetzgeber ausschließlich Arbeitnehmerinteressen im Blick. Er hatte und sich zum Ziel gesetzt, jedem Arbeitnehmer einen angemessenen Lohn zu sichern, ohne aber genau zu definieren, was darunter zu verstehen ist. Von einer Verwirklichung dieses Zieles scheint er hingegen noch entfernt zu sein.

Ferner lässt sich feststellen dass die Vorgehensweise bei Festsetzung der Mindestlöhne in beiden Ländern stark divergiert. Die Festsetzung erfolgt durch unterschiedliche Organe und orientiert sich, ausgehend von unterschiedlichen Funktionen, an verschiedenen Kriterien. Während der deutsche Gesetzgeber traditionell bedingt die Tarifautonomie der Tarifvertragsparteien wieder stärken will und sich auch bei Festlegung des gesetzlichen Mindestlohnes ausdrücklich an den geltenden Tariflöhnen orientiert, entscheidet in Polen der Staat weitestgehend autark über Festsetzung und Höhe des Mindestlohns. Mangels relevanter tarifrechtlicher Regelungen orientiert er sich dabei an der nationalen Preis- und Lohnentwicklung. Der polnische Gesetzgeber hat, im Unterschied zum deutschen Gesetzgeber, verschiedene Vorschriften zum Arbeitslohn im Allgemeinen und Mindestlohn im Speziellen gesetzlich verankert. Mangels Vorhandenseins verschiedener abgestufter Lohngitter wie beispielsweise in Deutschland scheint es jedoch so als würde der Mindestlohn in Polen eine wirtschaftliche Fortentwicklung eher bremsen. Dies kann die Motivation der Arbeitnehmer hemmen, die kein Bedürfnis sehen, sich beruflich weiterzuentwickeln. Insofern kann das aktuelle System möglicherweise ein Hemmnis für die Entwicklung des Landes darstellen. In praktischer Hinsicht stellt es für ausländische Arbeitgeber jedoch sicherlich eine Vereinfachung dar, da es ihnen leichter macht die für sie relevanten Vorschriften zu finden.

III. Anwendung von Urlaubskassenbeitragssystemen der Aufnahmestaaten auf Entsendeunternehmen

Einer der wesentlichsten Unterschiede zwischen beiden Entsendegesetzen besteht darin, dass der deutsche Gesetzgeber in das AEntG eine Regelung aufgenommen hat, nach der auch das deutsche Urlaubskassensystem der Baubranche auf ausländische Arbeitgeber, die ihre Arbeitnehmer nach Deutschland entsenden, erstreckt werden kann. Damit geht er über die zwingenden Vorgaben der Entsenderichtlinien hinaus, da eine derartige Regelung in den Entsenderichtlinien selbst bisher keinen Niederschlag gefunden hat. Polen hat keine entsprechenden Regelungen in das DelPracU aufgenommen. Nachfolgend sollen die Grundsätze der Urlaubskassen kurz dargestellt und die Hintergründe erörtert werden.

Werden Arbeitnehmer von ausländischen Bauunternehmen nach Deutschland entsandt, sind die ausländischen Arbeitgeber nicht nur verpflichtet, ihren Arbeitnehmern gegebenenfalls die deutschen Mindestlöhne zu zahlen, wenn diese für die Arbeitnehmer günstiger sind als die einheimischen Löhne. Sie sind darüber hinaus auch verpflichtet, an die deutsche Urlaubs- und Lohnausgleichskasse der Bauwirtschaft (ULAK) Beiträge zu leisten, § 5 Nr. 3 AEntG.

1. Deutschland

Nicht nur in Deutschland sondern auch in anderen Mitgliedsländern der EU (ähnliche Systeme bestehen derzeit in Österreich, Frankreich, Belgien, Dänemark, Italien und Holland) wurden Sozialkassen in der Baubranche eingerichtet. Zudem wurden in mehreren Ländern die jeweiligen Systeme zur Vermeidung von Doppelzahlungen in Entsendefällen aufeinander abgestimmt.[684]

a) Hintergrund

Im Gegensatz zu anderen Branchen ist die Baubranche durch besondere Arbeits- und Produktionsbedingungen wie wechselnde Arbeitsorte und hohe Kapital- und Personalintensität, sowie saisonale Prägung der Arbeit, gekennzeichnet. Diese Rahmenbedingungen führen zu einer hohen Fluktuation der Arbeitnehmer, deren Arbeitsverhältnisse oft kurzzeitig und befristet sind.[685] Aufgrund der starken Fluktuation bei Arbeitnehmern in der Bauwirtschaft kann es passieren dass ein Arbeitgeber seinem Arbeitnehmer nach sechs Monaten Beschäftigung den vollen Jahresurlaub gewähren muss, obwohl der Arbeitnehmer nicht das ganze Jahr bei ihm beschäftigt war.

Aber vor allem Arbeitnehmer haben das Nachsehen, wenn sie nicht länger als sechs Monate bei einem Arbeitgeber beschäftigt sind und deshalb keinen vollen zusammenhängenden Urlaubsanspruch erwerben. Das betriebsbezogene Bundesurlaubsgesetz (BUrlG)[686] ist insoweit für Arbeitnehmer der Baubranche ungünstig, da nach § 4 BUrlG der volle Urlaubsanspruch des Arbeitnehmers erstmalig nach sechsmonatigem Bestehen des Arbeitsverhältnisses erworben wird. Nach Aussage der IG Bau stehen in der deutschen Baubranche jedoch nur ca. 60 % aller Arbeitnehmer in einem ganzjährigen Arbeitsverhältnis mit nur einem Arbeitgeber.[687]

---

684 Koberski, AEntG, § 5 Rn. 31 ff.; Preis/Temming, ULAK, S. 25.

685 Preis/Temming, ULAK, S. 6.

686 Mindesturlaubsgesetz für Arbeitnehmer vom 08.01.1963, BGBl. I S. 868.

687 Görres, Arbeitnehmerentsendung, S. 274.

Der deutsche Gesetzgeber hat diese besondere Situation gesehen und gemäß § 13 Abs. 2 BUrlG bestimmt, dass im Baugewerbe oder sonstigen Wirtschaftszweigen, in denen als Folge häufigen Ortswechsels der von den Betrieben zu leistenden Arbeit Arbeitsverhältnisse von kürzerer Dauer als einem Jahr in erheblichem Umfang üblich sind, von den Bestimmungen des BUrlG durch Tarifvertrag abgewichen werden kann. Die Tarifvertragsparteien des Baugewerbes haben daher ein vom BUrlG abweichendes Verfahren konzipiert. Urlaubsansprüche von Arbeitnehmern mehrerer Arbeitgeber werden angespart und zu gegebener Zeit gegenüber dem aktuellen Arbeitgeber geltend gemacht. Der Anspruch auf Erholungsurlaub, Urlaubsentgelt und zusätzliches Urlaubsgeld wird in der Baubranche somit nicht betriebs-, sondern gewerbebezogen berechnet.[688]

Die europäische Rechtsgrundlage für die Einbeziehung auch entsandter Arbeitnehmer in die Sozialkassensysteme des Empfangslandes findet sich in Art. 3 Abs. 1 bzw. Art. 3 Abs. 10 RL 96/71/EG. Danach können die Regelungen hinsichtlich des bezahlten Mindesturlaubs in für allgemein verbindlich erklärten Tarifverträgen im Baugewerbe auch auf entsandte Arbeitnehmer angewandt werden. Nach Art. 3 Abs. 10 RL 96/71/EG berührt die Richtlinie nicht das Recht der Mitgliedsstaaten unter Einhaltung des Vertrages für inländische und ausländische Unternehmen in gleicher Weise Arbeits- und Beschäftigungsbedingungen für andere als die in Absatz 1 Unterabsatz 1 aufgeführten Aspekte, soweit es sich um Vorschriften im Bereich der öffentlichen Ordnung handelt, bzw. die in Tarifverträgen oder Schiedssprüchen nach Absatz 8 festgelegt sind und andere als im Anhang genannte Tätigkeiten betreffen, vorzuschreiben. Nahezu alle EU-Länder haben von dieser Möglichkeit Gebrauch gemacht und sich nicht auf den von der Entsende-Richtlinie vorgegebenen Regelungsbereich beschränkt. Die Zulässigkeit der Erstreckung der nationalen Urlaubskassenverfahren wurde vom EuGH bejaht.[689]

b) Die Urlaubs- und Lohnausgleichskasse der Bauwirtschaft (ULAK)

Im deutschen Baugewerbe wurden nach § 4 Abs. 2 TVG die Sozialkassen des deutschen Baugewerbes gegründet. Deren Zweck ist die Absicherung finanzieller Ansprüche der Arbeitnehmer im Bausektor, insbesondere des Urlaubsgeldes, oder von Ansprüchen aus einer zusätzlichen Altersversorgung.[690]

---

688 Görres, Arbeitnehmerentsendung, S. 274.
689 EuGH, 25.10.2001 – C-49/98 (Finalarte); Wąź, Projekt dyrektywy, S. 2.
690 Maiß, Entsendung, S. 125.

Die gemeinsame Urlaubs- und Lohnausgleichskasse der Bauwirtschaft wurde bereits im Jahr 1949 gegründet. Die Sozialkassen dienen dem Schutz und der Unterstützung der Arbeitnehmer. Sinn und Zweck ist die Sicherung des Urlaubsentgeltes des Arbeitnehmers, das in bestimmten Branchen besonders gefährdet ist, bedingt durch hohe Fluktuation des Arbeitgebers und häufige Insolvenzen der Unternehmer. Arbeitsverhältnisse im Baugewerbe werden oft nur befristet oder projektweise begründet und enden oft witterungsbedingt während der Wintermonate. Auf diese Weise würden die Arbeitnehmer aber nie einen vollen zusammenhängenden Urlaubsanspruch erwerben, da dieser grundsätzlich nach § 4 BUrlG den sechsmonatigen Bestand des Arbeitsverhältnisses voraussetzt. Nach § 13 Abs. 1 BurlG ist es den Tarifvertragsparteien erlaubt, eine hiervon abweichende Regelung zu treffen.[691]

Nach § 5 Nr. 3 AEntG kann Gegenstand eines für allgemein verbindlich erklärten Tarifvertrages im Baugewerbe, der für entsandte Arbeitnehmer Anwendung finden soll, auch die Einziehung von Beiträgen und die Gewährung von Leistungen im Zusammenhang mit Urlaubsansprüchen der entsandten Arbeitnehmer durch eine gemeinsame Einrichtung der Tarifvertragsparteien sein, wenn sichergestellt ist dass der ausländische Arbeitgeber nicht gleichzeitig zu Beiträgen zu der gemeinsamen Einrichtung der Tarifvertragsparteien und zu einer vergleichbaren Einrichtung im Staat seines Sitzes herangezogen wird, und das Verfahren der gemeinsamen Einrichtung der Tarifvertragsparteien eine Anrechnung derjenigen Leistungen vorsieht, die der ausländische Arbeitgeber zur Erfüllung des Urlaubsanspruches seines Arbeitnehmers bereits erbracht hat. Solche Rahmenvereinbarungen zur Freistellung von Arbeitgebern bestehen in mehreren Ländern der EU, unter anderem in Deutschland, Belgien, Frankreich und Österreich und der Schweiz.[692]

Die deutsche ULAK fungiert als eine Art Verwalter; sie leistet Abgeltungs- und Entschädigungszahlungen an Arbeitnehmer und erstattet Urlaubsvergütungen an Arbeitgeber. Finanziert wird sie durch Beiträge der Arbeitgeber von Baubetrieben. Der Arbeitgeber zahlt seinem Arbeitnehmer die Urlaubsvergütung und erhält dann eine Erstattung von der ULAK.[693] Um den Arbeitgeber, der jeweils den Urlaub gewährt, nicht zu benachteiligen, zahlen alle Arbeitgeber an die ULAK einen bestimmten Prozentsatz des Lohnes als Beitrag, mit dem die

691 Maiß, Entsendung, S. 126; Wank/Börgmann, NZA 2001, 177.

692 BAG, 03.05.2006 – 10 AZR 344/05, AP AEntG § 1 Nr. 25 = NZA-RR 2007, 641; ErfK/Schlachter, § 5 AEntG, Rn. 6; Preis/Temming, ULAK, S. 25 f.

693 Preis/Temming, ULAK, S. 24.

Urlaubsansprüche der Arbeitnehmer finanziert werden. Unter den Arbeitgebern findet dann ein finanzieller Ausgleich statt, der über die ULAK vollzogen wird.[694]

Die Funktion der ULAK besteht demnach darin dass bestimmte Leistungen von allen Arbeitgebern gemeinsam getragen werden, zu deren Erfüllung sie einzeln nicht in der Lage wären, sie fungiert insoweit als Gesamtarbeitgeber. Indem sie den einzelnen Arbeitnehmer finanzielle Leistungen gewähren, dient sie deren Schutz.[695]

Regelungen zum Urlaubskassenverfahren in Deutschland finden sich im BRTV[696] und dem VTV[697], die beide für allgemeinverbindlich erklärt wurden.[698] Damit erlangen sie auch die Legitimation zur Erstreckung auf ausländische Arbeitgeber die ihre Arbeitnehmer nach Deutschland entsenden, vgl. Art. 3 Abs. 1 RL 96/71/EG, der ausdrücklich die Allgemeinverbindlichkeit des jeweiligen Tarifvertrages voraussetzt. Die Allgemeinverbindlicherklärung eines Tarifvertrages über eine gemeinsame Einrichtung erfolge mit dem Ziel, die Funktionsfähigkeit der gemeinsamen Einrichtung durch Einbeziehung aller Arbeitgeber im Geltungsbereich zu sichern. Daher sei es auch vertretbar, den für allgemeinverbindlich erklärten Tarif auch gegenüber einem an einen anderen Tarifvertrag gebundenen Arbeitgeber durchzusetzen um die Effektivität der Einrichtung zu sichern.[699]

c) Bewertung

Zwar mag das Urlaubskassensystem für im Inland ansässige Unternehmen durchaus Sinn machen. Im Schrifttum sind jedoch Bedenken erhoben worden ob die Einbeziehung auch ausländischer Arbeitgeber, die ihre Arbeitnehmer nach Deutschland entsenden, in das deutsche Urlaubskassensystem mit

---

694 Wank/Börgmann, NZA 2011, 177.

695 Preis/Temming, ULAK, S. 22.

696 Bundesrahmentarifvertrag für das Baugewerbe (BRTV) vom 4. Juli 2002 in der Fassung vom 17. Dezember 2003, 14. Dezember 2004, 29. Juli 2005, 19. Mai 2006, 20. August 2007, 31. Mai 2012, 17. Dezember 2012, 5. Juni 2014, 10. Dezember 2014 und 10. Juni 2016.

697 Tarifvertrag über das Sozialkassenverfahren im Baugewerbe (VTV) vom 3. Mai 2013 in der Fassung vom 3. Dezember 2013, 10. Dezember 2014 und 24. November 2015.

698 Die Allgemeinverbindlicherklärungen des VTV wurden vom BAG mit Beschluss vom 21.09.2016 (10 ABR 33/15) für den Zeitraum vom 01.10.2007 bis zum 31.12.2014 mangels Vorliegens der Voraussetzungen nach § 5 TVG für unwirksam erklärt, siehe Biedermann, BB 2017, 1333 ff.; Thüsing, NZA-Beilage 2017, 3 ff.; Greiner, NZA 2017, 98 ff.

699 Greiner/Hanau/Preis, Allgemeinverbindlichkeit, S. 76; Henssler, RdA 2015, 52 f.

höherrangigem Recht vereinbar ist, oder nicht vielmehr eine weitere unzulässige Beschränkung ihrer Dienstleistungsfreiheit zur Folge hat.[700] Der EuGH bejaht zwar einen Eingriff in die Dienstleistungsfreiheit ausländischer Unternehmer, da sich durch die Zahlungsverpflichtung eine Steigerung ihrer Kosten und administrativen und wirtschaftlichen Belastungen ergäbe. Dieser Eingriff sei aber durch zwingende Gründe des Allgemeininteresses gerechtfertigt. Das Urlaubskassenverfahren sei nicht ausschließlich zum Schutz inländischer Unternehmen geschaffen worden sondern zur Sicherung der Urlaubsansprüche der Arbeitnehmer.[701]

Das ULAK-Verfahren stellt jedoch eine nationale Regelung dar die speziell auf die Besonderheiten des deutschen Urlaubsrechts zugeschnitten ist. Arbeitnehmer sollen davor bewahrt werden dass ein häufiger Arbeitgeberwechsel negative Auswirkungen auf ihre Urlaubsansprüche hat, wohingegen Arbeitgeber nicht ungleich mit der Urlaubsgewährung belastet werden sollen. Es stellt sich daher die Frage ob bei nach Deutschland entsandten Arbeitnehmern dieses Problem überhaupt auftreten kann, da sie üblicherweise im Rahmen der Entsendung nur bei einem Arbeitgeber tätig sind und nach Fertigstellung des Projektes in den Heimatstaat zurückkehren. Der durch die ULAK verfolgte Schutzzweck geht damit ins Leere und lässt vielmehr den Verdacht aufkommen dass auch hier wieder wettbewerbs- und nicht arbeitnehmerschützende Aspekte im Vordergrund stehen.[702] Insoweit wird die Meinung vertreten dass die Erstreckung der Verpflichtung zur Zahlung an die Urlaubskassen ordnungspolitisch verfehlt sei.[703]

2. *Polen*

Ein Urlaubskassenverfahren ähnlich dem deutschen System kennt die polnische Rechtsordnung nicht, weshalb auch das DelPracU hierzu schweigt. Die Problematik in Bezug auf das Urlaubskassenverfahren der Baubranche ist eher in der Entsendepraxis zu suchen. So zeigen polnische Arbeitgeber, die ihre Arbeitnehmer in Länder entsenden die über Urlaubskassensysteme verfügen, Schwierigkeiten mit dem Verständnis und der richtigen Einordnung der Vorschriften. In der Folge kam es immer wieder zu Fällen, in denen polnische Arbeitgeber ihren entsandten Arbeitnehmer die Urlaubsansprüche eigenhändig in der Meinung

---

700 Preis/Temming, ULAK, S. 185 ff., 206 ff.; Wąź, Prawo do urlopu, S. 3.
701 EuGH, 25.10.2001 - C-49/98, AP EG Art. 39 Nr. 11 (Finalarte).
702 Görres, Arbeitnehmerentsendung, S. 281 f.; Wank/Börgmann, NZA 2001, 177, 185.
703 Löwisch, Freiheit und Wettbewerb, 221, 231 f.

kürzten oder gar ganz strichen, sie hätten diese ja bereits durch die Urlaubskasse gewährt bekommen.[704] Ein System der gegenseitigen Anerkennung und Anrechnung von Beitragsleistungen zwischen Polen und anderen Staaten besteht derzeit nicht. In der Entsendepraxis treten daher bei der Entsendung polnischer Arbeitnehmer häufig Schwierigkeiten auf, da das polnische System sich von dem vieler anderer Länder unterscheidet. In Polen gründet sich das Verfahren nicht auf der Zahlung von Beiträgen sondern schlicht auf der unbeschränkten Haftung des Arbeitgebers hinsichtlich der Bewilligung von Urlaub und der Urlaubsauszahlung. Aus diesem Grund wird es im deutschen Recht nicht als gleichwertiges System anerkannt.[705] Zwar besteht innerhalb der EU ein System der gegenseitigen Anerkennung bei entsprechend ähnlichen Beitragssystemen in den Mitgliedsländern (z. B. der deutschen ULAK mit Frankreich, Österreich und den Niederlanden). Ein entsprechendes Abkommen das das polnische System anerkennt existiert mit Polen aber nicht.[706]

Daher wollen Stimmen in der polnischen Rechtsliteratur auf eine Vorschrift aus dem polnischen Arbeitsgesetzbuch zurückgreifen, nach der der Arbeitgeber sich unter Umständen an den Arbeitnehmer bereits gewährte Leistungen anrechnen lassen kann. Art. 172^1 KP sieht vor dass der Arbeitgeber von seiner Verpflichtung zur Zahlung von Urlaubsentgelt und –abfindung befreit wird, wenn er aufgrund gesonderter Vorschriften verpflichtet ist, den Arbeitnehmer mit einer Versicherung auszustatten, die ihm den Erhalt von Geldleistungen für die Zeit seines Urlaubs garantiert.

Im polnischen Schrifttum besteht Uneinigkeit darüber, ob die im Jahr 2003 zeitgleich mit den polnischen Entsendevorschriften eingeführte Vorschrift auf polnische Arbeitgeber anwendbar ist, die ihre Arbeitnehmer ins Ausland entsenden. Eine eventuelle Doppelbelastung und damit wiederum Minderung der Konkurrenzfähigkeit polnischer Arbeitgeber auf dem EU-Dienstleistungsmarkt könne so vielleicht vermieden werden.[707] Umstritten ist jedoch ob die Aussage „gesonderte Vorschriften" auch auf ausländische Vorschriften zu den Urlaubskassen, wie etwa § 5 Nr. 3 AEntG, anwendbar ist. Nationale gesonderte Vorschriften in

704 Wąź, MoPr 2011 Nr. 4, 181, 184.

705 Wąź, Delegowanie, S. 52; Walczak/Wojewódka, Prawo pracy, § 24 S. 38; Wąź, MoPr 2011 Nr. 4, 181, 183.

706 BAG, 03.05.2006 – 10 AZR 344/05, AP AEntG § 1 Nr. 25 = NZA-RR 2007, 641; ErfK/Schlachter, § 5 AEntG, Rn. 6; Preis/Temming, ULAK, S. 25 f.; Walczak/Wojewódka, § 24 S. 39; Wąź, MoPr 2011 Nr. 4, 181, 187.

707 Sobczyk, KP, Art. 172^1 Rn. 1; Muszalski, KP, Art. 172^1 Rn. 1; Walczak, KP, Art. 172^1, 2; Walczak/Wojewódka, Prawo pracy, § 24 S. 39.

diesem Sinne bestehen im polnischen Recht derzeit nämlich nicht.[708] Der Wortlaut des Art. 172^1 KP selbst lässt jedoch keine Schlüsse dahingehend zu dass mit der Aussage auch andere als polnische Vorschriften gemeint sind, weshalb ein Teil der Stimmen die Anwendbarkeit auf ausländische Urlaubskassen verneint. An zahlreichen anderen Stellen in polnischen Gesetzen sei ebenfalls die Rede von „anderen Vorschriften", bei denen Einigkeit bestehe dass nur rein nationale Vorschriften des KP gemeint sind.[709] Art. 172^1 KP ließe auch keine Schlüsse dahingehend zu dass die Norm eine Kollisionsnorm im Sinne des internationalen Privatrechts sei, da sie nicht die charakteristische Struktur einer typischen Kollisionsnorm aufweise.[710]

So wird in der polnischen Rechtsliteratur angeführt, eine Regulierung bzw. evtl. Anpassung des Art. 172^1 KP sei sinnvoll um eine doppelte Inanspruchnahme polnischer Arbeitgeber zu vermeiden. Die polnischen Gerichte hatten hierüber bisher noch nicht zu entscheiden.[711]

E. Durchsetzung der entsenderelevanten Regelungen

Im letzten Abschnitt der vorliegenden Arbeit liegt das Augenmerk auf den Möglichkeiten, die beide Entsendegesetze in Bezug auf die Durchsetzung der verliehenen Rechte gewähren. Die nachfolgende Darstellung ist insofern bedeutsam, als auch die größtmögliche Verleihung von Rechten letztendlich in der Wirksamkeit beschränkt bleibt wenn sie durch den Rechtsinhaber nicht effektiv realisiert werden kann.[712]

I. EU-rechtliche Vorgaben

Die Entsenderichtlinien überlassen weitgehend den Mitgliedsstaaten die Wahl der näheren Ausgestaltung der Durchführungsvorschriften, weshalb sich hier deutliche Unterschiede in den jeweiligen nationalen Umsetzungen zeigen. Die nationalen Gesetzgeber sind insofern lediglich durch die Dienstleistungsfreiheit begrenzt. Die Regelungen der Richtlinie 96/71/EG sind in dieser Hinsicht nur

708 Walczak, KP, Art. 172^1, 2.; Wąź, Delegowanie, S. 70; Walczak/Wojewódka, Prawo pracy, § 24 S. 40; Wąź, MoPr 2011 Nr. 4, 181, 188.

709 Wąź, Delegowanie, S. 69; Walczak/Wojewódka, Prawo pracy, § 24 S. 39; Wąź, MoPr 2011 Nr. 4, 181, 187.

710 Wąź, Delegowanie, S. 70; Walczak/Wojewódka, Prawo pracy, § 24 S. 40; Wąź, MoPr 2011 Nr. 4, 181, 188.

711 Wąź, MoPr 2011 Nr. 4, 181, 189.

712 So auch Gronert, Entsendung, S. 140.

rudimentär.[713] Gemäß Art. 5 RL 96/71/EG sollen die Mitgliedsstaaten geeignete Maßnahmen für den Fall der Nichteinhaltung der Richtlinie vorsehen und insbesondere sicherstellen, dass den Arbeitnehmern oder ihren Vertretern für die Durchsetzung der aus der Richtlinie ergebenden Verpflichtungen geeignete Verfahren zur Verfügung stehen. Die Richtlinie 2014/67/EU präzisiert die Pflichten weiter. Insgesamt liegt der Schwerpunkt der Durchführungsbestimmungen der Entsenderichtlinien bei behördlichen Maßnahmen.

1. *Zusätzlicher Gerichtsstand für entsandte Arbeitnehmer im Aufnahmestaat*

Die Richtlinie 96/71/EG schreibt nach Artikel 6 vor, dass entsandte Arbeitnehmer auch im Aufnahmestaat klagen können müssen und normiert so einen zusätzlichen Gerichtsstand für entsandte Arbeitnehmer.

2. *Information von Entsendeunternehmen und Arbeitnehmern*

Die Richtlinie 2014/67/EU erlegt den Mitgliedsstaaten umfassende Pflichten auf, damit eine ausreichende Information von Arbeitgebern und Arbeitnehmern garantiert wird, vgl. Art. 5 RL 2014/67/EU.

3. *Zusammenarbeit zwischen Behörden*

Ferner soll nach der Richtlinie 2014/67/EU eine bessere Zusammenarbeit zwischen den ausländischen Behörden stattfinden, Art. 6 RL 2014/67/EU, gerade auch bei der grenzüberschreitenden Durchsetzung von Sanktionen, Artt. 13 ff. RL 2014/67/EU.

4. *Melde- und Dokumentationspflichten für Arbeitgeber*

Zudem können die Mitgliedsstaaten verschiedene Kontrollmaßnahmen vorsehen, insbesondere verschiedene Melde- und Dokumentationspflichten für ausländische Arbeitgeber. Diese müssen verhältnismäßig, geeignet und wirksam sein, Art. 9 Abs. 1 RL 2014/67/EU.

5. *Subunternehmerhaftung*

Zusätzlich haben die Mitgliedsstaaten ein System der Haftung von Subunternehmern einzuführen, Art. 12 RL 2014/67/EU.

---

713 KommEU/*Rebhahn*, RL 96/71/EG, Art. 5 Rn. 2; Preis/Sagan/*Heuschmid/Schierle*, Eur. ArbR, § 5 Rn. 180.

6. *Möglichkeit der Prozessstandschaft*

Um den entsandten Arbeitnehmern die Wahrnehmung ihrer Rechte zu erleichtern besteht die Möglichkeit einer Prozessstandschaft im Namen der Arbeitnehmer. Die Mitgliedsstaaten müssen sicherstellen dass Gewerkschaften und andere Dritte wie Verbände, Organisationen und andere juristische Personen, die gemäß den im jeweiligen nationalen Recht festgelegten Kriterien ein berechtigtes Interesse daran haben die Einhaltung der Entsenderichtlinien sicherzustellen, sich entweder im Namen oder zur Unterstützung der entsandten Arbeitnehmer oder ihrer Arbeitgeber und mit deren Zustimmung an Gerichts- oder Verwaltungsverfahren beteiligen können, die zur Durchführung der Entsenderichtlinien vorgesehen sind, Art. 11 Abs. 3 RL 2014/67/EU.

Den Mitgliedsstaaten steht es nach den Entsenderichtlinien frei, strengere nationale Haftungsregeln vorzusehen oder im Einklang mit nationalem Recht und unter Wahrung der Grundsätze der Nichtdiskriminierung und der Verhältnismäßigkeit darüber hinauszugehen. Die Richtlinie schreibt ferner vor dass Arbeitnehmer vor Benachteiligungen durch ihre Arbeitgeber zu schützen sind. Schließlich sollen die Mitgliedsstaaten bei Nichtbeachtung der Vorschriften geeignete Sanktionen verhängen, Art. 5 RL 96/71/EG.

Auch wenn die Durchführungsvorschriften zum Entsenderecht mit der Richtlinie 2014/67/EU ausführlicher geregelt wurden, bleiben die europäischen Vorgaben schwammig. Im Folgenden sollen die jeweiligen nationalen Vorschriften näher untersucht werden. Unterschieden wird dabei zwischen behördlichen Durchsetzungsmaßnahmen und solchen, die der einzelne entsandte Arbeitnehmer ergreifen kann, um seine Rechte durchzusetzen.

II. Deutschland

1. *Durchsetzung durch Arbeitnehmer*

Arbeitnehmer, die aus dem Ausland nach Deutschland entsandt werden, finden im AEntG nur wenig Hilfsmittel um ihre Rechte geltend zu machen. Dies liegt mitunter daran dass auch die Entsenderichtlinien hier keine umfassenden Rechte vorsehen, da sie den Schwerpunkt auf staatliche Maßnahmen setzen.

Der deutsche Gesetzgeber hat die von der Richtlinie 2014/67/EU vorgegebenen Pflichten nach aktuellem Stand jedoch nicht vollumfänglich umgesetzt. Zwar hat er klargestellt dass entsandte Arbeitnehmer auch vor deutschen Gerichten klagen können, vgl. § 15 AEntG. Eine Prozessstandschaft für entsandte Arbeitnehmer durch Dritte sieht das AEntG indes nicht vor.

2. *Durchsetzung durch Staat*

Der Schwerpunkt der Durchführungsregelungen im AEntG liegt auf verschiedenen Verpflichtungen der ausländischen Arbeitgeber. So unterliegen sie verschiedenen Dokumentations- und Meldepflichten, Art. 18 f. AEntG, und darüber hinaus den vom Schwarzarbeitsbekämpfungsgesetz[714] vorgegebenen Kontroll- und Überwachungsmaßnahmen, § 17 AEntG.

Darüber hinaus schreibt das AEntG ein branchenunabhängiges Unterauftragshaftungssystem vor, Art. 14 AEntG, das keine Exkulpationsmöglichkeiten zulässt. § 14 AEntG bestimmt dass ein Unternehmer der einen anderen Unternehmer mit der Erbringung von Werk- oder Dienstleistungen beauftragt, für die Verpflichtungen dieses Unternehmers zur Zahlung des Mindestentgelts wie ein Bürge haftet, der auf die Einrede der Vorausklage verzichtet hat. Durch den fingierten Verzicht des Auftraggebers auf die Einrede der Vorausklage haben die Arbeitnehmer faktisch die Wahl, ob sie ihren Auftraggeber oder dessen Auftraggeber in Anspruch nehmen wollen. Im wirtschaftlichen Endergebnis haften also beide wie Gesamtschuldner.[715] Die Generalunternehmerhaftung des AEntG ist verschuldensunabhängig, obwohl die Richtlinie 2014/67/EU eine fakultative Exkulpationsmöglichkeit vorgesehen hat. Dadurch lassen sich zwar sicherlich in der Praxis Beweisprobleme vermeiden[716], es stellt sich aber dennoch die Frage ob diese weite Regelung zu gerechten Ergebnissen führt, insbesondere in Fällen der Insolvenz des Subunternehmers.

Zusätzlich zu den in den Richtlinien vorgegebenen Maßnahmen geht das AEntG weiter, indem es als weitere mögliche Sanktion den Ausschluss des Arbeitgebers von öffentlichen Aufträgen festsetzt, Art. 21 AEntG. Die Regelung des § 21 AEntG bietet öffentlichen Auftraggebern die Möglichkeit, Bewerber um einen Bau-, Liefer- oder Dienstleistungsauftrag von der Teilnahme an einem hierzu ausgeschriebenen Wettbewerb befristet auszuschließen wenn wegen eines Verstoßes nach § 23 AEntG gegen den Bewerber eine Geldbuße in Höhe von mindestens 2.500 Euro verhängt wurde. Der Auftraggeber hat jedoch ein weitgehendes Ermessen, da § 21 AEntG eine Soll-Vorschrift ist.[717] § 21 AEntG, der die in § 23 normierten Sanktionsregelungen ergänzt, hat gegenüber den in § 23 AEntG normierten Geldbußen eine größere Bedeutung für Unternehmer

---

714 Gesetz zur Bekämpfung der Schwarzarbeit und illegaler Beschäftigung (SchwarzArbG) vom 23.07.2004, BGBl. I S. 1842.

715 Bayreuther, NZA 2015, 961; Rieble/Lessner, ZfA 2002, 29, 40.

716 Bayreuther, NZA 2015, 961, 967.

717 Thüsing/*Mengel,* AEntG, § 21 Rn. 8; ErfK/*Schlachter,* AEntG, § 21 Rn. 1.

und stellt damit eine wesentlich effektivere Form der Sanktion dar, da er die wettbewerbliche Betätigungsfreiheit der Entsendeunternehmen einschränkt.[718] Daneben drohen ausländischen Arbeitgebern hohe Geldbußen bis zu 500.000 EUR im Fall des Verstoßes gegen die Vorschriften des AEntG, vgl. Art. 23 AEntG.

Die Vorschriften zur grenzüberschreitenden Zusammenarbeit von Behörden sind nur knapp und oberflächlich in § 20 AEntG geregelt, obwohl die grenzüberschreitende Zusammenarbeit der Behörden im Rahmen der Arbeitnehmerentsendung eine wesentliche Voraussetzung für deren Funktionieren ist.

Schließlich fehlen im AEntG vollständig Regelungen zu Informationspflichten und -möglichkeiten für interessierte Unternehmen und Arbeitgeber.

3. *Zusammenfassung*

Der deutsche Gesetzgeber hat in Bezug auf die Durchführungsvorschriften den Schwerpunkt auf behördliche Maßnahmen gelegt. Dies ist zunächst positiv zu vermerken, da gerade Arbeitnehmer aus Niedriglohnländern häufig aus Angst um ihren Job von einer Geltendmachung ihrer Rechte absehen. Insofern ist es durchaus sinnvoll dass der Staat ihnen diesbezüglich unter die Arme greift. Umso mehr wäre es wünschenswert gewesen, entsandten Arbeitnehmern zu ermöglichen, ihre Rechte durch eine dritte Partei in Form einer Prozessstandschaft wahrnehmen zu lassen.

Mangelhaft ist zu bewerten dass der deutsche Gesetzgeber keine Vorschriften zur Information von Entsendeunternehmen in das AEntG aufgenommen hat. Gerade in der Entsendepraxis häuften sich in der Vergangenheit die Beschwerden polnischer Arbeitgeber und Behörden, die über unzureichende Informationen zu den jeweiligen einschlägigen nationalen Rahmenbedingungen bei Entsendungen nach Deutschland klagten.

III. Polen

Das DelPracU weist in Bezug auf die Durchsetzung der Entsenderegelungen ähnliche Vorschriften wie das AEntG auf, ist aber insbesondere betreffend die Information und Zusammenarbeit zwischen den nationalen Behörden weitaus umfassender geregelt. Es hält sich auch hier wieder eng an die Vorgaben der Richtlinien, ohne jedoch darüber hinauszugehen, wie es das AEntG mit den Vorschriften zu öffentlichen Aufträgen getan hat.

---

718 Däubler/*Lakies,* TVG, § 5 Anh. 2, § 21 Rn. 2.

1. *Durchsetzung durch Arbeitnehmer*

So stellt das DelPracU ebenfalls klar dass aus dem Ausland nach Polen entsandte Arbeitnehmer auch vor einem polnischen Gericht klagen können, Art. 31 § 2 DelPracU iVm. Art. 1103[4] der polnischen Zivilprozessordnung. Darüber hinaus ermöglicht es aber auch eine Prozessstandschaft im Namen der entsandten Arbeitnehmer durch die Sozialpartner und andere Organisationen. Diesbezüglich wurden im polnischen Verwaltungsverfahrensgesetz Änderungen eingeführt. Gemäß Art. 30 DelPracU wurde in Art. 31 des polnischen Verwaltungsverfahrensgesetzes eine neue Vorschrift eingeführt, wonach sich eine soziale Organisation an einem Verfahren im Namen eines nach Polen entsandten Arbeitnehmers sowie eines von Polen in einen anderen Mitgliedsstaat entsandten Arbeitnehmers oder entsendenden Arbeitgebers mit dessen Zustimmung beteiligen kann.

2. *Durchsetzung durch Staat*

Der vom DelPracU normierte Schutz wird von der Vorgabe flankiert, dass Arbeitnehmer vor Benachteiligungen durch ihre Arbeitgeber zu schützen sind. Dabei stellt es allerdings nicht klar worin dieser Schutz bestehen soll. Auch die Ausführungen zu Überwachungs- und Kontrollmaßnahmen der staatlichen Arbeitsinspektion, geregelt in Artt. 14 ff. DelPracU, sind vage. So stellt das Gesetz klar dass die polnische Arbeitsinspektion Kontrollen durchführt, allerdings nicht, wie diese aussehen. Art. 16 DelPracU wiederholt lediglich die Vorgaben der Entsenderichtlinien, wonach die Kontrollen nicht unverhältnismäßig sein und keinen diskriminierenden Charakter haben dürfen. Dennoch ist positiv zu vermerken dass Kontrollvorschriften in das DelPracU aufgenommen wurden. In der ersten Umsetzung der Richtlinie 96/71/EG fehlten diese noch völlig.[719]

Ferner lässt sich feststellen dass nach Artt. 9 ff. DelPracU ausführliche Vorgaben zur Erteilung von Informationen an Entsendeunternehmen und Behörden sowie zur grenzüberschreitenden Zusammenarbeit zwischen den Behörden vorliegen, insbesondere auch zur grenzüberschreitenden Vollstreckung von Sanktionen. Dieser Abschnitt ist in der Praxis von polnischen Arbeitgebern kritisiert worden, da die polnische Kontrollbehörde die Beitreibung der Sanktionen bei polnischen Entsendeunternehmen ungefragt durchzuführen hat.[720]

---

719 Schiffter, MoPr 2017 Nr. 5, 241, 248; näher hierzu siehe auch unten IV.

720 Siehe auch Schiffter, MoPr 2017 Nr. 5, 241.

Melde- und Dokumentationspflichten ausländischer Arbeitgeber sind in den Artt. 24 f. DelPracU enthalten und entsprechen den EU-rechtlichen Vorgaben. Auch diese wurden zum ersten Mal normiert, da die erste Umsetzung keine Pflichten vorsah. Eine wirksame Kontrolle von Arbeitnehmerentsendungen war so nahezu unmöglich.

Ferner sieht auch das DelPracU eine Generalunternehmerhaftung vor. Der polnische Gesetzgeber hat die Unterauftragshaftung jedoch auf die Baubranche beschränkt, wohingegen die deutsche Auftraggeberhaftung branchenunabhängig ausgestaltet wurde. Nach Art. 7 DelPracU trifft den Auftragnehmer gegenüber dem entsandten Arbeitnehmer zusammen mit dem entsendenden Arbeitgeber eine solidarische Haftung. Dies bezieht sich allerdings nur auf die in Art. 5 Abs. 2 DelPracU genannten Bauarbeiten. Gemäß Absatz 2 sollen hinsichtlich der solidarischen Haftung die Vorschriften des polnischen Zivilgesetzbuches Anwendung finden. Danach entsteht eine Gesamtschuldnerhaftung zwischen dem Auftragnehmer und seinem direkten Unterauftragnehmer nach den Vorschriften der Artt. 366 ff. des polnischen Zivilgesetzbuches.

Der Auftragnehmer bleibt gemäß Art. 8 DelPracU unter zwei kumulativen Voraussetzungen haftungsfrei: Wenn er den entsendenden Arbeitgeber über die im Aufnahmeland Polen einzuhaltenden Arbeitsbedingungen schriftlich informiert und von ihm eine Bestätigung über die nach Art. 24 Abs. 3 DelPracU abzugebende Erklärung erhalten hat.

Schließlich enthält Art. 27 DelPracU einen Bußgeldkatalog, der Verstöße gegen die Arbeitgeberpflichten mit einer Geldbuße bis zur Höhe von 30.000 PLN (etwa 7.500 EUR) bewährt.

3. *Zusammenfassung*

Der polnische Gesetzgeber hat die EU-rechtlichen Verpflichtungen zur Durchführung der Entsenderegelungen in vollem Umfang erfüllt, ist aber nicht darüber hinausgegangen. Ausführlich geregelt wurden die Aufgaben der polnischen Arbeitsinspektion hinsichtlich des Anbietens und des Austausches von Informationen, und zwar sowohl bezüglich Entsendeunternehmen, als auch ausländischen Behörden. Die Kontrollbefugnisse der polnischen Arbeitsinspektion hingegen wurden nur rudimentär geregelt, was in der Praxis eine wirksame Kontrolle der Arbeitsbedingungen von nach Polen entsandten Arbeitnehmern erschwert. Das Augenmerk des polnischen Gesetzgebers lag offenbar auch hier wieder zumindest auch auf der Entsendung polnischer Arbeitnehmer ins Ausland, da insbesondere die Kommunikation mit polnischen Entsendeunternehmen ausführlich geregelt wurde. Insgesamt herrschen auch im DelPracU deutlich behördliche Durchführungsvorschriften vor.

IV. Vergleich und Analyse

Beide Gesetze ähneln sich im Kern bezüglich der Durchführungsvorschriften, legen aber unterschiedliche Schwerpunkte. Ebenso wie die Entsenderichtlinien setzen sie eher auf die Durchsetzung durch den Staat als durch den einzelnen Arbeitnehmer.

Bei näherer Betrachtung beider Gesetze fällt auf dass die Aufgaben und Befugnisse der polnischen Kontrollbehörde PIP besonders im Bereich des Austausches von Information mit in- und ausländischen Arbeitgebern sowie Behörden deutlich umfassender geregelt sind als die der deutschen Zollbehörden. Hier liegt klar der Schwerpunkt der Durchführungsvorschriften im DelPracU, wohingegen Kontrollbefugnisse der PIP nur einen Nebenschauplatz im DelPracU darstellen. Dies ist letztlich wieder der Tatsache geschuldet dass Polen ein klassisches Entsendeland ist. Insofern war dem polnischen Gesetzgeber klar daran gelegen, polnische Entsendeunternehmen umfassend zu informieren und zu schützen.

Spiegelbildlich dazu verzichtet der deutsche Gesetzgeber darauf, im AEntG Informationspflichten der Zollbehörden zu verankern und legt den Schwerpunkt der Aufgaben der Zollbehörden auf die Kontrolle der Arbeitsbedingungen entsandter Arbeitnehmer, indem er auf die Befugnisse des Schwarzarbeitsbekämpfungsgesetzes verweist. Hier zeigt sich wieder die Stellung Deutschlands als klassisches Empfangsland und die daraus resultierende Fokussierung des deutschen Gesetzgebers auf die Kontrolle der nach Deutschland entsandten Arbeitnehmer und den Schutz des deutschen Arbeitsmarktes.

Dies macht sich auch bemerkbar bei Betrachtung der Sanktionen, die der deutsche Gesetzgeber im AEntG für Arbeitgeber im Falle des Rechtsverstoßes vorgesehen hat. Diese sind insgesamt betrachtet strenger als die im DelPracU normierten Sanktionen. Zwar unterscheiden sich beide Entsendegesetze hinsichtlich der Ausgestaltung der Art der Unterhaftung des Generalunternehmers. Aufgrund der Voraussetzung des Verzichts auf die Vorausklage im Rahmen der Bürgenhaftung des AEntG laufen aber im Ergebnis beide Haftungen auf eine Gesamtschuldnerhaftung hinaus. Die Haftung des AEntG ist trotzdem insgesamt strenger, da sie nicht wie im DelPracU auf die Baubranche beschränkt ist, sondern branchenunabhängig besteht. Ferner besteht anders als im DelPracU keine Exkulpationsmöglichkeit für den Haftenden. Auch die im AEntG vorgesehene Möglichkeit, ausländische Arbeitgeber von der Vergabe öffentlicher Aufträge auszuschließen stellt eine zusätzliche von den Entsenderichtlinien nicht vorgegebene Sanktionsmöglichkeit dar. Schließlich können die finanziellen Sanktionen des AEntG erheblich höher ausfallen (Geldbußen bis zu 30.000 Euro) als die des DelPracU (Geldbußen bis zu 30.000 PLN, etwa 7.500 Euro).

Die Schwäche der polnischen Durchführungsvorschriften liegt darin dass teils lediglich die recht allgemein gefassten Vorgaben der Richtlinien wiedergegeben werden ohne diese näher zu spezifizieren. Einige Vorschriften, wie beispielsweise hinsichtlich des Schutzes von Arbeitnehmern vor Benachteiligungen durch ihre Arbeitgeber, Art. 11 Abs. 5 RL 2014/67/EU, wurden nahezu wortgetreu aus der Richtlinie übernommen ohne jedoch konkretere Vorgaben hierzu zu machen. Insoweit würde hier das Ziel einer effektiven Durchsetzung der Arbeitnehmerrechte mangels Rechtsklarheit und Transparenz fehlgehen. So schweigt das DelPracU zu konkreten Vorgaben hinsichtlich der von der PIP durchzuführenden Kontrollen. Die mangelhafte Konkretisierung und Transparenz der Vorschriften im DelPracU zeigt sich auch an anderer Stelle. So ist nach Art. 18 Abs. 4 Nr. 2 DelPracU die Vollstreckungsbehörde berechtigt das Beitreibungsgesuch einer ausländischen Behörde zu verweigern wenn der Beschluss gegen die Grundprinzipien der polnischen Rechtsordnung verstößt. In der polnischen Rechtsliteratur wurde diese Vorschrift im Zusammenhang mit der Tatsache problematisiert dass die PIP von ausländischen Behörden zur Vollstreckung von Sanktionen gegenüber polnischen Arbeitgebern aufgefordert werden kann ohne dass die betroffenen Arbeitgeber vorher angehört werden. Das Problem wird vor allem darin gesehen dass durch ein solches Vorgehen in die Rechte der Arbeitgeber eingegriffen wird. Die entsendenden Arbeitgeber haben weder im Aufnahmestaat noch in ihrem Heimatstaat die Möglichkeit sich zu etwaigen Vorwürfen zu äußern und zu verteidigen. Es könnte ein Verstoß gegen die Rechte auf Anhörung sowie auf ein faires Verfahren vorliegen. Zwar sieht die Richtlinie 2014/67/EU gemäß Art. 18 die Aussetzung des Verfahrens vor wenn die Verwaltungssanktion vom Arbeitgeber oder einer sonstigen berechtigten Partei angefochten wurde. Dies wurde auch im DelPracU berücksichtigt. Eine Anfechtungsmöglichkeit sieht das DelPracU jedoch gar nicht vor, weshalb diese Vorschrift weitgehend ins Leere geht.

Nach den Vorgaben der Entsenderichtlinien dürfen die Durchführungsvorschriften nicht dazu führen dass die Grundrechte und –freiheiten der Beteiligten sowie die allgemeinen Rechtsgrundsätze wie das Recht auf Anhörung, auf einen wirksamen Rechtsbehelf, auf ein unparteiisches Gericht oder der Grundsatz, dass man wegen derselben Straftat nicht zweimal bestraft werden kann, unterlaufen werden. Die polnischen Behörden haben aber keine Möglichkeit, die Rechtmäßigkeit der von ausländischen Behörden den polnischen Arbeitgebern auferlegten Sanktionen zu überprüfen. Dementsprechend kann dies unter Umständen dazu führen dass die Mitgliedsstaaten den polnischen Arbeitgebern unverhältnismäßige Sanktionen auferlegen, um sie so von der Entsendung abzuhalten und ihren Markt zu schützen.

Entsprechende Vorschriften fehlen ebenfalls gänzlich im deutschen AEntG. Angesichts der mangelhaften Umsetzung der Durchsetzungsvorschriften der Richtlinie 2011/67/EU im AEntG insbesondere bezüglich der Informationspflichten der Kontrollbehörden, liegt erneut der Verdacht nahe dass der Schwerpunkt des AEntG weniger auf dem tatsächlichen Schutdz der entsandten Arbeitnehmer liegt sondern vielmehr eine Abschreckung ausländischer Arbeitgeber bewirken soll, um den deutschen Arbeitsmarkt vor Schmutzkonkurrenz zu schützen.

Insgesamt lässt sich daher feststellen dass der polnische Gesetzgeber zwar auf den ersten Blick mehr Schutzvorschriften für aus dem Ausland nach Polen entsandte Arbeitnehmer errichtet hat, jedoch mangelt es diesen Vorschriften an der hinreichenden Konkretisierung, um eine wirksame Durchsetzung garantieren zu können. Bei Betrachtung des AEntG hingegen wird erneut deutlich dass der deutsche Gesetzgeber das Augenmerk auf den deutschen Arbeitsmarkt, weniger auf den Schutz von aus dem Ausland nach Deutschland entsandten Arbeitnehmern gesetzt hat.

Teil 4: Ergebnisse

Anhand der Gegenüberstellung des deutschen und polnischen Arbeitnehmerentsendegesetzes lassen sich verschiedene Feststellungen treffen.

Es lässt sich gut darstellen welch unterschiedliche Wege die Gesetzgeber jeweils einschlugen, bedingt durch die unterschiedlichen geschichtlichen, wirtschaftlichen und rechtlichen Hintergründe beider Länder. Auch wenn beide Gesetze auf denselben Grundlagen fußen – die europäischen Richtlinien 96/71/EG sowie 2014/67/EU – schlugen die nationalen Gesetzgeber teils unterschiedliche Wege in der Umsetzung ein. Beiden Gesetzen gemeinsam ist der von der Richtlinie 96/71/EG zwingend vorgegebene Kern der Arbeitsbedingungen die auf entsandte Arbeitnehmer erstreckt werden sollen.

A. Orientierung des nationalen Gesetzgebers im Gesetzgebungsverfahren

Die unterschiedliche Umsetzung in den nationalen Gesetzen äußert sich zunächst bei Betrachtung der Zielsetzungen beider Gesetze. So lag dem polnischen Gesetzgeber in erster Linie daran, nicht nur aus dem Ausland nach Polen entsandte Arbeitnehmer zu schützen sondern besonders auch inländische Arbeitnehmer, die von ihren Arbeitgebern ins EU-Ausland entsandt werden. Während Polen als klassischer Entsendestaat lediglich die von den Richtlinien zwingend vorgegebenen Vorschriften umsetzte, liegt das Augenmerk dabei vor allem in der detaillierten Sicherstellung einer umfassenden Information und Zusammenarbeit der polnischen Arbeitsinspektion mit in- und ausländischen Behörden. Damit dient es besonders auch der Sicherstellung des Schutzes polnischer Arbeitnehmer, die ins Ausland entsandt werden. Dies vor dem Hintergrund dass die Erstreckung polnischer Arbeitsbedingungen auf aus dem Ausland nach Polen entsandte Arbeitnehmer in der polnischen Entsendepraxis eine nur untergeordnete Rolle spielt. Weitaus mehr Relevanz hat hingegen die Entsendung polnischer Arbeitnehmer ins Ausland.

Der deutsche Gesetzgeber legt hingegen den Schwerpunkt im AEntG auf die möglichst umfassende Erstreckung von Arbeitsbedingungen auf inländische sowie auf aus dem Ausland nach Deutschland entsandte Arbeitnehmer. Ihm ging es bei Schaffung des AEntG vornehmlich darum, den deutschen Wettbewerb und Arbeitsmarkt vor einer ungewollten Flut von Arbeitnehmern aus Niedriglohnstaaten zu schützen, die das Lohn- und Preisniveau in Deutschland drücken und deutsche Arbeitnehmer vom Arbeitsmarkt verdrängen könnten. Zudem nutzte er das AEntG mit der Erfassung auch inländischer Arbeitnehmer zugleich dazu, ein flächendeckendes Mindestarbeitsbedingungengesetz zu schaffen und die aktuell nachlassende Tarifbindung im deutschen Rechtssystem wieder zu stärken. Deutschland als klassischen Aufnahmestaat im Blick, hielt der deutsche Gesetzgeber Regelungen für entbehrlich, die deutsche Unternehmer betreffen, die ihre Arbeitnehmer ins Ausland entsenden. Dies macht deutlich dass der Blick des nationalen Gesetzgebers selbst bei der Umsetzung europäischen Rechtes stets auf die nationalen Gegebenheiten und Bedürfnisse des Landes gerichtet bleibt.

B. Schwächen der europäischen Regelungen im Rahmen der Arbeitnehmer-Entsendung

Ferner zeigt sich dass die Europäisierung des Rechts gerade in der Rechtspraxis auch viele Unsicherheiten hervorrufen kann. Beim Vergleich der Anwendungsbereiche beider Entsendegesetze werden in dieser Hinsicht auch Schwächen der Entsenderichtlinien offenbart. Unternehmer haben in der Entsendepraxis mangels konkreter EU-rechtlicher Definitionen Schwierigkeiten damit, die Sachverhalte richtig zu erfassen und einzuordnen. Dieses Problem stellt sich bereits beim Versuch der genauen Bestimmung ob tatsächlich eine Arbeitnehmer-Entsendung im Sinne der Entsenderichtlinien vorliegt. Ferner überlassen die Richtlinien die Bestimmung des Arbeitnehmer-Begriffes den Mitgliedsstaaten. Dadurch bleiben oft Unklarheiten bestehen. Dies kann Dienstleister in ihrer Dienstleistungsfreiheit einschränken und von einer Entsendung ins Ausland abhalten. Damit würden die Ziele des europäischen Gesetzgebers, entsandte Arbeitnehmer zu schützen, aber genau ins Gegenteil verkehrt.

C. Grundlage des polnischen Arbeitsrechtes ist das Gesetz

Anders als dies in Deutschland der Fall ist, stützt sich das polnische Arbeitsrechtssystem nahezu ausschließlich auf gesetzliche Regelungen. Als Folge hiervon findet man im polnischen Arbeitsgesetzbuch und anderen Nebengesetzen zahlreiche detaillierte Regelungen die das Arbeitsverhältnis zwischen Arbeitgeber und Arbeitnehmer regeln und Arbeitsbedingungen festlegen. Der Grund für diese große gesetzliche Regelungsdichte ist in Polens Geschichte zu suchen. In der Zeit des Sozialismus regelte der Staat alleine die Arbeitsbedingungen der Arbeitnehmer. Zudem agierte er als Arbeitgeber, weswegen eine zweite Tarifvertragspartei fehlte, um tarifliche Arbeitsbedingungen auszuhandeln.

Auch heute noch sehen die polnischen Gewerkschaften Arbeitgeberverbände nicht als Kooperationspartner sondern als Gegner an, weswegen ein tatsächlicher sozialer Dialog in Polen nicht stattfinden kann.

Der deutsche Gesetzgeber hingegen war stets um eine Stärkung der Tarifvertragsparteien bemüht. Auch wenn die Tarifbindung in Deutschland in den letzten Jahren nachgelassen hat und die deutschen Gewerkschaften einen Mitgliederschwund verzeichnen müssen, hat das Tarifrecht im deutschen Arbeitsrechtsystem immer noch einen hohen Stellenwert. Viele Mindestarbeitsbedingungen in Deutschland sind tarifvertraglich festgelegt. Dies hat den Vorteil dass eine schnellere und flexiblere Anpassung der Vorschriften an Veränderungen möglich ist. Zudem werden die Arbeitsbedingungen von Parteien festgelegt, die das Thema selbst betrifft.

Während in Deutschland viele Arbeitsbedingungen tarifvertraglich geregelt werden, bestimmt der Staat in Polen auch heute noch fast ausschließlich die Normgebung im Arbeitsrecht. Aus diesem Grund nimmt das DelPracU keinen Bezug auf tarifliche Arbeitsbedingungen sondern stützt sich ausschließlich auf gesetzliche Regelungen. Da der Großteil der nach Polen entsandten Arbeitnehmer aus Hochlohnländern stammt, ist die Relevanz der polnischen Mindestarbeitsbedingungen für aus dem Ausland nach Polen entsandte Arbeitnehmer jedoch gering.

Auch die Festsetzung von Lohnregelungen erfolgt in Polen durch Gesetz. Den Tarifvertragsparteien verbleibt so nicht mehr viel Verhandlungsraum.

D. Umsetzungsmängel des AEntG

Der deutsche Gesetzgeber hat die Maßgaben der Richtlinie 2014/67/EU anders als Polen nicht vollumfänglich umgesetzt. So fehlen im AEntG Ausführungen zu Informationspflichten der deutschen Kontrollbehörden. Ferner wurde die Möglichkeit der Prozessstandschaft für entsandte Arbeitnehmer durch Dritte nicht gesetzlich festgelegt. Auch hier liegt wieder die Vermutung nahe dass der deutsche Gesetzgeber bei Schaffung des AEntG den Schwerpunkt auf den Schutz des Wettbewerbs gelegt hat.

Die Durchsetzung der Entsendevorschriften obliegt zwar in beiden Gesetzen schwerpunktmäßig den Behörden und nur am Rande dem einzelnen Arbeitnehmer. Angesichts der Tatsache dass der einzelne Arbeitnehmer naturgemäß in einer schwächeren Position ist als der Arbeitgeber ist dies durchaus nachvollziehbar. Während die Hauptaufgabe der polnischen Kontrollbehörde jedoch in der Information und Zusammenarbeit mit anderen Behörden besteht, haben die deutschen Kontrollbehörden vor allem Kontrollbefugnisse. Auch hier spiegeln sich mithin die Funktionen beider Länder – Entsendestaat/Aufnahmestaat – im Rahmen der Arbeitnehmerentsendung wieder.

E. Entwicklungsschwierigkeiten Polens

Auch wenn die Republik Polen in den letzten Jahren eine starke Entwicklung vollzogen hat, zeigt sich dass das polnische Rechtssystem immer noch unter den ehemals sozialistischen Strukturen leidet. Dies äußert sich zum einen in dem Misstrauen von Arbeitnehmern und Gewerkschaften gegenüber Arbeitgebern, so dass ein Sozialer Dialog zwischen den Tarifpartnern in Polen nicht stattfinden kann. Eine weitere Entwicklung des Tarifrechts in Polen kann auf diese Weise gebremst werden.

Hinzu kommt dass auch die aktuellen gesetzlichen Vorschriften des polnischen Arbeitsrechts teils noch Spuren aus der sozialistischen Zeit aufweisen, die für das System der Marktwirtschaft nicht mehr adäquat sind, und es auf diese Weise ebenfalls in der weiteren Entwicklung hemmen.

Dies führt in weiterer Konsequenz dazu dass dem polnischen Gesetzgeber die Anpassung des polnischen Arbeitsrechts an das EU-Recht mithin schwerfiel. Dies lag auch daran dass der polnische Gesetzgeber im Vorbereitungsprozess des Eintritts in die EU in relativ kurzer Zeit relativ viele neue Regelungen einführen musste. Hauptgrund war aber dass die zum Teil noch aus der sozialistischen Zeit stammenden Regelungen ein Hindernis darstellten.

F. Geplante Änderungen durch Richtlinienreform

Die in der vorliegenden Arbeit besprochenen rechtlichen und praktischen Probleme ebenso wie weitere Schwierigkeiten im Zusammenhang mit der grenzüberschreitenden Entsendung von Arbeitnehmern im Rahmen der Erbringung von Dienstleistungen führten dazu dass die EU-Kommission Anfang des Jahres 2016 eine Revision der Entsenderichtlinien bekannt gab.[721] Dies mit dem Ziel der Schaffung gerechter Entlohnungs- und gleicher

721 Pressemitteilung der Europäischen Kommission vom 08.03.2016, abrufbar unter http://europa.eu/rapid/press-release_IP-16-466_de.htm; zuletzt abgerufen am 25.11.2017; siehe auch https://www.bundesregierung.de/Content/DE/Artikel/2017/10/2017-10-24-entsenderichtlinie.html; http://www.sueddeutsche.de/politik/entsenderichtlinie-eu-sozialminister-beschliessen-neue-regeln-gegen-lohndumping-1.3721695; http://www.spiegel.de/wirtschaft/soziales/entsenderichtlinie-eu-geht-gegen-lohndumping-vor-a-1174337.html; zuletzt abgerufen am 25.11.2017.

Wettbewerbsbedingungen für entsendende wie lokale Unternehmen im Aufnahmeland. Durch eine gezielte Überarbeitung der Richtlinie 96/71/EG sollen Änderungen in drei Hauptbereichen eingeführt werden: Entlohnung, Leiharbeit, sowie Entsendedauer. Die dargelegten Änderungen sollen zu einem besseren Arbeitnehmerschutz, mehr Transparenz und größerer Rechtsklarheit beitragen, sowie gleiche Wettbewerbsbedingungen für inländische wie entsendende Unternehmen gewährleisten.

Der Vorschlag der Kommission sieht vor dass entsandte Arbeitnehmer in den Genuss der gleichen Vorschriften über Entlohnungs- und Arbeitsbedingungen kommen sollen wie lokale Arbeitnehmer. Aktuell sind Arbeitgeber nicht verpflichtet, entsandten Arbeitnehmern mehr als den im Aufnahmemitgliedstaat geltenden Mindestlohnsatz zu zahlen. Dadurch kann es zu Unterschieden bei der Entlohnung entsandter und lokaler Arbeitnehmer kommen, was ungleiche Wettbewerbsbedingungen für die Unternehmen zur Folge haben kann. Künftig sollen sämtliche Entlohnungsvorschriften, die im Allgemeinen bei lokalen Arbeitnehmern zum Tragen kommen, auch auf entsandte Arbeitnehmer angewandt werden. Dabei wird die Entlohnung nicht nur die Mindestlohnsätze umfassen, sondern gegebenenfalls auch andere Aspekte wie Prämien und Zulagen. Die Mitgliedstaaten müssen auf transparente Weise die verschiedenen Bestandteile angeben, aus denen sich die Entlohnung in ihrem Hoheitsgebiet zusammensetzt.[722]

Diese Regelung wird besonders von den Niedriglohnländern wie Polen kritisch gesehen. So sind Bedenken geäußert worden, ob hier nicht ein Eingriff in die Dienstleistungsfreiheit der Unternehmer vorläge, der nicht mehr verhältnismäßig sei. Zwar mag es sein dass viele entsandte Arbeitnehmer weniger verdienen als ihre einheimischen Kollegen. Es stellt sich aber die Frage, ob nicht durch die Zahlung der Mindestlohnsätze, die ja ihrer Funktion nach ein angemessenes Entgelt darstellen sollen und häufig bereits höher sind als die Entgeltsätze des Entsendestaates, der Schutz der Arbeitnehmer ausreichend gegeben ist. Auch hier verbietet sich wieder die pauschale Aussage, die Lohnsätze der Herkunftsländer seien per se unwürdig oder sittenwidrig. Nach der Erfahrung der Autorin haben polnische entsandte Arbeitnehmer prinzipiell nicht das Gefühl zu unwürdigen Arbeitsbedingungen zu arbeiten, selbst wenn sie weniger verdienen

---

722 Pressemitteilung der Europäischen Kommission vom 08.03.2016, abrufbar unter http://europa.eu/rapid/press-release_IP-16-466_de.htm; zuletzt abgerufen am 25.11.2017.

als ihre einheimischen Kollegen im Aufnahmestaat. Ganz im Gegenteil: sie sind dankbar dass sie eine bezahlte Beschäftigung haben.

Eine weitere wichtige Änderung im Zuge der Reform der Entsenderichtlinie soll die Dauer der Entsendung betreffen. Beträgt die Dauer der Entsendung mehr als 24 Monate, so sollen die arbeitsrechtlichen Vorschriften des Aufnahmemitgliedstaates angewandt werden sofern dies für den entsandten Arbeitnehmer günstiger ist.[723] Eine solche Regelung wäre zum einen schon deshalb zu begrüßen weil sie mehr Rechtsklarheit schaffen würde. Derzeit gibt es keine zeitliche Eingrenzung der Entsendedauer. Zum anderen ließe sich bei einer längeren Entsendedauer die vollumfängliche Anwendung der arbeitsrechtlichen Vorschriften des Aufnahmestaates auch durchaus nachvollziehen, da davon auszugehen ist dass ein Arbeitnehmer, der über einen längeren Zeitraum im Aufnahmeland tätig ist, weitaus mehr eingegliedert ist als ein Arbeitnehmer, der sich nur für kurze Zeit im Land befindet.

Es zeigt sich mithin dass sich – nicht nur bei der grenzüberschreitenden Arbeitnehmerentsendung sondern auch in vielen anderen Bereichen – eine pauschale, rein nationale Sichtweise verbietet. Häufig lohnt sich ein Blick über den Tellerrand.

723 Pressemitteilung der Europäischen Kommission vom 08.03.2016, abrufbar unter http://europa.eu/rapid/press-release_IP-16-466_de.htm; zuletzt abgerufen am 25.11.2017.

Anhang: Das polnische Arbeitnehmer-Entsendegesetz (Auszug)

Gesetz vom 10.06.2016 über die Entsendung von Mitarbeitern im Rahmen der Erbringung von Dienstleistungen[724]

Abschnitt 1 Allgemeine Vorschriften

Art. 1. Dieses Gesetzt umfasst Regelungen:

1) zur Entsendung von Mitarbeitern in das Hoheitsgebiet der Republik Polen im Rahmen der Erbringung von Dienstleistungen;
2) zur Kontrolle der Einhaltung von Vorschriften zur Entsendung von Mitarbeitern und der Umsetzung der Informationspflichten in Bezug auf die Entsendung von Mitarbeitern;
3) zur Zusammenarbeit mit den zuständigen Behörden anderer Mitgliedstaaten in Zusammenhang mit der Entsendung von Mitarbeitern in das und vom Hoheitsgebiet der Republik Polen;
4) zum Schutz von in das Hoheitsgebiet und vom Hoheitsgebiet der Republik Polen entsandten Mitarbeitern;
5) zum Verfahren bezüglich der Umsetzung eines Antrags auf Benachrichtigung über die Entscheidung über die Auferlegung einer administrativen Geldstrafe oder administrativen Buße sowie auf Vollstreckung solch einer Geldstrafe oder Buße, die einem einen Mitarbeiter vom Hoheitsgebiet der Republik Polen entsendenden Arbeitgeber auferlegt wurde.

Art. 2. 1. Die Vorschriften dieses Gesetzes werden nicht angewendet für:

1) Unternehmen der Handelsmarine in Bezug auf die Besatzung auf Meereshandelsschiffen;
2) den internationalen Transport, unter Ausschluss des Kabotagetransports.

2. Im Falle des Kabotagetransports werden die Vorschriften des Art. 24 und Art. 25 nicht angewendet.

Art. 3. Die im vorliegenden Gesetz verwendeten Begriffe bedeuten:

---

724 Übersetzung von Fr. Magdalena Stojer-Brudnicka, Konferenzdolmetscherin und Diplom-Übersetzerin Deutsch-Polnisch, Warschau.

1) antragstellende Behörde – eine zuständige Behörde eines anderen Mitgliedstaates, die einen Antrag auf Benachrichtigung über eine Entscheidung in Bezug auf das Auferlegen einer administrativen Geldstrafe oder einer administrative Buße in Zusammenhang mit der Verletzung der Vorschriften zur Entsendung von Mitarbeitern vom Hoheitsgebiet der Republik Polen oder auf Vollstreckung solch einer Geldstrafe oder Buße stellt;
2) Mitgliedstaat – ein Mitgliedstaat der Europäischen Union und ein Staat, der sich im Wege eines Vertrags mit der Europäischen Union zur Implementierung in die landeseigene Rechtsordnung die Richtlinie des Europäischen Parlaments und des Rates 96/71/EG vom 16. Dezember 1996 über die Entsendung von Mitarbeitern im Rahmen der Erbringung von Dienstleistungen und die Richtlinie des Europäischen Parlaments und des Rates 2014/67/EU vom 15. Mai 2014 zur Durchsetzung der Richtlinie 96/71/EG über die Entsendung von Mitarbeitern im Rahmen der Erbringung von Dienstleistungen und zur Änderung der Verordnung (EU) Nr. 1024/2012 über die Verwaltungszusammenarbeit mit Hilfe des Binnenmarkt-Informationssystems („IMI-Verordnung") verpflichtete;
3) einen Mitarbeiter in das Hoheitsgebiet der Republik Polen entsendender Arbeitgeber – ein Arbeitgeber mit Sitz und bedeutender Tätigkeit in einem anderen Mitgliedstaat, von dessen Hoheitsgebiet er einen Mitarbeiter zeitweilig zur Arbeitsausführung im Hoheitsgebiet der Republik Polen:
   a) in Zusammenhang mit der Abwicklung eines Vertrags zwischen diesem Arbeitgeber und einem Dienstleister, der im Hoheitsgebiet der Republik Polen tätig ist,
   b) in eine Filiale oder in ein Unternehmen, das zu einer Unternehmensgruppe gehört, die im Hoheitsgebiet der Republik Polen tätig ist,
   c) als eine Agentur für Leiharbeit entsendet.
4) einen Mitarbeiter vom Hoheitsgebiet der Republik Polen entsendender Arbeitgeber – ein Arbeitgeber mit Sitz – und im Falle einer natürlichen Person, die ein Gewerbe betreibt, mit dem Ort, an dem sie ihre meiste Tätigkeit ausgeübt – im Hoheitsgebiet der Republik Polen, der einen Mitarbeiter im Sinne der Vorschriften des zu entsendenden Mitgliedstaates zeitweilig zur Arbeitsausführung in das Hoheitsgebiet dieses Staates entsendet:
   a) in Zusammenhang mit der Abwicklung eines Vertrags zwischen diesem Arbeitgeber und einem Dienstleister, der im Hoheitsgebiet eines anderen Mitgliedstaates tätig ist,
   b) in eine Filiale oder in ein Unternehmen, das zu einer Unternehmensgruppe gehört, die im Hoheitsgebiet dieses Mitgliedstaates tätig ist,
   c) als eine Agentur für Leiharbeit;

5) in das Hoheitsgebiet der Republik Polen entsandter Mitarbeiter – ein Mitarbeiter, der in einem anderen Mitgliedstaat beschäftigt ist und zeitweilig zur Ausführung seiner Arbeit in das Hoheitsgebiet der Republik Polen vom Arbeitgeber (d.h. einem einen Mitarbeiter in das Hoheitsgebiet der Republik Polen entsendender Arbeitgeber) entsendet wird;
6) vom Hoheitsgebiet der Republik Polen entsandter Mitarbeiter – ein Mitarbeiter im Sinne der Vorschriften dieses Mitgliedstaates in den er entsendet wird, der eine Arbeit im Hoheitsgebiet der Republik Polen ausführt, der zeitweilig zur Arbeitsausführung im Hoheitsgebiet dieses Staates von seinem Arbeitgeber (d.h. einem einen Mitarbeiter vom Hoheitsgebiet der Republik Polen entsendender Arbeitgeber) entsendet wird;
7) zuständige Behörde – eine Behörde oder ein Träger, die im Hoheitsgebiet des jeweiligen Mitgliedstaates für die Vermittlung von Informationen über die Vorschriften zur Entsendung von Mitarbeitern oder die Zusammenarbeit mit diesen Behörden oder Trägern anderer Mitgliedstaaten im Bereich der Kontrolle der Einhaltung dieser Vorschriften verantwortlich ist.

Abschnitt 2

Beschäftigungsbedingungen der in das Hoheitsgebiet der Republik Polen entsandten Mitarbeiter

Art. 4. 1. Ein Arbeitgeber, der einen Mitarbeiter in das Hoheitsgebiet der Republik Polen entsendet, hat einem solchen Mitarbeiter solche Beschäftigungsbedingungen zu gewährleisten, die nicht weniger vorteilhaft sind als die, die aus dem Gesetz vom 26. Juni 1974 – Arbeitsgesetzbuch (GBl. von 2014, Pos. 1502, mit späteren Änderungen) sowie anderer Vorschriften, die die Rechte und Pflichten eines Arbeitnehmers regulieren, hervorgehen.
2. Die Beschäftigungsbedingungen, von denen in Abs. 1 die Rede ist, beziehen sich auf:

1) die Arbeitsnormen und -zeit sowie die Ruhezeiten pro Tag und Woche;
2) den Ausmaß des Erholungsurlaubs;
3) eine minimale Vergütung für die geleitestete Arbeit, die anhand separater Vorschriften festgelegt wird;
4) die Höhe der Vergütung und Zulagen für Überstunden;
5) die Arbeitssicherheit und -hygiene;
6) den Schutz von Arbeitnehmerinnen während einer Schwangerschaft sowie während der Dauer des Mutterschaftsurlaubs;

7) die Beschäftigung von Minderjährigen und die Ausführung von Arbeit oder anderer entgeltlichen Tätigkeiten, die von Kindern erbracht werden;
8) die Regelung zur Gleichbehandlung und zum Diskriminierungsverbot in der Beschäftigung, von der in Art. 11^2 und Art. 11^3 des Gesetzes vom 26. Juni 1974 -Arbeitsgesetzbuches - die Rede ist;
9) die Arbeitsausführung gemäß den Vorschriften über die Beschäftigung von Leiharbeitern.

Art. 5. 1. Bezüglich eines in das Hoheitsgebiet der Republik Polen entsandten Mitarbeiters werden die Vorschriften des Art. 4 Abs. 2 Pkt. 2–4 nicht angewendet, falls er gemäß seiner Qualifikationen auf dem jeweiligen Arbeitsplatz einleitende Montage- oder Installationsarbeiten, die im Vertrag zwischen dem einen Mitarbeiter in das Hoheitsgebiet der Republik Polen entsendenden Arbeitgeber und dem in diesem Hoheitsgebiet tätigen Dienstleister vorgesehen sind, ausführt - jedoch nicht länger als 8 Tage im Jahr, angefangen vom Tag, an dem er seine Arbeit an jeweiligen Arbeitsplatz beginnt - und deren Ausführung für die Nutzung der gelieferten Erzeugnisse unentbehrlich ist.
2. Die Vorschrift in Abs. 1 findet keine Anwendung für Mitarbeiter, falls diese auf dem jeweiligen Arbeitsplatz Arbeiten in Zusammenhang mit Bauarbeiten oder der Aufrechterhaltung eines Bauobjekts, insbesondere mit:

1) Ausschachtungen;
2) Erdbewegungen;
3) Montage und Demontage von vorgefertigten Elementen;
4) Ausstattungen und Installationen;
5) Renovierungen;
6) Demontagearbeiten;
7) Abrissen;
8) Wartungen;
9) Maler- und Ordnungsarbeiten ausführen.

Art. 6. Die Inanspruchnahme von einem in das oder vom Hoheitsgebiet der Republik Polen entsandten Mitarbeiter eines administrativen oder gerichtlichen Verfahrens gegen einem einen Mitarbeiter in das oder vom Hoheitsgebiet der Republik Polen entsendenden Arbeitgeber kann nicht zur Grundlage für eine nachteilige Behandlung bei der Beschäftigung werden.

Abschnitt 3

Solidarische Verantwortung eines Dienstleisters, der Arbeiten in Auftrag gibt

Art. 7. 1. Der Dienstleister, der einen einen Mitarbeiter in das Hoheitsgebiet der Republik Polen entsendenden Arbeitgeber mit der Ausführung von Arbeiten, die in Art. 5 Abs. 2 bestimmt sind, beauftragt, übernimmt eine solidarische Verantwortung gegenüber dem in das Hoheitsgebiet der Republik Polen entsandten Mitarbeiter zusammen mit diesem Arbeitgeber für seine im Laufe der Ausführung dieser Arbeiten entstandenen Verpflichtungen aufgrund der ausstehenden Vergütung und Zulage, von denen in Art. 4 Abs. 2 Pkt. 3 und 4 die Rede ist.

2. Im Falle einer solidarischen Verantwortung für die in Abs. 1 bestimmten Verpflichtungen finden die Vorschriften des Gesetzes vom 23. April 1964 – Zivilgesetzbuch (GBl. von 2014, Pos. 121 mit späteren Änderungen) Anwendung.

Art. 8. Erfüllt der Dienstleister, von dem in Art. 7 Abs. 1 die Rede ist, seine Sorgfaltspflicht, indem er den einen Mitarbeiter in das Hoheitsgebiet der Republik Polen entsendenden Arbeitgeber schriftlich über die Beschäftigungsbedingungen, von denen in Art. 4 Abs. 2 die Rede ist, informiert und eine Bestätigung der Abgabe einer Erklärung, von der in Art. 24 Abs. 3 und 4 die Rede ist, einholt, so trägt dieser Dienstleister keine solidarische Verantwortung.

Abschnitt 4

Aufgaben und Berechtigungen der Staatlichen Arbeitsinspektion

Art. 9. 1. Die Staatliche Arbeitsinspektion (pol. *Państwowa Inspekcja Pracy*) übt die Rolle einer zuständigen Behörde im Hoheitsgebiet der Republik Polen aus.

2. Zu den Aufgaben der Staatlichen Arbeitsinspektion gehören:

1) Informationen zu den Beschäftigungsbedingungen, von denen in Art. 4 Abs. 2 die Rede ist, und zum Umfang deren Anwendung bezüglich eines in das Hoheitsgebiet der Republik Polen entsandten Mitarbeiters, auf Antrag eines Interessenten, zu erteilen;
2) die Erklärungen, von denen in Art. 24 Abs. 3 und 4 die Rede ist, entgegenzunehmen;
3) die Internetseite, von der in Art. 13 Abs. 1 die Rede ist, zu verwalten und zu aktualisieren;
4) mit den zuständigen Behörden anderer Mitgliedstaaten zusammenzuarbeiten, darunter insbesondere:

a) der zuständigen Behörde Informationen zu den Beschäftigungsbedingungen der in das Hoheitsgebiet der Republik Polen entsandten Mitarbeitern zu erteilen,
b) die zuständige Behörde über festgestellte Regelwidrigkeiten in Zusammenhang mit der Entsendung von Mitarbeitern in das und vom Hoheitsgebiet der Republik Polen oder über Rechtsverletzungen, von denen in Art. 27 und Art. 28 die Rede ist, zu informieren,
c) bei der zuständigen Behörde einen berechtigten Antrag auf Erteilung von Informationen zur Entsendung von Mitarbeitern in das und vom Hoheitsgebiet der Republik Polen oder auf Durchführung einer Kontrolle zu stellen,
d) unentbehrliche Informationen zur Entsendung von Mitarbeitern in das und vom Hoheitsgebiet der Republik Polen im Rahmen einer Antwort auf berechtigte Anträge der zuständigen Behörden zu vermitteln, insbesondere jedoch bezüglich dieser Mitarbeiter und deren Arbeitsbedingungen; und eines einen Mitarbeiter in das oder vom Hoheitsgebiet der Republik Polen entsendenden Arbeitgeber, sowie eine Kontrolle auf Antrag dieser Behörden durchzuführen.

5) einen einen Mitarbeiter vom Hoheitsgebiet der Republik Polen entsendenden Arbeitgeber, auf Antrag der antragstellenden Behörde, über die Entscheidung, dass auf ihn eine administrative Geldstrafe oder eine administrative Buße in Zusammenhang mit der Verletzung der Vorschriften zur Entsendung von Mitarbeitern auferlegt wurde, zu benachrichtigen;
6) einen einen Mitarbeiter vom Hoheitsgebiet der Republik Polen entsendenden Arbeitgeber, auf Antrag der antragstellenden Behörde, über einen Antrag auf Vollstreckung einer administrativen Geldstrafe oder einer administrativen Buße, die auf diesen Arbeitgeber in Zusammenhang mit der Verletzung der Vorschriften zur Entsendung von Mitarbeitern auferlegt wurde, zu benachrichtigen sowie solch einen Antrag an den Leiter des Finanzamtes zu schicken.

3. Die in Abs. 2 Pkt. 4 bestimmte Zusammenarbeit erfolgt mit Hilfe des Binnenmarkt-Informationssystems, von dem in der Verordnung des Europäischen Parlaments und des Rates (EU) Nr. 1024/2012 vom 25. Oktober 2012 über die Verwaltungszusammenarbeit mit Hilfe des Binnenmarkt-Informationssystems und zur Aufhebung der Entscheidung 2008/49/EG der Kommission („IMI-Verordnung") (ABl. der EU L 316 vom 14. November 2012, S. 1 mit späteren Veränderungen) die Rede ist. Im unentbehrlichen Umfang finden Bestimmungen

bilateraler Verträge oder Abkommen über die Zusammenarbeit und gegenseitige Unterstützung zwischen zuständigen Behörden der Mitgliedstaaten Anwendung.

4. Die Zusammenarbeit mit den antragstellenden Behörden anderer Mitgliedstaaten bezüglich der Abwicklung von Anträgen dieser Behörden auf Benachrichtigung eines einen Mitarbeiter vom Hoheitsgebiet der Republik Polen entsendenden Arbeitgeber über die Entscheidung über die Auferlegung auf den Arbeitgeber einer administrativen Geldstrafe oder einer administrativen Buße oder über die Vollstreckung solch einer Geldstrafe oder Buße, erfolgt mit Hilfe des Binnenmarkt-Informationssystems, von dem in Abs. 3 die Rede ist.

Art. 10. 1. Die Zusammenarbeit im in Art. 9 Abs. 2 Pkt. 4 Lit. c bestimmten Bereich kann sich auf die Einschätzung von Elementen, von denen in Art. 14 Abs. 2–4 die Rede ist, beziehen, insbesondere auf den Ort der tatsächlich ausgeübten bedeutenden Tätigkeit eines einen Mitarbeiter in das Hoheitsgebiet der Republik Polen entsendenden Arbeitgebers sowie der Zeitweiligkeit der Entsendung eines Mitarbeiters von solch einem Arbeitgeber.

2. Die Elemente, von denen in Art. 14 Abs. 2–4 die Rede ist, finden bei der Umsetzung der Zusammenarbeit im in Art. 9 Abs. 2 Pkt. 4 Lit. d bestimmten Umfang entsprechende Anwendung.

Art. 11. 1. Die Antwort auf Anträge, von denen in Art. 9 Abs. 2 Pkt. 4 Lit. d die Rede ist, wird von der Staatlichen Arbeitsinspektion einer zuständigen Behörde des anderen Mitgliedstaates innerhalb von 25 Werktagen nach dem Erhalt des Antrags erteilt, es sei denn diese Behörden vereinbarten einen kürzeren Zeitraum, und falls in den Anträgen die Ursachen für die Notwendigkeit ihrer dringenderen Reaktion begründeten werden und eine Bitte um Erteilung von Informationen aus den nationalen Datenbanken, wie z.B. dem MwSt.-Informationsaustauschsystem, beinhaltet, dann wird die Antwort auf solche Anträge unverzüglich erteilt, jedoch nicht später als innerhalb von zwei Werktagen nach dem Erhalt des Antrags.

2. Gibt es Schwierigkeiten bei der Erteilung einer Antwort auf die Anträge, von denen in Abs. 1 die Rede ist, so hat die Staatliche Arbeitsinspektion die zuständige Behörde des anderen Mitgliedstaates unverzüglich darüber zu informieren, mit dem Ziel, eine Lösung zu finden.

Art. 12. 1. Die Staatliche Arbeitsinspektion ist berechtigt einen Antrag bei:

1) einem einen Mitarbeiter in das Hoheitsgebiet der Republik Polen entsendenden Arbeitgeber,

2) einem Unternehmer im Sinne der Vorschriften des Gesetzes vom 2. Juli 2004 über die wirtschaftliche Betätigungsfreiheit (GBl. von 2015 Pos. 584, mit späteren Änderungen)

   – auf die Erteilung von Informationen zu deren Tätigkeit, die in der Antwort auf den Antrag unbedingt anzugeben sind, von denen in Art. 9 Abs. 2 Pkt. 4 Lit. d die Rede ist, zu stellen.

2. Die Staatliche Arbeitsinspektion ist ebenfalls berechtigt, einen Antrag auf die Erteilung von Informationen, die in der Antwort auf den Antrag unbedingt anzugeben sind und von denen in Art. 9 Abs. 2 Pkt. 4 Lit. d die Rede ist, bei der polnischen Sozialversicherungsanstalt (pol. *Zakład Ubezpieczeń Społecznych*) sowie bei den Leitern der Finanzämter und anderer Behörden der öffentlichen Verwaltung zu stellen.
3. Der an die Sozialversicherungsanstalt gestellte Antrag, von dem in Abs. 2 die Rede ist, hat folgende Informationen zu beinhalten:

1) handelt es sich um Versicherte – Daten, die in Art. 50 Abs. 7 Pkt. 1 des Gesetzes vom 13. Oktober 1998 über das System der Sozialversicherungen (GBl. von 2015 Pos. 121, mit späteren Änderungen) bestimmt sind;
2) handelt es sich um Zahler – Daten, die in Art. 50 Abs. 7 Pkt. 2 des im Pkt. 1 des genannten Gesetzes bestimmt sind.

4. Die Träger, von denen in Abs. 1 die Rede ist, sind verpflichtet die beantragten Informationen innerhalb von sieben Werktagen nach dem Erhalt des Antrags von der Staatlichen Arbeitsinspektion zu erteilen.

5. Träger, von denen in Abs. 2 die Rede ist, sind verpflichtet die beantragten Informationen innerhalb von zehn Werktagen nach dem Erhalt des Antrags von der Staatlichen Arbeitsinspektion zu erteilen, es sei denn die Informationserteilung bedarf der Durchführung eines vorigen Klärungsverfahrens oder einer Kontrolle von diesen Trägern. Der Träger hat die Staatliche Arbeitsinspektion über die Ursachen einer solchen Verspätung unverzüglich zu informieren.

Art. 13. 1. Die im Rahmen einer einfachen Kontaktstelle erstellte Internetseite, von der in Abschnitt 2a des Gesetzes vom 2. Juli 2004 über die wirtschaftliche Betätigungsfreiheit die Rede ist und von der Staatlichen Arbeitsinspektion verwaltet und aktualisiert wird, beinhaltet insbesondere Informationen zu:

1) den Beschäftigungsbedingungen, von denen in Art. 4 Abs. 2 die Rede ist, und zum Umfang deren Anwendung bezüglich des in das Hoheitsgebiet der Republik Polen entsandten Mitarbeiters;

2) den Pflichten eines einen Mitarbeiter in das Hoheitsgebiet der Republik Polen entsendenden Arbeitgebers, von denen im Abschnitt 5 die Rede ist;
3) der solidarischen Verantwortung, von der im Abschnitt 3 die Rede ist;
4) dem Verfahren zur Einreichung einer Beschwerde und der Geltendmachung von aus dem Arbeitsverhältnis im Hoheitsgebiet der Republik Polen hervorgehenden Ansprüchen von den in das Hoheitsgebiet der Republik Polen entsandten Mitarbeitern;
5) den Kontaktdaten der in der Staatlichen Arbeitsinspektion für die Informationserteilung, von denen in Art. 9 Abs. 2 Pkt. 1 die Rede ist, verantwortlichen Person;
6) den Trägern, die für die Erteilung von Informationen zu nationalen Gesetzen und Praktiken, die bezüglich der in das Hoheitsgebiet der Republik Polen entsandten Mitarbeitern und der einen Mitarbeiter in das Hoheitsgebiet der Republik Polen entsendenden Arbeitgebern, im Rahmen ihrer Rechte und Pflichten Anwendung finden, verantwortlich sind.

2. Die Informationen, von denen in Abs. 1 die Rede ist, können durch Verweisungen an entsprechende Internetseiten erteilt werden.

2. Die Internetseite, von der in Abs. 1 die Rede ist, wird in der polnischen und mindestens einer anderen offiziellen Sprache der Europäischen Union verwaltet und aktualisiert.

4. Auf der Internetseite, von der in Abs. 1 die Rede ist, veröffentlicht die Staatliche Arbeitsinspektion ein hilfreiches Formularmuster für die Erklärung, von der in Art. 24 Abs. 3 und 4 die Rede ist.

Art. 14. 1. Die Staatliche Arbeitsinspektion kontrolliert die Ordnungsmäßigkeit der Entsendung eines Arbeitnehmers in das Hoheitsgebiet der Republik Polen, wenn Zweifel vorliegen, ob der jeweilige Mitarbeiter als ein in das Hoheitsgebiet der Republik Polen entsandter Mitarbeiter anerkannt werden kann.
2. Die Kontrolle, von der in Abs. 1 die Rede ist, bezieht sich insbesondere auf die Feststellung:

1) ob der einen Mitarbeiter in das Hoheitsgebiet der Republik Polen entsendende Arbeitgeber tatsächlich im Hoheitsgebiet eines anderen Mitgliedstaates eine bedeutende Tätigkeit ausübt, die keine Management- oder Verwaltungstätigkeit mit einem ausschließlich internen Charakter ist,
2) ob ein in das Hoheitsgebiet der Republik Polen entsandter Mitarbeiter seine Arbeit in diesem Hoheitsgebiet ausschließlich zeitweilig ausführt.

3. Um eine Ermittlung in einem in Abs. 2 Pkt. 1 genannten Umfang durchzuführen, nimmt die Staatliche Arbeitsinspektion – unter Berücksichtigung eines breiten Zeitraums – eine Gewichtung aller für unentbehrlich erklärten faktischen Elemente, die eine von einem einen Mitarbeiter in das Hoheitsgebiet der Republik Polen entsendenden Arbeitgeber im Mitgliedstaat seines Sitzes oder seines Wohnortes Tätigkeit charakterisieren und, im Notfall, im Hoheitsgebiet der Republik Polen, vor. Zu diesen Elementen können insbesondere gehören:

1) der Ort, an dem der Unternehmer sein Gewerbe registrierte, an dem seine Verwaltung ansässig ist, an dem er Büroräume in Anspruch nimmt, seine Steuern und die Sozialversicherung zahlt sowie – dort, wo es erforderlich ist – an dem er, gemäß des Rechts im Mitgliedstaat für den Sitz des Unternehmers, ein entsprechendes Dokument besitzt, das ihn zur Ausübung der Tätigkeit der jeweiligen Art berechtigt oder in Handelskammern oder Branchenorganisationen registriert ist.
2) der Ort, an dem die entsandten Mitarbeiter aufgenommen und von dem aus sie entsendet werden;
3) das für die zwischen dem Arbeitgeber, der einen Mitarbeiter in das Hoheitsgebiet der Republik Polen entsendet, und seinen Mitarbeitern abgeschlossenen Verträge zuständige Recht sowie das für die mit den Kunden dieses Arbeitgebers abgeschlossene Verträge zuständige Recht;
4) der Ort, an dem der Unternehmer sein bedeutendes Gewerbe betreibt oder an dem er sein Verwaltungspersonal beschäftigt;
5) die Anzahl der abgewickelten Verträge oder die Höhe des im Mitgliedstaat des Unternehmenssitzes erwirtschafteten Umsatzes, unter Berücksichtigung der besonderen Situation der Unternehmer, darunter auch der kleinen und mittleren Unternehmer im Sinne der Vorschriften des Gesetzes vom 2. Juli 2004 über die wirtschaftliche Betätigungsfreiheit und der neuentstandenen Unternehmer.

4. Um eine Ermittlung in einem in Abs. 2 Pkt. 2 genannten Umfang durchzuführen, nimmt die Staatliche Arbeitsinspektion eine Gewichtung aller für unentbehrlich erklärten faktischen Elemente, die eine Arbeit und die Situation des jeweiligen in das Hoheitsgebiet der Republik Polen entsandten Mitarbeiter charakterisieren, vor. Zu diesen Elementen können insbesondere gehören:

1) die Arbeitsausführung während einer beschränkten Zeit im Hoheitsgebiet der Republik Polen;
2) das Datum, an dem die Entsendung beginnt;

3) die Entsendung eines Mitarbeiters in einen anderen Mitgliedstaat als dem Staat, in dem oder von dem dieser Mitarbeiter seine Arbeit gemäß der Verordnung (EG) Nr. 593/2008 des Europäischen Parlaments und des Rates vom 17. Juni 2008 über das auf vertragliche Schuldverhältnisse anzuwendende Recht (Rom I) (AGl. der EU L 177 vom 4. Juli 2008, S. 6) oder des Übereinkommens über das auf vertragliche Schuldverhältnisse anzuwendende Recht, das am 19. Juni 1980 in Rom zur Unterzeichnung aufgelegt wurde (AGl. der EU C 169 vom 8. Juli 2005, S. 10) gewöhnlich ausführt;
4) die Rückkehr des Mitarbeiters in den Mitgliedstaat, von dem er entsendet wurde oder die Vermutung, dass er wieder eine Arbeit in diesem Land nach der Beendigung seiner Arbeit oder Dienstleistung, zur Ausführung welcher er entsendet wurde, aufnimmt;
5) der Charakter der Arbeit;
6) die Gewährleistung für den Mitarbeiter des Transports, einer Unterkunft und Verpflegung oder einer Rückerstattung dieser Kosten und im Falle deren Gewährleistung oder einer Kostenerstattung – die Art, auf die dies gewährleistet wird oder die Methode zur Rückerstattung der entstandenen Kosten;
7) die Arbeitsausführung in vorigen Zeiträumen auf dem jeweiligen Arbeitsplatz von demselben oder einem anderen Mitarbeiter.

5. Wird eines oder mehrere dieser in Abs. 3 und 4 genannten faktischen Elemente nicht erfüllt, dann bedeutet es nicht, dass die jeweilige Situation keine Entsendung eines Mitarbeiters in das Hoheitsgebiet der Republik Polen darstellt. Die Gewichtung dieser Elemente wird an den konkreten Fall und unter Berücksichtigung der Eigentümlichkeit der jeweiligen Situation angepasst.

Art. 15. 1. Die Staatliche Arbeitsinspektion übt eine Kontrolle über die Beschäftigungsbedingungen von den in das Hoheitsgebiet der Republik Polen entsandten Mitarbeitern, von denen in Art. 4 Abs. 2, unter Ausschluss des Art. 5, die Rede ist, aus.

2. Die zuständigen Behörden der Staatlichen Arbeitsinspektion haben das Recht im Rahmen des in Abs. 1 genannten Ausmaß Rechtsmittel, von denen in Art. 11 des Gesetzes vom 13. April 2007 über die Staatliche Arbeitsinspektion (GBl. vom 2015 Pos. 640 und 1240) die Rede ist, an die Arbeitgeber, die Mitarbeiter in das Hoheitsgebiet der Republik Polen entsenden, zu richten.

Art. 16. Die von der Staatlichen Arbeitsinspektion durchgeführten Kontrollen der Arbeitgeber, die Mitarbeiter in das Hoheitsgebiet der Republik Polen entsenden, können keinen diskriminierenden Charakter annehmen und dürfen nicht unverhältnismäßig sein.

Art. 17. 1. Erhält die Staatliche Arbeitsinspektion einen Antrag, von dem in Art. 9 Abs. 2 Pkt. 5 die Rede ist, so unternimmt sie alle nötigen Handlungen, um ohne nötige Verzögerung, jedoch nicht später als innerhalb eines Monats nach dem Erhalt des Antrags, den einen Mitarbeiter vom Hoheitsgebiet der Republik Polen entsendenden Arbeitgeber über die Entscheidung über die Auferlegung einer administrativen Geldstrafe oder einer administrativen Buße und über Unterlagen, falls diese zum Antrag beigefügt wurden, zu informieren, falls:

1) der Antrag mindestens auf Folgendes hinweist:
   a) den Vor- und Nachnamen oder den Eigennamen, die bekannte Adresse oder alle anderen Daten, die eine Festlegung der Identität des Adressaten ermöglichen;
   b) eine Zusammenfassung der Fakten und Umstände bezüglich der Rechtsverletzung, den Charakter dieser Verletzung und die entsprechenden Vorschriften, die Anwendung finden;
   c) eine Entscheidung über die Auferlegung einer administrativen Geldstrafe oder einer administrativen Buße sowie alle anderen entsprechenden Informationen oder Unterlagen, darunter auch solche gerichtsbezogener Natur, über die vorliegende Forderung oder die administrative Strafe oder Buße,
   d) den Eigennamen, die Adresse und andere Kontaktdaten der Behörde, die für die Prüfung der administrativen Geldstrafe oder der administrativen Buße verantwortlich ist, oder falls dies nicht dieselbe Behörde ist, der Behörde, die zusätzliche Informationen zu dieser Strafe oder Buße oder zu den Möglichkeiten, gegen die Zahlungspflicht eine Berufung einzulegen oder gegen die Entscheidung über deren Auferlegung eine Klage zu erheben, erteilen kann.
   e) das Ziel der Benachrichtigung und den Termin, in dem diese zu erledigen ist;
2) der Antrag Informationen, die dem Inhalt der Entscheidung bezüglich der Auferlegung einer administrativen Geldstrafe oder einer administrativen Buße entsprechen, beinhaltet;
3) dem Antrag die Entscheidung über die Auferlegung einer administrativen Geldstrafe oder einer administrativen Buße und die im Antrag genannten Unterlagen beigefügt wurden.

2. Nach der Prüfung des Antrags im in Abs. 1 genannten Umfang, unternimmt die Staatliche Arbeitsinspektion folgende Handlungen:

1) leitet die Entscheidung über die Auferlegung einer administrativen Geldstrafe oder einer administrativen Buße sowie die ihr beigefügten Unterlagen an den einen Mitarbeiter vom Hoheitsgebiet der Republik Polen entsendenden Arbeitgeber weiter, falls der Antrag die in Abs. 1 bestimmten Anforderungen erfüllt oder
2) schickt den Antrag an die antragstellende Behörde zurück, wenn der Antrag die in Abs. 1 bestimmten Anforderungen nicht erfüllt.

Art. 18. 1. Wird bei der Staatlichen Arbeitsinspektion ein Antrag, von dem in Art. 9 Abs. 2 Pkt. 6 die Rede ist, eingereicht, so hat diese festzustellen, ob der Antrag:

1) alle Elemente, von denen in Art. 17 Abs. 1 Pkt. 1 Lit. a, b und d sowie Pkt. 2 und 3 die Rede ist, enthält;
2) das Datum, an dem der Bescheid oder die Entscheidung über die Auferlegung einer administrativen Geldstrafe oder einer administrativen Buße vollstreckbar oder endgültig wurde, die Beschreibung der Art der administrativen Geldstrafe oder der administrativen Buße und deren Höhe, alle für das Vollstreckungsverfahren wichtigen Daten, darunter auch die Informationen, ob der Bescheid oder die Entscheidung der Partei zugestellt wurde, falls ja, dann auf welche Art und Weise oder ob der Bescheid in Abwesenheit erteilt wurde sowie die Bestätigung der antragstellenden Behörde, dass diese Strafe oder Buße keiner weiteren Berufung unterliegt und die Beschreibung der Forderung aufgrund welcher der Antrag gestellt wurde und seiner einzelnen Elemente, enthält.

2. Erfüllt der Antrag die in Abs. 1 beschriebenen Anforderungen, so hat die Staatliche Arbeitsinspektion:

1) nicht später als innerhalb eines Monats nach dem Erhalt des Antrags den einen Mitarbeiter vom Hoheitsgebiet der Republik Polen entsendenden Arbeitgeber über den Antrag und den ihm beigefügten Unterlagen zu informieren;
2) den Antrag an den Leiter des Finanzamtes weiterzuleiten, insofern keine freiwillige Zahlung der administrativen Geldstrafe oder der administrativen Buße erfolgte, um die Vollstreckung durchzuführen, samt den Vollstreckungstitel, von dem in den Vorschriften zum Vollstreckungsverfahren in der Verwaltung die Rede ist, mit der festgelegten Höhe des ausstehenden Geldbetrags in der polnischen Währung; die Höhe dieses Betrags wird berechnet, indem dieser Geldbetrag, der in einer anderen als der polnischen Währung angegeben wurde, gemäß des von der Polnischen Nationalbank

(pol. *Narodowy Bank Polski*) am Tag der Entscheidung über die Auferlegung einer administrativen Geldstrafe oder einer administrativen Buße veröffentlichten Mittelkurses des polnischen Zlotys (PLN) zu dieser Währung umgerechnet wird.

3. Erfüllt der Antrag die in Abs. 1 beschriebenen Anforderungen nicht, so sendet die Staatliche Arbeitsinspektion den Antrag an die antragstellende Behörde zurück.
4. Die Staatliche Arbeitsinspektion kann den Antrag an die antragstellende Behörde zurückschicken, wenn:

1) der allgemeine Betrag der administrativen Geldstrafe oder der administrativen Buße weniger als 350 Euro beträgt; wurde der allgemeine Betrag dieser Strafe oder Buße in der anderen Währung als Euro angegeben, so ist er in die polnische Währung gemäß des von der Polnischen Nationalbank (pol. *Narodowy Bank Polski*) am Tag der Entscheidung über die Auferlegung einer administrativen Geldstrafe oder einer administrativen Buße veröffentlichten Mittelkurses für diese Währung umzurechnen und danach ist der ausgerechnete Betrag gemäß des von der Polnischen Nationalbank veröffentlichten Mittelkurses des polnischen Zlotys zum Euro vom jeweiligen Tag umzurechnen.
2) die Entscheidung über die auferlegte administrative Geldstrafe oder administrative Buße mit den grundlegenden Regeln der Rechtsordnung in der Republik Polen widersprüchlich ist

– und informiert den einen Mitarbeiter vom Hoheitsgebiet der Republik Polen entsendenden Arbeitgeber über diese Tatsache.

Art. 19. Die Staatliche Arbeitsinspektion informiert ohne nötige Verzögerung die antragstellende Behörde über:

1) die Tätigkeiten, die auf ihren Antrag auf Benachrichtigung über die Entscheidung über die Auferlegung einer administrativen Geldstrafe oder einer administrativen Buße oder ihren Antrag auf Vollstreckung der administrativen Geldstrafe oder der administrativen Buße unternommen wurden, darunter auch über das Datum an dem Folgendes dem einen Mitarbeiter vom Hoheitsgebiet der Republik Polen entsendenden Arbeitgeber übermittelt wurde:
   a) die Benachrichtigung über die Entscheidung über die Auferlegung einer administrativen Geldstrafe oder einer administrativen Buße oder

b) die Benachrichtigung über den Antrag auf Vollstreckung einer administrativen Geldstrafe oder einer administrativen Buße;

2) die Grundlagen einer Ablehnung, Handlungen zu unternehmen, von denen im Pkt. 1 die Rede ist:

a) wenn der Antrag auf Benachrichtigung über die Entscheidung über die Auferlegung einer administrativen Geldstrafe oder administrativen Buße die in Art. 17 Abs. 1 beschriebenen Anforderungen nicht erfüllt oder wenn der Antrag auf Vollstreckung einer administrativen Geldstrafe oder administrativen Buße die in Art. 18 Abs. 1 beschriebenen Anforderungen nicht erfüllt,

b) in einer Situation, von der in Art. 18 Abs. 4 die Rede ist,

c) wenn sich bei der vom Leiter des Finanzamtes durchgeführten Analyse herausstellt, dass die Kosten der Vollstreckung der administrativen Geldstrafe oder der administrativen Buße im Verhältnis zum Betrag, der vollstreckt werden soll, unverhältnismäßig hoch sind oder dass solch eine Vollstreckung mit erheblichen Schwierigkeiten verbunden wäre.

Art. 20. 1. Werden während der Benachrichtigung über die Entscheidung über die Auferlegung einer administrativen Geldstrafe oder einer administrativen Buße diese Strafe oder Buße oder die mit ihr verbundenen Anforderungen von der interessierten Partei beanstandet oder wird von ihr eine Berufung gegen sie eingelegt, so stellt die Staatliche Arbeitsinspektion, nach dem Erhalt der dies betreffenden Informationen von der antragstellenden Behörde, Handlungen bezüglich der Benachrichtigung bis eine Entscheidung vom entsprechenden Träger oder der zuständigen Behörde im jeweiligen Mitgliedstaat gefällt wird, ein.

2. Werden während der Handlungen, die in Zusammenhang mit dem Antrag auf Vollstreckung einer administrativen Geldstrafe oder einer administrativen Buße unternommen, diese Strafe oder Buße oder die mit ihr verbundenen Anforderungen von der interessierten Partei beanstandet oder wird von ihr eine Berufung gegen sie eingelegt, so stellt die Staatliche Arbeitsinspektion, nach dem Erhalt der dies betreffenden Informationen von der antragstellenden Behörde, Handlungen bezüglich des Antrags bis eine Entscheidung vom entsprechenden Träger oder von der zuständigen Behörde im jeweiligen Mitgliedstaat gefällt wird, ein und benachrichtigt darüber den einen Mitarbeiter vom Hoheitsgebiet der Republik Polen entsendenden Arbeitgeber.

3. Wenn nach der Übersendung des Antrags auf die Vollstreckung einer administrativen Geldstrafe oder einer administrativen Buße an den Leiter des Finanzamtes durch die Staatliche Arbeitsinspektion, diese Strafe oder Buße oder die

mit ihr verbundenen Anforderungen von der interessierten Partei beanstandet werden oder von ihr eine Berufung gegen sie eingelegt wird, so tritt die Staatliche Arbeitsinspektion, nach dem Erhalt einer dies betreffenden Information von der antragstellenden Behörde, mit der Forderung heran, das Vollstreckungsverfahren einzustellen und benachrichtigt darüber den einen Mitarbeiter vom Hoheitsgebiet der Republik Polen entsendenden Arbeitgeber.

4. Alle Berufungen oder beanstandenden Anträge bezüglich der auferlegten administrativen Geldstrafe oder der administrativen Buße oder der mit ihr verbundenen Anforderung sind an den zuständigen Träger oder die zuständige Behörde im jeweiligen Mitgliedstaat zu stellen.

Art. 21. Im Falle einer Tilgung eines auf den einen Mitarbeiter vom Hoheitsgebiet der Republik Polen entsendenden Arbeitgeber ausstehenden Betrags aus der auferlegten administrativen Geldstrafe oder administrativen Buße finden Art. 56 Abs. 1 Pkt. 5 und Art. 57 Pkt. 1 des Gesetzes vom 27. August 2009 über die öffentlichen Finanzen (GBl. von 2013 Pos. 885 mit späteren Änderungen) keine Anwendung.

Art. 22. Die Beitreibung der administrativen Geldstrafen oder der administrativen Bußen, die auf Mitarbeiter vom Hoheitsgebiet der Republik Polen entsendenden Arbeitgeber auferlegt wurden, erfolgt anhand der Vorschriften zum Vollstreckungsverfahren in der Verwaltung.

Art. 23. Die Beträge von administrativen Geldstrafen oder administrativen Bußen, die auf Mitarbeiter vom Hoheitsgebiet der Republik Polen entsendende Arbeitgeber auferlegt wurden, werden in der polnischen Währung vollstreckt und stellen Einkommen des Staatshaushalts dar.

Abschnitt 5

Pflichten eines einen Mitarbeiter in das Hoheitsgebiet der Republik Polen entsendenden Arbeitgebers

Art. 24. 1. Der einen Mitarbeiter in das Hoheitsgebiet der Republik Polen entsendende Arbeitgeber bestimmt eine zur Vermittlung in den Kontakten mit der Staatlichen Arbeitsinspektion und zum Versand und Entgegennahme von Unterlagen und Benachrichtigungen berechtigte Person, die sich in der Zeit der Entsendung im Hoheitsgebiet der Republik Polen aufhalten wird.

2. Auf Verlangen der Staatlichen Arbeitsinspektion übersendet die in Abs. 1 genannte Person die Daten der Person, die vom einen Mitarbeiter in das

Hoheitsgebiet der Republik Polen entsendenden Arbeitgeber zu seiner Vertretung während der von der Staatlichen Arbeitsinspektion durchgeführten Kontrolle ermächtigt wurde, an die Staatlichen Arbeitsinspektion. Die Daten dieser Person umfassen ihren Vor- und Nachnamen, ihre Adresse, an der sich diese Person aufhält, sowie ihre berufliche Telefonnummer und E-Mail-Adresse. Auf einen berechtigten Antrag der Staatlichen Arbeitsinspektion, in Zusammenhang mit der durchzuführenden Kontrolle, sollte solch eine Person im Hoheitsgebiet der Republik Polen erreichbar sein.
3. Ein einen Mitarbeiter in das Hoheitsgebiet der Republik Polen entsendender Arbeitgeber gibt spätestens am Tag des Beginns der Dienstleistungserbringung eine Erklärung an die Staatliche Arbeitsinspektion ab, die folgende Informationen, die für die Durchführung einer Kontrolle der faktischen Situation am Arbeitsplatz unentbehrlich sind, umfasst:

1) Identifikationsdaten des Arbeitgebers mit:
   a) dem Namen des Arbeitgebers,
   b) dem Sitz (berufliche Adresse, Telefonnummer und E-Mail-Adresse) und im Falle eines Arbeitgebers, der eine natürliche Person ist – die Wohnadresse (berufliche Adresse, Telefonnummer und E-Mail-Adresse),
   c) der Steueridentifikationsnummer (pol. *NIP*) oder der Identifikationsnummer, die im Mitgliedstaat des Arbeitgebersitzes erhalten wurde, für Steuer- oder Versicherungszwecke.
2) der vorgesehenen Anzahl der in das Hoheitsgebiet der Republik Polen entsandten Mitarbeiter samt der Daten zu deren Vor- und Nachnamen, Geburtsdatum und Staatsangehörigkeit;
3) dem vorgesehenen Datum des Beginns und der Beendigung der Entsendung von Mitarbeitern in das Hoheitsgebiet der Republik Polen;
4) den Adressen der Arbeitsstelle der in das Hoheitsgebiet der Republik Polen entsandten Mitarbeiter;
5) dem Charakter der Dienstleistungen, die eine Entsendung von Mitarbeitern in das Hoheitsgebiet der Republik Polen begründen;
6) den Daten der Person, von der in Abs. 1 die Rede ist, die ihren Vor- und Nachnamen, die Adresse, an der sich diese Person aufhält, ihre berufliche Telefonnummer und E-Mail-Adresse umfassen;
7) dem Ort, an dem die in Art. 25 Abs. 1 genannten Unterlagen aufbewahrt werden.

4. Wenn der in das Hoheitsgebiet der Republik Polen entsandte Mitarbeiter eine Arbeit zugunsten eines Entleihers im Sinne der Vorschriften zur Beschäftigung

von Leiharbeitern ausführen soll, so hat die in Abs. 3 genannte Erklärung darüber hinaus Identifikationsdaten dieses Entleihers, von denen in Abs. 3 Pkt. 1 Lit. a-c die Rede ist, zu umfassen.

5. Der einen Mitarbeiter in das Hoheitsgebiet der Republik Polen entsendende Arbeitgeber hat über jede Änderung der in Abs. 3 Pkt. 1, 6 und 7 und Abs. 4 genannten Erklärung, nicht später als innerhalb von sieben Tagen nach dem Eintreten dieser Änderungen zu benachrichtigen.

6. Die Erklärung, von der in Abs. 3 und 4 die Rede ist, und die Benachrichtigung, von der in Abs. 5 ist in Schriftform in der polnischen und englischen Sprache in Papierform oder per E-Mail, darunter mit Hilfe der einfachen Kontaktstelle im Sinne des Abschnitts 2a des Gesetzes vom 2. Juli 2004 über die wirtschaftliche Betätigungsfreiheit, einzureichen.

Art. 25. 1. Der einen Mitarbeiter in das Hoheitsgebiet der Republik Polen entsendende Arbeitgeber ist während der Dauer der Entsendung verpflichtet, in Papier- oder elektronischen Form folgende Unterlagen im Hoheitsgebiet der Republik Polen aufzubewahren:

1) eine Kopie des Arbeitsvertrags des in das Hoheitsgebiet der Republik Polen entsandten Mitarbeiters oder eines anderen gleichwertigen Dokuments, das die Beschäftigungsbedingungen des aufgenommenen Arbeitsverhältnises bestätigt;
2) die Dokumentation der Arbeitszeit des in das Hoheitsgebiet der Republik Polen entsandten Mitarbeiters bezüglich des Arbeitsbeginns und -endes sowie der im jeweiligen Tag durchgearbeiteten Stunden oder ihre Kopie;
3) die Unterlagen, die die Höhe der Vergütung des in das Hoheitsgebiet der Republik Polen entsandten Mitarbeiters samt der Höhe der erfolgten Abzügen gemäß dem zuständigen Rechts und die Belege für die zugunsten eines Mitarbeiters erfolgten Zahlungen oder ihre Kopien;

2. Der einen Mitarbeiter in das Hoheitsgebiet der Republik Polen entsendende Arbeitgeber ist verpflichtet, auf Antrag der Staatlichen Arbeitsinspektion während der Dauer einer Entsendung die Unterlagen, von denen in Abs. 1 die Rede ist, und ihre Übersetzung in die polnische Sprache, nicht später als innerhalb von fünf Werktagen nach dem Erhalt eines Antrags zur Verfügung zu stellen.

3. Innerhalb von zwei Jahren nach der Beendigung der Arbeitsausführung von einem in das Hoheitsgebiet der Republik Polen entsandten Mitarbeiter, hat der einen in das Hoheitsgebiet der Republik Polen entsendende Arbeitgeber, auf

Antrag der Staatlichen Arbeitsinspektion, die Unterlagen, von denen in Abs. 1 die Rede ist, nicht später als innerhalb von 15 Werktagen nach dem Erhalt eines Antrags ihr zuzuschicken. Der Antrag kann ebenfalls eine Forderung zur Übersetzung der genannten Unterlagen in die polnische Sprache umfassen.

4. In den Situationen, von denen in Abs. 2 und 3 die Rede ist, reicht der einen Mitarbeiter in das Hoheitsgebiet der Republik Polen entsendende Arbeitgeber die Unterlagen oder seine Kopien in Papier- oder elektronischen Form ein, darunter auch mit Hilfe der einfachen Kontaktstelle im Sinne des Abschnitts 2a des Gesetzes vom 2. Juli 2004 über die wirtschaftliche Betätigungsfreiheit.

Abschnitt 6

Anwendung der Gesetzvorschriften gegenüber einem zur Arbeitsausführung in das Hoheitsgebiet der Republik Polen entsandten Mitarbeiter, der von einem Arbeitgeber mit Sitz in keinem Mitgliedstaat entsendet wird

Art. 26. Die Vorschriften des vorliegenden Gesetzes finden in Fällen einer Arbeitsausführung im Hoheitsgebiet der Republik Polen von einem zu dieser Arbeitsausführung entsandten Mitarbeiter, der von einem Arbeitgeber mit Sitz in keinem Mitgliedstaat entsendet wurde, unter dem Ausschluss der Vorschriften des Art. 88 Pkt. 3 und 4, 88c Abs. 6 Pkt. 2 und 3 sowie Abs. 9 des Gesetzes vom 20. April 2004 über die Beschäftigungsförderung und Arbeitsmarktinstitutionen (GBl. vom 2015 Pos. 149 mit späteren Änderungen) entsprechend Anwendung.

Abschnitt 7

Strafvorschriften

Art. 27. Wer als ein einen Mitarbeiter in das Hoheitsgebiet der Republik Polen entsendender Arbeitgeber oder in seinem Namen handelnd:

1) keine Person, von der in Art. 24 Abs. 1 die Rede ist, bestimmt,
2) an die Staatliche Arbeitsinspektion spätestens am Tag des Beginns der Dienstleistungserbringung keine Erklärung, von der in Art. 24 Abs. 3 und 4 die Rede ist, abgibt,
3) nicht rechtzeitig über jede Informationsänderung in dieser Erklärung, gemäß Art. 24 Abs. 5 benachrichtigt,

4) während der Dauer der Entsendung in das Hoheitsgebiet der Republik Polen in Papier- oder elektronischer Form die Unterlagen, gemäß Art. 25 Abs. 1, nicht aufbewahrt,
5) während der Dauer der Entsendung eines Mitarbeiters in das Hoheitsgebiet der Republik Polen, auf Antrag der Staatlichen Arbeitsinspektion, die Unterlagen sowie deren Übersetzung in die polnische Sprache, gemäß Art. 25 Abs. 2 nicht zur Verfügung stellt,
6) innerhalb von zwei Jahren nach der Beendigung der Arbeitsausführung durch einen in das Hoheitsgebiet der Republik Polen entsandten Mitarbeiter, auf Antrag der Staatlichen Arbeitsinspektion, die Unterlagen sowie deren Übersetzung in die polnische Sprache, gemäß Art. 25 Abs. 3 nicht zur Verfügung stellt;

– unterliegt einer Geldstrafe in der Höhe von 1 000 bis 30 000 PLN.

Art. 28. Wer als ein einen Mitarbeiter in das Hoheitsgebiet der Republik Polen entsendender Arbeitgeber oder als ein Unternehmer im Sinne der Vorschriften des Gesetzes vom 2. Juli 2004 über die wirtschaftliche Betätigungsfreiheit oder als eine im Namen dieses Arbeitgebers oder Unternehmers handelnde Person agiert, keine Informationen auf Antrag der Staatlichen Arbeitsinspektion, gemäß Art. 12 Abs. 4, erteilt, unterliegt einer Geldstrafe in der Höhe von 1 000 bis 30 000 PLN.

Art. 29. Die Entscheidungen bezüglich der Taten, von denen in Art. 27 und 28 die Rede ist, erfolgen auf der Grundlage der Gesetzvorschriften vom 24. August 2001 – Ordnungswidrigkeitenverfahrengesetzbuch (GBl. von 2013 Pos. 395, mit späteren Änderungen).

Literaturverzeichnis

Altmann, Franz-Lothar; *Busek*, Erhard: 10 Jahre Osterweiterung – eine Einführung, Der Donauraum 2013, Bd. 1, S. 7–14.

Antonczyk, Dirk; *Fitzenberger*, Bernd; *Sommerfeld*, Katrin: Anstieg der Lohnungleichheit, Rückgang der Tarifbindung und Polarisierung, ZAF 2011, S. 15–27.

Baar, Imanuel; *Schanz*, Michael: Die Mobilität von Pflegepersonal innerhalb der Europäischen Union, RDG 2011, S. 282–288.

Baran, Krzysztof: Kodeks Pracy, Komentarz (Arbeitsgesetzbuch, Kommentar), Warschau 2014,Wolters Kluwer, zitiert als: Baran/*Bearbeiter*.

- System prawa pracy, TOM V, Zbiorowe prawo pracy (System des Arbeitsrechts, Band V, Kollektives Arbeitsrecht), Warschau 2014, Wolters Kluwer.
- Zarys Systemu Prawa Pracy, TOM I, Część ogólna prawa pracy (Übersicht über das System des Arbeitsrechts, Band I, Allgemeiner Teil des Arbeitsrechts), Warschau 2010, Wolters Kluwer.
- Outline of Polish Labour Law System, Warschau 2016, Wolters Kluwer.

Barczyk, Ryszard: Polen als EU-Beitrittsland – wirtschaftliche Konsequenzen 10 Jahre nach der Erweiterung, Der Donauraum 2013, Bd. 1, S. 57–72.

Barzycka-Banaszczyk, Małgorzata: Prawo Pracy (Arbeitsrecht), Warschau 2015, C.H. Beck.

Bayreuther, Frank: Einige Anmerkungen zur Verfassungsmäßigkeit des Arbeitnehmer-Entsendegesetzes und des Mindestarbeitsbedingungengesetzes 2009, NJW 2009, S. 2006–2011.

- Der gesetzliche Mindestlohn, NZA 2014, S. 865–873.
- Mindestlohnwirksame Leistungen im Geltungsbereich des Entsenderechts, EuZA 2014, S. 189–202.
- Begriff und Bestimmung des Mindestlohns im Entsenderecht, EuZA 2015, S. 346–357.
- Gesetzlicher Mindestlohn und sittenwidrige Arbeitsbedingungen, NJW 2007, S. 2022–2025.
- Generalunternehmerhaftung nach dem Mindestlohngesetz und dem Arbeitnehmerentsendegesetz, NZA 2015, S. 961–969.

Becker, Ulrich; *Baron von Maydell*, Bernd; *Szurgacz*, Herbert: Die Realisierung der Arbeitnehmerfreizügigkeit im Verhältnis zwischen Deutschland und Polen aus arbeits- und sozialrechtlicher Sicht, Baden-Baden 2012, Nomos.

Belling, Detlev: Das Günstigkeitsprinzip im Arbeitsrecht, Berlin 1984, Duncker & Humblot.

Bepler, Klaus: Problematische Arbeitsverhältnisse und Mindestlohn, in: *Annuß*, Georg; *Picker*, Eduard; *Wißmann*, Hellmut, Festschrift für Reinhard Richardi, München 2007, S. 189–205; zitiert als: Bepler, in: FS Richardi.

Berthold, Norbert: Sozialunion in Europa, Tübingen 1993, J.C.B. Mohr.

Bieback, Karl-Jürgen: Rechtliche Probleme von Mindestlöhnen, insbesondere nach dem Arbeitnehmer-Entsendegesetz, RdA 2000, S. 207–216.

Bieback, Karl-Jürgen; *Dieterich*, Thomas; *Hanau*, Peter: Tarifgestützte Mindestlöhne, Baden-Baden 2007, Nomos.

Biedermann, Andreas: Sozialkassenverfahren der Bauwirtschaft wieder auf sicheren Füßen, BB 2017, S. 1333–1338.

Bielak-Jomaa, Edyta: Zatrudnianie cudzoziemców (Die Beschäftigung von Ausländern), Warschau 2015, Wolters Kluwer.

Birk, Rolf: Organizacje pracodawców w polskim prawie pracy, w: Ład społeczny w Polsce i Niemczech na tle jednoczącej sie Europy, Księga pamiątkowa poświęcona Czesławowi Jackowiakowi (Arbeitgeberorganisationen im polnischen Arbeitsrecht, in: Die Gesellschaftsordnung in Polen und Deutschland vor dem Hintergrund des sich einigenden Europas, Festschrift für Czesław Jackowiak), Warschau 1999, Wydawnictwo Polsko-Niemieckie (Polnisch-deutscher Verlag); zitiert als: Birk, in: FS Jackowiak.

– Die Bedeutung der Privatautonomie im internationalen Arbeitsrecht, RdA 1989, S. 201–207.

Boecken, Winfried; *Düwell*, Franz Josef; *Diller*, Martin; *Hanau*, Hans: Gesamtes Arbeitsrecht, Band 1, Baden-Baden 2016, Nomos.

– Gesamtes Arbeitsrecht, Band 2, Baden-Baden 2016, Nomos.

Boguska, Anna: Konstrukcja delegowania pracowników w celu świadczenia usług na poziomie unijnym i w praktyce prawa polskiego (Die Konstruktion der Arbeitnehmerentsendung mit dem Ziel der Dienstleistungserbringung auf EU-Ebene und in der Praxis des polnischen Rechts), MoPr 2016 Nr. 2, S. 70–77.

Böhm, Wolfgang: Arbeitnehmer-Entsendegesetz als „Ermächtigungsgesetz"?, NZA 1999, S. 128–130.

Borchardt, Knut; *Fikentscher*, Wolfgang: Wettbewerb. Wettbewerbsbeschränkung. Marktbeherrschung, Stuttgart 1957, Ferdinand Enke.

Borgmann, Bernd: Die Entsendung von Arbeitnehmern in der Europäischen Gemeinschaft, Frankfurt am Main 2001, Lang.

Borkowska, Stanisława: Wynagrodzenie godziwe (Angemessene Vergütung), Warschau 1999, Instytut Pracy i Spraw Socjalnych (Institut für Arbeit und Soziales).

Breidenbach, Stephan: Handbuch Wirtschaft und Recht in Osteuropa, Band 2, München 2014, C.H. Beck.

Brezinski, Horst: Die politische und wirtschaftliche Ausgangslage Ostmitteleuropas im Jahre 2004, Der Donauraum 2013, Nr. 1, S. 15–32.

Büdenbender, Ulrich: Die Erklärung der Allgemeinverbindlichkeit von Tarifverträgen nach dem Arbeitnehmer-Entsendegesetz, RdA 2000, S. 193–207.

Calliess, Christian; *Ruffert*, Matthias: EUV/AEUV, Kommentar, 5. Auflage, München 2016, C.H. Beck.

Chwalisz, Patrizia: Die Transformation des polnischen Arbeitsrechts und die Gewerkschaften, Frankfurt am Main2007, Peter Lang.

Cornelissen, Rob: Die Entsendung von Arbeitnehmern innerhalb der Europäischen Gemeinschaft und die soziale Sicherheit, RdA 1996, S. 329–339.

Däubler, Wolfgang: Die Entsende-Richtlinie und ihre Umsetzung in das deutsche Recht, EuZW 1997, S. 613–618.

- Ein Antidumping-Gesetz für die Bauwirtschaft, DB 1995, S. 726–731.
- Tarifvertragsgesetz mit Arbeitnehmer-Entsendegesetz, Baden-Baden 2016, Nomos.
- Tarifvertragsrecht, Baden-Baden 1993, Nomos.

Deinert, Olaf: Internationales Arbeitsrecht, Tübingen 2013,Mohr Siebeck.

- Arbeitnehmerentsendung im Rahmen der Erbringung von Dienstleistungen innerhalb der Europäischen Union, RdA 1996, S. 339–352.

Dribbusch, Heiner; *Birke*, Peter: Die DGB-Gewerkschaften seit der Krise, Berlin 2014, Friedrich-Ebert-Stiftung.

- Tarifkonkurrenz als gewerkschaftspolitische Herausforderung: Ein Beitrag um die Debatte zur Tarifeinheit, WSI-Diskussionspapier Nr. 172, Düsseldorf 2010, Hans-Böckler-Stiftung.

Dynia, Elżbieta: Integracja europejska (Europäische Integration), Warschau 2006, LexisNexis Polska.

Dzienisiuk, Dorota: Glosa do wyroku TS z dnia 7 listopada 2013 r., C-522/12 (Entscheidungsbesprechung zum Urteil des EuGH vom 7. November 2013, C-522/12), Lex 2015, 262623.

Eichhorst, Werner: Gleicher Lohn für gleiche Arbeit am gleichen Ort?, ZAF 2005, Bd. 2,3, S. 197–217.

Fischer-Lescano, Andreas; *Ulber*, Daniel; *Preis*, Ulrich: Verfassungsmäßigkeit des Mindestlohns, Baden-Baden 2015, Nomos.

Florek, Ludwik: Autonomiczne (pozaustawowe) źródła prawa pracy, w: Ład społeczny w Polsce i Niemczech na tle jednoczącej się Europy, Księga pamiątkowa poświęcona Czesławowi Jackowiakowi (Autonome (außergesetzliche) Quellen des Arbeitsrechts, in: Die Gesellschaftsordnung in Polen und Deutschland vor dem Hintergrund des sich einigenden Europas, Festschrift für Czesław Jackowiak), Warschau 1999, Wydawnictwo Polsko-Niemieckie (Polnisch-deutscher Verlag); zitiert als: Florek, in: FS Jackowiak.

- Kodeks Pracy, Komentarz (Arbeitsgesetzbuch, Kommentar), Warschau 2011, Wolters Kluwer.
- Prawo Pracy (Arbeitsrecht), Warschau 2016, C.H.Beck.
- Zalety i wady działalności związków zawodowych na szczeblu zakładowym, w: Związkowe przedstawicielstwo pracowników zakładu pracy (Vor- und Nachteile des Tätigwerdens von Gewerkschaften auf betrieblicher Ebene, in: Gewerkschaftliche Arbeitnehmervertretung auf Betriebsebene), Warschau 2012, Wolters Kluwer.
- Znaczenie układów zbiorowych pracy, w: Układy zbiorowe pracy w stulecie urodzin Profesora Wacława Szuberta (Die Bedeutung von Tarifverträgen, in: Tarifverträge zum 100. Geburtstag von Prof. Wacław Szubert), Warschau 2013, Wolters Kluwer.
- Ochrona praw i interesów pracownika (Der Schutz der Rechte und Interessen des Arbeitnehmers), Warschau 1990, Państwowe Wydawnictwo Naukowe (Staatlicher Wissenschaftsverlag).
- Ustalanie wynagrodzenia za pracę w gospodarce rynkowej, w: Wynagrodzenie za pracę w warunkach społecznej gospodarki rynkowej i demokracji (Die Festlegung des Arbeitslohns in der Marktwirtschaft, in: Der Arbeitslohn unter den Bedingungen der sozialen Marktwirtschaft und Demokratie), Warschau 2009, Wolters Kluwer.
- Polskie prawo pracy a standardy Unii Europejskiej, w: Polskie prawo pracy w okresie transformacji w oświetleniu prawa wspólnotowego (Das polnische Arbeitsrecht und die EU-rechtlichen Standards, in: Das polnische Arbeitsrecht in der Transformation vor dem Hintergrund des Gemeinschaftsrechts), Warschau 1997, Wydawnictwo Naukowe Scholar (Wissenschaftsverlag Scholar).
- Obowiązek wydania regulaminu wynagradzania (Die Pflicht zum Erlass einer Entgeltordnung), PiZS 2015 Nr. 3, S. 18–24.
- Dostosowanie polskiego prawa pracy do prawa unijnego ze szczególnym uwzględnieniem ostatnej nowlizacji Kodeksu Pracy (Die Anpassung des polnischen Arbeitsrechts an das Unionsrecht unter besonderer Berücksichtigung der letzten Novellierung des Arbeitsgesetzbuches), MoPr 2004 Nr. 1, S. 4 –10.

Forst, Gerrit: Die Allgemeinverbindlicherklärung von Tarifverträgen nach dem so genannten Tarifautonomiestärkungsgesetz, RdA 2015, S. 25–36.

Franek, Jacek: Polen: Abschluss, Änderung, Übergang und Beendigung des Arbeitsvertrages im Vergleich zum deutschen Recht, ZfRV 2000; S. 161–173.

Franzen, Martin: Mindestlohn und tarifvertragliche Vergütungsbestandteile, NZA 2015, S. 338–341.

Franzen, Martin; *Gallner*, Inken; *Oetker*, Hartmut: Kommentar zum europäischen Arbeitsrecht, 2. Auflage, München 2018, C. H. Beck; zitiert als: EuArbR/*Bearbeiter.*

Fuchs, Maximilian: Europäisches Sozialrecht, Kommentar, 7. Auflage, Baden-Baden 2018, Nomos Eur. SozialR/*Bearbeiter*

Fuchs, Maximilian; *Marhold*, Franz: Europäisches Arbeitsrecht, 4. Auflage, Wien 2014, Springer.

Galicki, Radosław: Reprezentatywnośc związków zawodowych na gruncie polskiego prawa (Das Repräsentationsprinzip der Gewerkschaften im polnischen Recht), Warschau 2015, Warszawska Metropolia Prawosławna (Griechisch-orthodoxe Metropole Warschau).

Galińska-Rączy, Irena: Opinia prawna na temat projektu ustawy o zmianie ustawy z 10 października 2002 r. o minimalnym wynagrodzeniu za pracę, w: Minimalne wynagrodzenie za pracę, Druk sejmowy Nr. 28 (Rechtsgutachten zum Gesetzesentwurf zur Änderung des Gesetzes vom 10. Oktober 2002 über den Mindestlohn, in: Der Mindestlohn, Parlamentsblatt Nr. 28), Warschau 2012, Biuro Analiz Sejmowych (Büro der Parlamentsanalysen).

Gerken, Lüder; *Löwisch*, Manfred; *Rieble*, Volker: Der Entwurf eines Arbeitnehmer-Entsendegesetzes in ökonomischer und rechtlicher Sicht, BB 1995, S. 2370–2375.

Góral, Zbigniew; *Lewandowski*, Henryk: Sytuacja prawna pracowników migrujących, w: Polskie prawo pracy w okresie transformacji w oświetleniu prawa wspólnotowego (Die rechtliche Situation migrierender Arbeitnehmer, in: Das polnische Arbeitsrecht in der Transformation vor dem Hintergrund des Gemeinschaftsrechts), Warschau 1997, Wydawnictwo Naukowe Scholar (Wissenschaftsverlag Scholar).

Góral, Zbigniew; *Włodarczyk*, Mirosław: Prawne problemy rynku pracy, w: Polskie prawo pracy w okresie transformacji w oswietleniu prawa wspólnotowego (Rechtliche Probleme des Arbeitsmarktes, in: Polnisches Arbeitsrecht in der Transformation vor dem Hintergrund des Gemeinschaftsrechts), Warschau 1997, Wydawnictwo Naukowe Scholar (Wissenschaftsverlag Scholar).

Görres, Steffen: Grenzüberschreitende Arbeitnehmerentsendung in der EU, Berlin 2003, BWV.

Gózdziewicz, Grzegorz: Rola związków zawodowych w tworzeniu prawa pracy, w: Florek, Ludwik, Zródła Prawa Pracy (Die Rolle der Gewerkschaften bei der Schaffung des Arbeitsrechts, in: Florek, Ludwik, Quellen des Arbeitsrechts, Warschau 2000, Liber.

– Tendencje przemian w zbiorowym prawie pracy w Polsce, w: Ład społeczny w Polsce i Niemczech na tle jednoczącej sie Europy, Księga pamiątkowa

poświęcona Czesławowi Jackowiakowi (Tendenzen des Wandels im kollektiven Arbeitsrecht in Polen, in: Die Gesellschaftsordnung in Polen und Deutschland vor dem Hintergrund des sich einigenden Europas, Festschrift für Czesław Jackowiak), Warschau 1999, Wydawnictwo Polsko-Niemieckie (Polnisch-deutscher Verlag); zitiert als: Gózdziewicz, in: FS Jackowiak.
- Układy zbiorowe pracy jako zródło prawa pracy, w: Układy zbiorowe pracy w stulecie urodzin Profesora Wacława Szuberta (Tarifverträge als Quelle des Arbeitsrechts, in: Tarifverträge zum 100. Geburtstag von Wacław Szubert), Warschau 2013, Wolters Kluwer; zitiert als; Gózdziewicz, in: FS Szubert.
- Model układu zbiorowego pracy w Polsce, w: Aktualne problemy zbiorowego prawa pracy w Polsce i w Niemczech (Das Tarifvertrags-Modell in Polen, in: Aktuelle Probleme des kollektiven Arbeitsrechts in Polen und Deutschland), Thorn 2012, Dom Organizatora; zitiert als: Gózdziewicz, in: Aktualne problemy.
- Refleksje na temat prawa do godziwego wynagrodzenia za pracę, w: Wynagrodzenie za pracę w warunkach społecznej gospodarki rynkowej i demokracji (Reflexionen zum Thema Recht auf einen angemessenen Arbeitslohn, in: Der Arbeitslohn unter den Bedingungen der sozialen Marktwirtschaft und Demokratie), Warschau 2009, Wolters Kluwer; zitiert als: Gózdziewicz, in: Wynagrodzenie.

Grabitz, Eberhard; *Hilf*, Meinhard; *Nettesheim*, Martin: Das Recht der Europäischen Union, Kommentar, 62. Auflage, München 2017, C. H. Beck; zitiert als: Grabitz/*Bearbeiter*.

Greiner, Stefan: Die Unwirksamkeit der Allgemeinverbindlicherklärung von Sozialkassentarifverträgen im Baugewerbe, NZA 2017, S. 98–102.

Greiner, Stefan; *Hanau*, Peter; *Preis*, Ulrich: Die Sicherung der Allgemeinverbindlichkeit bei gemeinsamen Einrichtungen der Tarifvertragsparteien, Frankfurt am Main 2014, Bund-Verlag.

Groeben, von der, Hans; *Schwarze*, Jürgen; *Hatje*, Armin: Europäisches Unionsrecht, Kommentar, Baden-Baden 2015, Nomos; zitiert als: von der Groeben/*Bearbeiter*.

Gronert, Volker: Die Entsendung von Arbeitnehmern im Rahmen der grenzüberschreitenden Erbringung von Dienstleistungen, München 2001, VVF Verlag.

Hajn, Zbigniew: Rola organizacji pracodawców w tworzeniu prawa pracy, w: Florek, Ludwik, Zródła Prawa Pracy (Die Rolle der Arbeitgeber-Organisationen bei der Schaffung des Arbeitsrechts, in: Florek, Ludwik, Quellen des Arbeitsrechts), Warschau 2000, Liber; zitiert als: Hajn, in: Zródła.

- Związkowe przedstawicielstwo pracowników zakładu pracy w Polsce, ewolucja, stan obecny, przyszłość, w: Związkowe przedstawicielstwo pracowników zakładu pracy (Gewerkschaftliche Arbeitnehmervertretung im polnischen Betrieb, Evolution, aktueller Stand, Zukunft, in: Gewerkschaftliche Arbeitnehmervertretung im Betrieb), Warschau 2012, Wolters Kluwer; zitiert als: Hajn, in: Związkowe przedstawicielstwo.
- Organizacje pracodawców i pracodawcy. Regulacja prawna i znaczenie w zbiorowych stosunkach pracy w Polsce, w: Aktualne problemy zbiorowego prawa pracy w Polsce i w Niemczech (Arbeitgeber-Organisationen und Arbeitgeber. Rechtslage und Bedeutung in kollektivrechtlichen Arbeitsbeziehungen in Polen, in: Aktuelle Probleme des kollektiven Arbeitsrechts in Polen und Deutschland), Thorn 2012, Dom Organizatora; zitiert als: Hajn, in: Aktualne Problemy.

Hajn, Zbigniew; *Mitrus*, Leszek: Labour Law in Poland, Niederlande 2016, Wolters Kluwer.

Hanau, Peter: Die Anwendung des Arbeitnehmer-Entsendegesetzes auf inländische Arbeitgeber, NZA 1998, S. 1249–1250.
- Das Arbeitnehmer-Entsendegesetz, NJW 1996, S. 1369–1373.
- Lohnunterbietung („Sozialdumping“) durch Europarecht, in: *Due*, Ole; *Lutter*, Marcus; *Schwarze*, Jürgen, Festschrift für Ulrich Everling, Baden-Baden 1995, Nomos; zitiert als: Hanau, in: FS Everling.

Hantel, Peter: Der allgemeine Mindestlohn und seine Auswirkung auf die Arbeitnehmerentsendung, NJ 2014, S. 445–488.

Harte-Bavendamm, Henning; *Henning-Bodewig*, Frauke: Gesetz gegen den unlauteren Wettbewerb (UWG), Kommentar, München 2016, C. H. Beck; zitiert als: Harte-Bavendamm/*Bearbeiter*.

Heermann, Peter; *Schlingloff*, Jochen: Münchener Kommentar zum Lauterkeitsrecht (UWG), Band 1, 2. Auflage, München 2014, C.H.Beck; zitiert als: MüKo/*Bearbeiter*, UWG.

Hejma, Martin: Deutsche Wege zur Lohngerechtigkeit, Berlin 2016, Duncker & Humblot.

Henssler, Martin: Mindestlohn und Tarifrecht, RdA 2015, S. 43–56.

Henssler, Martin; *Braun*, Axel: Arbeitsrecht in Europa, Köln 2011, Dr. Otto Schmidt.

Henssler, Martin; *Krüger*, Wolfgang: Münchener Kommentar zum Bürgerlichen Gesetzbuch, Band 4, 7. Auflage, München 2016, C. H. Beck; zitiert als: MüKo/*Bearbeiter*, BGB.

Hickl, Manfred: Auswirkungen und Probleme des Entsendegesetzes, NZA 1997, S. 513–518.

Hippmann, Christoph: Die Allgemeinverbindlicherklärung im Kontext staatlicher Beteiligung bei der Festlegung von Arbeitsbedingungen, Hamburg 2015, Dr. Kovac.

Hold, Dieter: Arbeitnehmer-Entsendegesetz gegen Lohndumping und illegale Beschäftigung im Baugewerbe, 1996, AuA, S. 113–117.

Hoppmann, Erich: Marktmacht und Wettbewerb, Tübingen 1977, J.C.B. Mohr.

Houwerzijl, Mijke: Towards a more effective posting directive, in: Freedom of services in the European Union, Niederlande 2006, Kluwer Law International; zitiert als: Houwerzijl, in: Freedom.

Hromadka, Wolfgang; *Maschmann*, Frank: Arbeitsrecht Band 1, Heidelberg 2015; Springer.

Hueck, Alfred; *Nipperdey*, Hans Carl: Lehrbuch des Arbeitsrechts, Zweiter Band, Berlin 1966, Franz Vahlen.

Iwulski, Józef: Kodeks Pracy, Komentarz (Arbeitsgesetzbuch, Kommentar), Warschau 2013, LexisNexis Polska.

Jöris, Heribert: Die Allgemeinverbindlicherklärung von Tarifverträgen nach dem neuen § 5 TVG, NZA 2014, S. 1313–1319.

Junker, Abbo: Internationales Arbeitsrecht im Konzern, Tübingen 1992, Mohr.

- Arbeitnehmerentsendung aus deutscher und europäischer Sicht, JZ 2005, S. 481–488.
- Die Einflüsse des europäischen Rechts auf die personelle Reichweite des Arbeitnehmerschutzes – Der Arbeitnehmerbegriff in der Rechtsprechung des Europäischen Gerichtshofs, EuZA 2016, S. 184–206.

Junker, Abbo; *Wichmann*, Julia: Das Arbeitnehmer-Entsendegesetz – doch ein Verstoß gegen Europäisches Recht?, NZA 1996, S. 505–512.

Kaczyński, Lech: Charakter prawny układow zbiorowych pracy (Der Rechtscharakter von Tarifverträgen), PiP 1996 Nr. 7, S. 25–37.

Kaligin, Thomas: Tätigkeit von Bauunternehmen aus Polen und der CSFR in Deutschland, Rechtliche Gestaltungsmöglichkeiten und behördliches Verfahren, NZA 1992, S. 1111–1116.

Kikosicki, Paweł: Związki zawodowe w zakładach pracy w Polsce w świetle badań opinii publicznej, w: Związkowe przedstawicielstwo pracowników zakładu pracy (Gewerkschaften in polnischen Betrieben im Lichte von Untersuchungen der öffentlichen Meinung, in: Arbeitnehmervertretung im Betrieb), Warschau 2012, Wolters Kluwer; zitiert als: Kikosicki, in: Związkowe przedstawicielstwo.

Klöpper, Ralf: Werkvertragsarbeiten von Arbeitnehmern aus Osteuropa im Rahmen von Regierungsabkommen am Beispiel Polen, AiB 1993 Nr. 11, S. 682–694.

Klos, Bożena: Opinia merytoryczna do obywatelskiego projektu ustawy o zmianie ustawy z 10 października 2002 r. o minimalnym wynagrodzeniu za pracę, w: Minimalne wynagrodzenie za pracę, Druk sejmowy Nr. 28 (Stellungnahme zum Gesetzesentwurf zur Änderung des Gesetzes vom 10. Oktober 2002 über den Mindestlohn, in: Der Mindestlohn, Sejm-Drucksache Nr. 28), Warschau 2012, Biuro Analiz Sejmowych (Büro der Parlaments-Analysen); zitiert als: Klos, in: Der Mindestlohn.

Knickrehm, Sabine; *Kreikebohm*, Ralf; *Waltermann*, Raimund: Kommentar zum Sozialrecht, 5. Auflage, München 2017, C. H. Beck; zitiert als: KKW/*Bearbeiter*.

Koberski, Wolfgang; *Asshoff*, Gregor; *Winkler*, Holger; *Eustrup*, Gabriele: Arbeitnehmer-Entsendegesetz, Kommentar, München 2011, C.H. Beck.

Koch, Harald; *Magnus*, Ulrich; *Winkler von Mohrenfels*, Peter: IPR und Rechtsvergleichung, 4. Auflage, München 2010, C. H. Beck.

Kocher, Eva: Europäisches Arbeitsrecht, Baden-Baden 2016, Nomos.

Kocher, Eva: Mindestlöhne und Tarifautonomie, Festlegung allgemeiner Mindestentgelte durch Verbindlicherklärung nach AEntG?, NZA 2007, S. 600–604.

Koenigs, Folkmar: Rechtsfragen des Arbeitnehmer-Entsendegesetzes und der EG-Entsenderichtlinie, DB 1997, S. 225–231.

Kohl, Heribert; *Platzer*, Hans-Wolfgang: Arbeitsbeziehungen in Mittelosteuropa, Baden-Baden 2004, Nomos.

Köhler, Helmut; *Bornkamm*, Joachim: Gesetz gegen den unlauteren Wettbewerb, Kommentar, 35. Auflage, München 2016, C.H.Beck; zitiert als: Köhler/Bornkamm/*Bearbeiter*.

Kommission der Europäischen Gemeinschaften: Ein moderneres Arbeitsrecht für die Herausforderungen des 21. Jahrhunderts, Grünbuch, KOM (2006), 708, Brüssel 2006, EU Kommission.

Kommission der Europäischen Gemeinschaften: Arbeitsunterlage der Kommissionsdienststellen: Länderbericht Deutschland 2017, Brüssel 2017, EU Kommission.

Kommission der Europäischen Gemeinschaften: Commission Staff Working Document: Country Report Poland 2017, Brüssel 2017, EU Kommission.

Körner, Marita: Mindestlohnanforderungen im internationalen Arbeitsrecht, NZA 2011, S. 425–430.

Kort, Michael: Die Bedeutung der europarechtlichen Grundfreiheiten für die Arbeitnehmerentsendung und die Arbeitnehmerüberlassung, NZA 2002, S. 1248–1254.

Kosc, Antoni: Recht und Sittlichkeit im sozialistischen Staat, dargestellt am Beispiel Polen, Freiburg 1982, Diss.

Kozek, Wiesława; *Ostrowski*, Piotr: Problem uzwiązkowienia w Polsce. Faktum przemian ekonomicznych czy przypadek szczególny?, w: Instytucjonalizacja stosunków pracy w Polsce (Das Problem der Gewerkschaftsbildung in Polen. Folge wirtschaftlicher Veränderungen oder Sonderfall?, in: Die Institutionalisierung der Arbeitsbeziehungen in Polen), Warschau 2003, Wydawnictwo Naukowe Scholar; zitiert als: Kozek/Ostrowski, in: Instytucjonalizacja.

Krebber, Sebastian: Die Bedeutung von Entsenderichtlinie und Arbeitnehmer-Entsendegesetz für das Arbeitskollisionsrecht, IPrax 2001, S. 22–28.

Kruse, Kathrin: Entsendung von Arbeitnehmern und grenzüberschreitende Tätigkeit Selbständiger nach der VO (EG) Nr. 883/2004, Hamburg 2015, Dr. Kovac.

Kuna-Marszałek, Anetta: Postępowanie antydumpingowe jako instrument protekcji (Antidumping-Tätigkeiten als Schutzinstrument), Lodz 2007, Wydawnictwo Uniwersytetu Łódzkiego (Universitätsverlag Lodz).

Kurowski, Witold: Stosunki pracy wynikające z umowy w prawie prywatnym międzynarodowym (Vertragliche Arbeitsbeziehungen im internationalen Privatrecht), Warschau 2016, C.H.Beck.

Lesch, Hagen; *Byrski*, Dennis: Flächentarifvertrag und Tarifpartnerschaft in Deutschland, Köln 2016, Institut der deutschen Wirtschaft Köln.

Lewandowski, Henryk: Układy zbiorowe pracy jako źródło prawa w Polsce – ewolucja i stan obecny, w: Ład społeczny w Polsce i Niemczech na tle jednoczącej się Europy, Księga pamiątkowa poświęcona Czesławowi Jackowiakowi (Tarifverträge als Quelle des polnischen Arbeitsrechts – Evolution und aktueller Stand, in: Die Gesellschaftsordnung in Polen und Deutschland vor dem Hintergrund des sich einigenden Europas, Festschrift für Czesław Jackowiak), Warschau 1999, Wydawnictwo Polsko-Niemieckie (Polnisch-deutscher Verlag); zitiert als: Lewandowski, in: FS Jackowiak.

Liebscher, Marc; *Zoll*, Fryderyk: Einführung in das polnische Recht, München 2005, C.H. Beck.

Liszcz, Teresa: Prawo pracy (Arbeitsrecht), Warschau 2016, Wolters Kluwer.

Löwisch, Manfred: Rechtsschutz gegen das Mindestlohngesetz, NZA 2014, S. 948–951.

- Das Arbeitnehmer-Entsendegesetz – ein ordnungspolitischer und rechtlicher Irrweg in: *Külp*, Bernhard; *Vanberg*, Viktor, Freiheit und wettbewerbliche Ordnung. Gedenkband zur Erinnerung an Walter Eucken, Freiburg/Berlin/München 2000, S. 221–244; zitiert als: Löwisch, in: FS Eucken.

Löwisch, Manfred; *Rieble*, Volker: Tarifvertragsgesetz, Kommentar, 4. Auflage, München 2017, Franz Vahlen.

Maiß, Sebastian: Die Entsendung von Arbeitnehmern aus den MOE-Staaten auf Werkvertragsbasis nach der EU-Osterweiterung, Frankfurt am Main 2008, Peter Lang.

- Einsatz osteuropäischer Subunternehmer nach der EU-Osterweiterung, WiRO 2005, S. 353–358.

Małysz, Franciszek: Wynagrodzenie za pracę oraz inne świadczenia związane z pracą (Der Arbeitslohn und andere mit der Arbeitsleistung verbundene Leistungen), Warschau 2004, Wydawnictwo Biblioteczka Pracownicza.

Matey, Maria: Nowy ląd pracy w Polsce i w Europie (Neuland bei Arbeit in Polen und Europa), Warschau 1997, Wydawnictwo Naukowe Scholar (Wissenschaftsverlag Scholar).

Mayer, Markus: Inländische Sozialversicherungspflicht und Beschäftigung in einer ausländischen Zweitfirma innerhalb der Europäischen Union, NZS 2001, S. 525–527.

Mayer, Udo: Werkvertragsarbeitnehmer aus Osteuropa, BB 1993, S. 1428–1431.

Medicus, Dieter; *Lorenz*, Stephan: Schuldrecht I Allgemeiner Teil, 21. Auflage, München 2015, C.H. Beck.

Mitrus, Leszek: Swoboda przemieszczania się pracowników po przystąpieniu Polski do Unii Europejskiej (Die Arbeitnehmerfreizügigkeit nach dem Beitritt Polens zur Europäischen Union), Warschau 2003, Wydawnictwo Prawnicze LexisNexis.

- Wpływ regulacji wspólnotowych na polskie prawo pracy (Der Einfluss gemeinschaftsrechtlicher Regelungen auf das polnische Arbeitsrecht), Krakau 2006, Zakamycze.
- Zasady zatrudniania Polaków w Unii Europejskiej w świetle traktatu akcesyjnego (Die Beschäftigungsbedingungen polnischer Arbeitnehmer in der Europäischen Union im Lichte des Beitrittsvertrages), PiZS 2004 Nr. 5, S. 24–32.

Moll, Wilhelm: Staatliche Vergütungsregulierung zwischen Tarifautonomie und Gemeinschaftsrecht, RdA 2010, S. 321–337.

Müller-Glöge, Rudi; *Preis*, Ulrich; *Schmidt*, Ingo: Erfurter Kommentar zum Arbeitsrecht, 15. Auflage, München 2015, C.H. Beck; zitiert als: ErfK/*Bearbeiter*.

Müller-Glöge, Rudi; *Preis*, Ulrich; *Schmidt*, Ingrid: Erfurter Kommentar zum Arbeitsrecht, 18. Auflage, München 2018, C.H.Beck; zitiert als: ErfK/*Bearbeiter*.

Muszalski, Wojciech: Kodeks Pracy, Komentarz (Arbeitsgesetzbuch, Kommentar), Warschau 2013, C.H. Beck.

– Kodeks Pracy, Komentarz (Arbeitsgesetzbuch, Kommentar), Warschau 2009, C. H. Beck.

Nassibi, Ghazaleh: Schutz vor Lohndumping in Deutschland, Baden-Baden 2012, Nomos.

Nettekoven, Tanja Elisabeth: Die Erstreckung tariflicher Mindestlöhne in allgemeinverbindlichen Tarifverträgen auf entsandte Arbeitnehmer im Baugewerbe, Bonn 2000, Diss.

Niedobitek, Matthias: Tschechien und Polen auf dem Weg in die Europäische Union, DÖV 2003, S. 67–74.

Nörr, Knut Wolfgang: Arbeitsrecht und Verfassung, ZfA 1992, S. 361–377.

Nowak, Carsten: EU-Osterweiterung, Personenfreizügigkeit und staatliche Schutzpflichten im Bereich der sozialen Sicherheit, EuZW 2003, S. 101–107.

Nowak, Monika: Prawo do godziwego wynagrodzenia za pracę (Das Recht auf eine angemessene Vergütung), Lodz 2007, Wydawnictwo Uniwersytetu Łódzkiego.

– Wynagrodzenie za pracę (Der Arbeitslohn), Warschau 2014, Wolters Kluwer.

Olszewski, Jan: Jak zwalczać: nieuczciwą konkurencję, praktyki monopolistyczne, dumping (Wie bekämpft man: unlauteren Wettbewerb, monopolistische Praktiken, Dumping), Katowice 1993, Wydawnictwo dr-a Andrzeja Abramskiego.

Pacolet, Jozef; *Wispelaere, de*, Frederic: Posting of workers, Report on A1 portable documents issued in 2015, Löwen 2016, Europäische Union.

– Posting of workers, Report on A1 portable documents issued in 2014, Löwen 2015, Europäische Union.

– Posting of workers, Report on A1 portable documents issued in 2012 and 2013, Löwen 2014, Europäische Union.

Palandt, Otto: Bürgerliches Gesetzbuch, 76. Auflage, München 2017, C.H. Beck; zitiert als: Palandt/*Bearbeiter*.

Pauly, Uwe: Der Flächentarifvertrag als Kartellierungsinstrument, Frankfurt am Main 2005, Peter Lang.

Pechstein, Matthias; *Kubicki*, Philipp: Dienstleistungsfreiheit im Baugewerbe für polnische Handwerker, EuZW 2004, S. 167–172.

Picker, Christian: Niedriglohn und Mindestlohn, RdA 2014, S. 25–36.

Piltz, Anne: Die Bekämpfung des unlauteren Wettbewerbs in Polen, Berlin 2003, Berliner Wissenschafts-Verlag.

Pisarczyk, Łukasz: Probleme der Umsetzung des europäischen Arbeitsrechts in Polen, EuZA 2009, S. 178–191.

- Tworzenie zakładowych źródeł prawa pracy – związki zawodowe a przedstawiciele wybierani, w: Związkowe przedstawicielstwo pracowników zakładu pracy (Die Schaffung kollektivrechtlicher Arbeitsrechtsquellen – Gewerkschaften und gewählte Vertreter, in: Gewerkschaftliche Arbeitnehmervertretung im Betrieb), Warschau 2012, Wolters Kluwer; zitiert als: Pisarczyk, in: Związkowe przedstawicielstwo.
- Układ zbiorowy w czasach kryzysu, w: Układy zbiorowe pracy w stuleciе urodzin Profesora Wacława Szuberta (Der Tarifvertrag in Zeiten der Krise, in: Tarifverträge zum 100. Geburtstag von Professor Wacław Szubert), Warschau 2013, Wolters Kluwer; zitiert als: Pisarczyk, in: FS Szubert.

Prasolek, Łukasz: Podróże służbowe pracowników mobilnych (Dienstreisen mobiler Arbeitnehmer), MoPr 2010 Nr. 7, S. 346–350.

Preis, Ulrich: Arbeitsrecht. Individualarbeitsrecht, 5. Auflage, Köln 2017, Dr. Otto Schmidt.

Preis, Ulrich; *Sagan*, Adam: Europäisches Arbeitsrecht, Köln 2015, Dr. Otto Schmidt.

Preis, Ulrich; *Temming*, Felipe: Die Urlaubs- und Lohnausgleichskasse im Kontext des Gemeinschaftsrechts, Frankfurt am Main 2006, Peter Lang.

Rebhahn, Robert: Die Arbeitnehmerbegriffe des Unionsrechts in der neueren Judikatur des EuGH, EuZA 2012, S. 3 –34.

- Rechtsvergleichendes zur Tarifbindung ohne Verbandsmitgliedschaft, RdA 2002, S. 214–218.
- Das Kollektive Arbeitsrecht im Rechtsvergleich, NZA 2001, S. 763–774.

Reim, Uwe: Auf dem Weg nach Europa; Werkvertragsarbeitnehmer aus Mittel- und Osteuropa im Kontext des nationalen, Völker- und Gemeinschaftsrechts, Baden-Baden 2000, Nomos.

Reim, Uwe; *Sandbrink*, Stefan: Die Werkvertragsabkommen als Entsenderegelung für Arbeitnehmer aus den Staaten Mittel- und Osteuropas; ZeS-Arbeitspapier Nr. 12, Bremen 1996, Zentrum für Sozialpolitik.

Richardi, Reinhard; *Wlotzke*, Otfried; *Wißmann*, Helmut; *Oetker*, Hartmut: Münchener Handbuch zum Arbeitsrecht, Band 2, München 2009, C. H. Beck.

Rieble, Volker: Arbeitsmarkt und Wettbewerb, Berlin/Heidelberg 1996, Springer-Verlag.

Rieble, Volker; *Lessner*, Jan: Arbeitnehmer-Entsendegesetz, Nettolohnhaftung und EG-Vertrag, ZfA 2002, S. 29–89.

Riechert, Christian; *Nimmerjahn*, Lutz: Mindestlohngesetz, München 2017, C.H.Beck.

Riesenhuber, Karl: Europäisches Arbeitsrecht, Heidelberg 2009, C.F. Müller.

Ring, Gerhard; *Hekimler*, Alpay: Tarifrecht in Europa, Baden-Baden 2012, Nomos.

Romer, Maria Teresa: Prawo Pracy, Komentarz (Arbeitsrecht, Kommentar), Warschau 2012, LexisNexis Polska.

Salwa, Zbigniew: Przekształcenie systemu polskiego prawa pracy, w: Ład społeczny w Polsce i Niemczech na tle jednoczącej się Europy, Księga pamiątkowa poświęcona Czesławowi Jackowiakowi (Die Umgestaltung des polnischen Arbeitsrechtssystems, in: Die Gesellschaftsordnung in Polen und Deutschland vor dem Hintergrund des sich einigenden Europas, Festschrift für Czesław Jackowiak), Warschau 1999, Wydawnictwo Polsko-Niemieckie; zitiert als: Salwa, in: FS Jackowiak.

Schaub, Günter: Arbeitsrechts-Handbuch, 17. Auflage, München 2017, C. H. Beck.

Schiffter, Karolina: Praktyczne aspekty stosowania ustawy o delegowaniu pracowników w ramach świadczenia usług (Praktische Aspekte der Anwendung des Arbeitnehmer-Entsendegesetzes), MoPr 2017 Nr. 5, S. 241–252.

Schlachter, Monika: Grenzüberschreitende Arbeitsverhältnisse, NZA 2000, S. 57–64.

– Grenzüberschreitende Dienstleistungen: Die Arbeitnehmerentsendung zwischen Dienstleistungsfreiheit und Verdrängungswettbewerb, NZA 2002, S. 1242–1248.

Schlachter, Monika; *Heinig*, Hans Michael: Europäisches Arbeits- und Sozialrecht; Enzyklopädie Europarecht, Band 7, Baden-Baden 2015, Nomos.

Schneider-Sievers, Astrid: Freizügigkeit für Arbeitnehmer und Unternehmen – der nationale Blickwinkel, RdA 2012, S. 277–281.

Schulten, Thorsten; *Bispinck*, Reinhard; *Schäfer*, Claus: Mindestlöhne in Europa, Hamburg 2006, VSA-Verlag.

Schwab, Brent: Das Arbeitnehmer-Entsendegesetz – Eine Zwischenbilanz, NZA-RR 2004, S. 1–6.

- Das neue Arbeitnehmer-Entsendegesetz, NZA-RR 2010, S. 225–231.

Sellin, Jessica: Arbeitnehmermobilität und Entsenderecht, Berlin 2006, Duncker & Humblot.

Seweryński, Michał: Uwagi o przyszłości układów zbiorowych pracy, w: Układy zbiorowe pracy w stulecie urodzin Profesora Wacława Szuberta (Anmerkungen zur Zukunft von Tarifverträgen, in: Tarifverträge zum 100. Geburtstag von Profesor Wacław Szubert), Warschau 2013, Wolters Kluwer; zitiert als: Seweryński, in: FS Szubert.

- Wynagrodzenie za pracę (Der Arbeitslohn), Warschau 1981, Państwowe Wydawnictwo Naukowe (Staatlicher Wissenschafts-Verlag).
- Polish Labour Law from Communism to Democracy, Warschau 1999, Dom Wydawniczy ABC.

Sieg, Rainer: Arbeitsrecht in Polen – Ein Überblick, NZA 1995, S. 508–515.

- Polens Wirtschaft auf dem Weg in die EU, NZA 2003, S. 198–205.

Sieg, Rainer; *Prujszczyk*, Marek: Arbeitsrecht in Polen, Heidelberg/München/Landsberg/Berlin 2005, Rehm.

Sittard, Ulrich: Voraussetzungen und Wirkungen der Tarifnormerstreckung nach § 5 TVG und dem AEntG, München 2010, C.H.Beck.

- Das neue MiLoG: Mindestlohnberechnung und zivilrechtliche Folgen von Mindestlohnverstößen, RdA 2015, S. 99–102.
- Im Dschungel der Mindestlöhne – ein Versuch der Systematisierung, RdA 2013, S. 301–309.

Skąpski, Michał: Ochronna funkcja prawa pracy w gospodarce rynkowej (Die Schutzfunktion des Arbeitsrechts in der Marktwirtschaft), Krakau 2006, Zakamycze.

Skoczyński, Jacek: Prawo do godziwego wynagrodzenia (Das Recht auf eine angemessene Vergütung), PiZS 1997 Nr. 4, S. 11–14.

- Prawne problemy płacy minimalnej w świetle międzynarodowego i polskiego prawa pracy (Rechtliche Probleme des Mindestlohns im Lichte des internationalen und polnischen Arbeitsrechts), PiZS 1994 Nr. 3, S. 9 –23.

Skóra, Michał: Minimalne wynagrodzenie za pracę jako przejaw funkcji ochronnej prawa pracy, w: *Bosak*, Maria, Funkcja ochronna prawa pracy a wyzwania współczesności (Der Mindestlohn als Ausdruck der Schutzfunktion des Arbeitsrechts, in: Bosak, Maria, Die Schutzfunktion des Arbeitsrechts und die Herausforderungen der Gegenwart), Warschau 2014, C.H.Beck; zitiert als: Skóra, in: Funkcja ochronna.

Sobczyk, Arkadiusz: Kodeks Pracy, Komentarz (Arbeitsgesetzbuch, Kommentar), Warschau 2015, C.H. Beck.

Sodan, Helge; *Zimmermann*, Markus: Tarifvorrangige Mindestlöhne versus Koalitionsfreiheit – Die Neufassungen des Mindestarbeitsbedingungengesetzes und des Arbeitnehmer-Entsendegesetzes, NJW 2009, S. 2001–2006.

Sokołowska, Anna; *Skibińska*, Małgorzata: Delegowanie pracowników za granicę (Die grenzüberschreitende Entsendung von Arbeitnehmern), Warschau 2016, Wolters Kluwer.

Spielberger, Marc; *Schilling*, Angela: Das Gesetz zur Regelung eines allgemeinen Mindestlohns, NJW 2014, S. 2897–2904.

Stegemann, Karolina: Gewerkschaften und kollektives Arbeitsrecht in Polen, Baden-Baden 2011, Nomos.

Steinmeyer, Heinz-Dietrich: Sozialdumping in Europa, Perspektiven einer arbeits- und sozialrechtlichen Rechtsprechung, DVBl 1995, S. 962–968.

Stelina, Jakub: Prawo pracy (Arbeitsrecht), Warschau 2016, C.H.Beck.

– Refleksje na temat kondycji układów zbiorowych pracy w Polsce, w: Z zagadnień współczesnego prawa pracy, Księga jubileuszowa Profesora Henryka Lewandowskiego (Reflexionen zum Thema der Verfassung von Tarifverträgen in Polen, in: Herausforderungen des aktuellen Arbeitsrechts, Festschrift für Henryk Lewandowski), Warschau 2009, Wolters Kluwer; zitiert als: Stelina, in: FS Lewandowski.

Stojek-Siwińska, Magdalena: Meritum Prawa Pracy 2017 (Kern des Arbeitsrechts 2017), Warschau 2017, Wolters Kluwer.

Stręk, Magdalena: Analiza prawna definicji podróży służbowej zawartej w artykule 775 § 1 KP (Rechtliche Analyse der Definition der Dienstreise gemäß Art. 775 § 1 KP), MoPP 2013 Nr. 9, S. 2 –9.

Strohmaier, Gerhard: Die Verfassungswidrigkeit des Arbeitnehmer-Entsendegesetzes, RdA 1998, S. 339–345.

Suknarowska-Drzewiecka, Ewa: Umowy cywilnoprawne oraz szczególne formy zatrudnienia (Zivilrechtliche Verträge und besondere Beschäftigungsformen), Warschau 2010, Wydawnictwo Legis.

Suknarowska-Drzewiecka, Ewa; *Wojciechowski*, Piotr: Zatrudnianie pracowników mobilnych. Podróże służbowe (Die Beschäftigung mobiler Arbeitnehmer. Dienstreisen), Warschau 2013, C.H.Beck.

Swiątkowski, Andrzej Marian: Kodeks Pracy, Komentarz (Arbeitsgesetzbuch, Kommentar), Warschau 2016, C.H.Beck.

– Polskie Prawo Pracy (Polnisches Arbeitsrecht), Warschau 2014, LexisNexis Polska.

Szaban, Jolanta: Rynek pracy w Polsce i w Unii Europejskiej (Der Arbeitsmarkt in Polen und der Europäischen Union), Warschau 2013, Difin SA.

Szczeponek, Aldona: Die Umsetzung des Völkerrechts und des europäischen Gemeinschaftsrechts in Polen, Frankfurt am Main 2008, Peter Lang.

Szubert, Wacław: Układy zbiorowe pracy (Tarifverträge), Warschau 1960, Państwowe Wydawnictwo Naukowe (Staatlicher Wissenschafts-Verlag).

Szurgacz, Herbert: Das polnische Arbeits- und Sozialrecht nach dem Zusammenbruch des Sozialismus – Bestandsaufnahme und Perspektiven, ZIAS 1995, S. 183–204.

Temming, Felipe: EU-Osterweiterung: Wie beschränkt ist die Dienstleistungsfreiheit?, RdA 2005, S. 186–192.

Theelen, Ulrich: Das Arbeitnehmerentsendegesetz: Entwicklung und Rechtskonformität, Düsseldorf 1999, Diss.

Thüsing, Gregor: Europäisches Arbeitsrecht, 3. Auflage, München 2017, C.H.Beck.

- MiLoG und AEntG, Kommentar, 2. Auflage, München 2016, C.H.Beck.
- Gedanken zum Mindestlohn, in: *Thüsing*, Gregor; *Creutzfeldt*, Malte; *Hanau*, Peter; *Wißmann*, Hellmut, Festschrift für Klaus Bepler zum 65. Geburtstag, München 2012, S. 557–565; zitiert als: Thüsing, in: FS Bepler.
- SOKA-Bau, das BAG und das SOKA-SIG, NZA-Beilage 2017, S. 3 –12.

Tiedemann, Michael: Bestimmung des anwendbaren Sozialversicherungsrechts bei Entsendung in der EU – Regelung nach Inkrafttreten der VO (EG) 883/2004 und VO (EG) 987/09, NZS 2011, S. 41–47.

Ulber, Jürgen: Arbeitnehmerentsendegesetz, Frankfurt am Main 2009, Bund-Verlag.

Velikova, Silvia: Arbeitnehmerentsendung und Kollektivvertragssystem, Baden-Baden 2012, Nomos.

Walczak, Krzysztof: Funkcje wynagrodzeń w społecznej gospodarce rynkowej – teoria i praktyka, w: Studia z zakresu prawa pracy i polityki społecznej (Funktionen von Löhnen in der sozialen Marktwirtschaft – Theorie und Praxis, in: Arbeitsrechtliche und sozialpolitische Studien), Krakau 2012, Jagiellonien-Universität; zitiert als: Walczak, in: Studia.

- Kodeks Pracy, Komentarz (Arbeitsgesetzbuch, Kommentar), Warschau 2017, C.H.Beck.
- Problematyka wynagradzania pracowników w układach zbiorowych pracy. Teoria i praktyka początku drugiej dekady XXI. w. w świetle poglądów Wacława Szuberta, w: Układy zbiorowe pracy w stulecie urodzin Profesora Wacława Szuberta (Die Problematik der tarifrechtlichen Vergütung von Arbeitnehmern. Theorie und Praxis im 21. Jahrhundert im Lichte der

Ansichten von Wacław Szubert, in: Tarifverträge zum 100. Geburtstag von Professor Wacław Szubert), Warschau 2013, Wolters Kluwer; zitiert als: Walczak, in: FS Szubert.
- Regulaminy wynagrodzeń przyjęte w uzgodnieniu ze związkami zawodowymi a zakładowy układ zbiorowy pracy. Czy jest zasadność różnicowania ich zakresów mocy wiążącej a także sposobów stosowania?, w: Studia z zakresu prawa pracy i polityki społecznej (Im Einvernehmen mit den Gewerkschaften erlassene Entgeltordnungen und der Firmentarifvertrag. Besteht das Erfordernis der Unterscheidung bei Wirkung und Anwendung?, in: Arbeitsrechtliche und sozialpolitische Studien), Krakau 2010, Jagiellonien-Universität; zitiert als: Walczak, in: Studia.
- Układy zbiorowe pracy (Tarifverträge), MoPr 2003 Nr. 14, S. 1–6.
- Autonomiczne zródła prawa dotyczącego wynagradzania (Autonome vergütungsrechtliche Rechtsquellen), MoPr 2014 Nr. 1, S. 8 –19.

Walczak, Krzysztof; *Wojewódka*, Marcin: Prawo pracy dla sędziów i pełnomocników (Arbeitsrecht für Richter und Bevollmächtigte), Warschau 2017, C.H.Beck.

Waltermann, Raimund: Stärkung der Tarifautonomie – Welche Wege könnte man gehen?, NZA 2014, S. 874–879.
- Gesetzliche und tarifvertragliche Gestaltung im Niedriglohnsektor, NZA 2013, S. 1041–1048.

Wank, Rolf: Die personellen Grenzen des Europäischen Arbeitsrechts: Arbeitsrecht für Nicht-Arbeitnehmer?, EuZA 2008, S. 172–196.
- Der Mindestlohn, RdA 2015, S. 88 –94.

Wank, Rolf; *Börgmann*, Udo: Die Einbeziehung ausländischer Arbeitnehmer in das deutsche Urlaubskassenverfahren, NZA 2001, S. 177–186.

Wąż, Piotr: Czasowe delegowanie do innego państwa a zagraniczna podróż służbowa (Kurzfristige Entsendung ins Ausland und grenzüberschreitende Dienstreise), MoPr 2010 Nr. 10, S. 509–514.
- Delegowanie pracowników do innego państwa celem świadczenia usług (Die Entsendung von Arbeitnehmern ins Ausland im Rahmen der Erbringung von Dienstleistungen), Warschau 2011, C.H. Beck.
- Dyrektywa Nr 96/71/WE w orzecznictwie Trybunału Sprawiedliwości (Die Richtlinie 96/71/EG in der Rechtsprechung des EuGH), MoPr 2008 Nr. 11, S. 574–579.
- Polska ustawa o delegowaniu pracowników (Das polnische Arbeitnehmer-Entsendegesetz), MoPr 2016 Nr. 10, S. 511–520.
- Potrzebne przepisy o delegowaniu pracowników – uwagi de lege ferenda, w: Jedność w różnorodności, Księga pamiątkowa dedykowana profesorowi Wojciechowi Muszalskiemu (Erforderliche Vorschriften betreffend die

Entsendung von Arbeitnehmern – Anmerkungen de lege ferenda, in: Einheit in der Vielfalt, Festschrift für Professor Wojciech Muszalski), Warschau 2009, C.H.Beck; zitiert als: Wąż, in: FS Muszalski.

- Prawo do urlopu wypoczynkowego i ekwiwalentu pieniężnego za niewykorzystany urlop wypoczynkowy pracowników delegowanych do innego państwa celem świadczenia usług a tzw. fundusze urlopowe (Das Recht auf Erholungsurlaub und Geldersatz für nicht genommenen Urlaub bei ins Ausland entsandten Arbeitnehmern und die so genannten Urlaubskassen), MoPr 2011 Nr. 4, S. 181–189.
- Projekt dyrektywy w sprawie egzekwowania dyrektywy 96/71/WE dotyczącej delegowania pracowników w ramach świadczenia usług (Der Richtlinienentwurf zur Durchsetzung der Richtlinie 96/71/EG betreffend die Entsendung von Arbeitnehmern im Rahmen der Erbringung von Dienstleistungen), MoPr 2013 Nr. 9, S. 453–458.

Weigert, Daniel-René; *Happ Luther*, Möhrle: Keine Änderung der Rechtslage durch § 611 a BGB -oder doch?, ArbRAktuell 2017, S. 557–559.

Wichmann, Julia: Dienstleistungsfreiheit und grenzüberschreitende Entsendung von Arbeitnehmern, Frankfurt am Main 1998, Lang.

Wiedemann, Herbert: Tarifvertragsgesetz, 7. Auflage, München 2007, C. H. Beck.

Willemsen, Heinz Josef; *Sagan*, Adam: Mindestlohn und Grundgesetz. Staatliche Lohnfestsetzung versus Tarifautonomie, NZA 2008, S. 1216–1222.

Wludyka, Tadeusz: Marktwirtschaft in Polen, Baden-Baden 2010, Nomos.

Wolfsgruber, Claudia: Die grenzüberschreitende Entsendung von Arbeitnehmern, Wien 2001, Verlag des Österreichischen Gewerkschaftsbundes.

Wolniak, Janina: Subsydia i Dumping we współczesnym handlu światowym (Subventionen und Dumping im gegenwärtigen Welthandel), Warschau 1987, Ośrodek Informacji Centralnej.

Wonneberger, Wolfgang: Die Funktionen der Allgemeinverbindlicherklärung von Tarifverträgen, Heidelberg 1992, Decker und Müller.

Wratny, Jerzy: Kodeks Pracy, Komentarz (Arbeitsgesetzbuch, Kommentar), Warschau 2016, C.H.Beck.

- Problem funkcji promocyjnej układów zbiorowych w świetle zmian prawa pracy, w: Nowe układy zbiorowe (Das Problem der Werbefunktion von Tarifverträgen im Lichte der Änderungen des Arbeitsrechts, in: Die neuen Tarifverträge), Warschau 1998, Instytut Pracy i Spraw Socjalnych (Institut für Arbeit und Soziales); zitiert als: Wratny, in: Nowe układy.
- Układy zbiorowe pracy po 1994 r. Czy zawiedzione nadzieje?, w: Nowe układy zbiorowe (Tarifverträge nach dem Jahr 1994 – Enttäuschte Hoffnungen?, in: Die neuen Tarifverträge), Warschau 1998, Instytut Pracy i Spraw

Socjalnych (Institut für Arbeit und Soziales); zitiert als: Wratny, in: Nowe układy.
- Związki zawodowe w prawodawstwie polskim w latach 1980 – 1991 (Gewerkschaften in der polnischen Gesetzgebung in den Jahren 1980–1991), Lublin 1994, Redakcja Wydawnictwa Katolickiego Uniwersytetu Lubelskiego.
- Prawne aspekty kształtowania wynagrodzeń, w: Polskie prawo pracy w okresie transformacji w oświetleniu prawa wspólnotowego (Rechtliche Aspekte der Gestaltung von Vergütungen, in: Polnisches Arbeitsrecht in der Transformation vor dem Hintergrund des Gemeinschaftsrechts), Warschau 1997, Wydawnictwo Naukowe Scholar; zitiert als: Wratny, in: Polskie Prawo Pracy.
- Minimalne wynagrodzenie za pracę – nowe regulacje prawne (Der Mindestlohn – neue Rechtsregelungen), PiZS 2003 Nr. 6, S. 2 –8.

Wratny, Jerzy; *Bednarski*, Marek: Związki zawodowe a niezwiązkowe przedstawicielstwa pracownicze w gospodarce posttransformacyjnej (Gewerkschaften und nichtgewerkschaftliche Arbeitnehmervertretungen in der posttransformierten Wirtschaft), Warschau 2010, Instytut Pracy i Spraw Socjalnych (Institut für Arbeit und Soziales).

Wratny, Jerzy; *Walczak*, Krzysztof: Komentarz do przepisów KP regulujących układy zbiorowe pracy (Kommentar zu den tarifvertraglichen Vorschriften des Arbeitsgesetzbuches), Warschau 2009, C.H.Beck.

Wujczyk, Marcin: Pojęcie Pracownika, w: Studia z zakresu prawa pracy i polityki społecznej (Der Begriff des Arbeitnehmers, in: Arbeitsrechtliche und sozialpolitische Studien), Krakau 2010, Jagiellonien-Universität; zitiert als: Wujczyk, in: Studia.

Zachert, Ulrich: „Neue Kleider für die Allgemeinverbindlichkeitserklärung?“, NZA 2003, S. 132–140.

Zeising, Patrick; *Weigert*, Daniel-René: Verfassungsmäßigkeit des Mindestlohngesetzes, NZA 2015, S. 15–22.

Ziegler, Katharina: Arbeitnehmerbegriffe im Europäischen Arbeitsrecht, Baden-Baden 2011, Nomos.

Zipperling, Manuela: Arbeitnehmerentsendung im Spannungsfeld von nationalem und europäischen Recht, Köln 2006, Josef Eul Verlag.